U0851769

普通高等教育“十四五”体育类规划教材

体能训练理论与方法

主　编◎高　峰
副主编◎谢湘元　方枭鹏　肖　波　高　婧
参　编◎董安琪　才　名　孙　毅　王永生
　　　　李　浩　张志刚

中国铁道出版社有限公司
CHINA RAILWAY PUBLISHING HOUSE CO., LTD.

内 容 简 介

本书依据高等院校体育类专业教学需要进行编写，旨在帮助读者学会运用体能训练方法独立开展体能训练，提高体能素质，预防运动损伤，提高运动表现和健康水平，也为将来从事体能训练工作奠定基础。全书系统地介绍了身体形态、身体机能、身体素质相关理论，训练方法和手段，体能的恢复，以及关于不同人群体能训练，运动素质的转移和体能训练规划等内容，引入新的训练理念与方法，强调吸收与创新并重、理论与实践并重。

本书适合作为高等院校体育类专业、运动康复专业的教材，也可作为高校体育教师、教练员、其他体育工作者的参考书。

图书在版编目（CIP）数据

体能训练理论与方法 / 高峰主编. —北京：中国铁道出版社有限公司，2024.11（2025. 7 重印）

普通高等教育“十四五”体育类规划教材

ISBN 978-7-113-30834-6

Ⅰ.①体…　Ⅱ.①高…　Ⅲ.①体能-身体训练-高等学校-教材　Ⅳ.①G808.14

中国国家版本馆CIP数据核字（2024）第106551号

书　　名：体能训练理论与方法
作　　者：高　峰

策　　划：魏　娜　　　　编辑部电话：（010）63549508
责任编辑：陆慧萍　许　璐
封面设计：刘　颖
责任校对：安海燕
责任印制：赵星辰

出版发行：中国铁道出版社有限公司（100054，北京市西城区右安门西街8号）
网　　址：https://www.tdpress.com/51eds
印　　刷：河北宝昌佳彩印刷有限公司
版　　次：2024年11月第1版　2025年7月第2次印刷
开　　本：787 mm × 1 092 mm　1/16　印张：11.5　字数：287千
书　　号：ISBN 978-7-113-30834-6
定　　价：35.00元

前言

近年来，体能训练在竞技体育和大众健身领域中的重要作用不断凸显，全国许多高校也相继设立了社会体育专业。党的二十大报告指出：“广泛开展全民健身活动，加强青少年体育工作，促进群众体育和竞技体育全面发展，加快建设体育强国。”把发展全民健身事业、开展群众体育工作摆在更加重要位置，这也对高校体育类专业人才培养提出了更加明确的要求。本书依据高等院校体育类专业教学需要进行编写，旨在帮助读者学会运用体能训练方法独立开展体能训练的实践，提高体能素质，预防运动损伤，提高运动表现和健康水平，也为将来从事体能训练工作奠定基础。

体能训练理论与方法是体育类专业学生必须了解和掌握的基本知识和技能。为满足当前高等学校体育专业的教学需要，编者借鉴了国内外应用较为成熟的方法和康体理念、手段，系统地介绍了身体形态、身体机能、身体素质相关理论，训练方法和手段，体能的恢复，以及关于不同人群体能训练，运动素质的转移和体能训练规划等内容。全书共分为十一章，包括体能训练的概念与趋势，身体形态、身体机能及其训练，力量素质训练，速度素质训练，耐力素质训练，柔韧素质训练，灵敏素质训练，各项群运动员体能训练，运动素质转移与运动技能迁移，体能训练规划，疲劳恢复和运动性疾病、损伤修复。本书内容丰富、叙述简洁，图文并茂，尽量避免使用术语，力求通俗易懂，并引入新的训练理念与方法，由专业教师对训练中的关键动作进行要领示范，以增强可读性和易理解性，强调吸收与创新并重、理论与实践并重。

本书由高峰任主编，谢湘元、方枭鹏、肖波和高婧任副主编，董安琪、才名、孙毅、王永生、李浩和张志刚参与编写。在本书的编写过程中得到了吴印林、芦珊、孟令一、张雅飞和韩晓东老师的帮助和支持，并参考了众多相关的研究论文和著作，引用了大量的文献资料，在此一并表示诚挚的谢意！

由于编者学识和经验有限，加之时间仓促，书中如有疏漏与不妥之处，恳请广大读者批评指正。

编　者

2024年5月

目 录

绪 论

体能是通过力量、速度、耐力、协调、柔韧、灵敏等运动素质表现出来的人体基本的运动能力，是运动员竞技能力的重要构成因素。体能是人类一切生命活动和目标行为的动力基础，而体能训练是提高这一动力基础的唯一途径，又是体育学科中运动训练的重要组成部分。开设体能训练课程可以优化课程结构，提高体育专业学生的体质和运动技能，减少运动损伤，满足学生未来职业体能的需要，还可以提高学生的竞技能力。在开设该课程时应注意避免教学内容的重复，并注重实践环节，设置合理的考核制度。

依据体能在不同人群中的表现和作用，可将体能分为健康体能和竞技体能两个层次。健康体能是指任何人群都必需的器官系统的机能能力，是竞技体能的基础；竞技体能是在健康体能的基础上，进一步发展的竞技比赛所需的身体机能能力。

开展竞技体能训练受多种因素的影响。先天性的体能通过遗传效应而获得，后天性的体能则主要经由有效的体能训练而得到提高，同时，在适宜的地理环境和良好的社会环境中也可得到相应的发展。

体能训练的直接任务是根据各个项目竞赛的需要，提高运动员的运动素质。为此，必须改善运动员的机能状况，并力求使得运动员的身体形态适合运动项目的要求。

人体运动时能量的供应是通过三大能量代谢系统的供能，神经、骨骼、肌肉等系统协调工作实现的。训练、比赛所需要的速度、力量、耐力、协调、灵敏和柔韧等素质，是通过改善运动员的能量代谢及神经、骨骼、肌肉等系统的功能，并使之符合运动项目的需求来实现的。任何一个运动项目对这些功能都有着特定的要求。

第一章

体能训练的概念与趋势

学习目标

- 掌握体能训练的概念与趋势。
- 了解体能训练的价值，选择合适的运动项目。
- 掌握科学的运动方法，从运动中获益。
- 通过体能训练提高体能能力，达到身体、精神的和谐统一。
- 通过体育运动保持身体健康，促进心理健康。

第一节　体能训练的概念

一、体能和体能训练

（一）体能

运动员体能是指运动员机体的运动能力，是竞技能力的重要组成部分，是运动员提高技战术水平和创造优异成绩所必需的各种身体运动能力的综合，包括身体形态、身体机能和运动素质。体能水平的高低与人体形态学特征以及人体机能特征有着密切关系：人体形态学特征是其体能的质构性基础；人体机能特征是其体能的生物功能性基础。体能的最高层次是机体对竞技运动的适应，运动训练是对人体极限能力的开发，要想创造优异运动成绩，必须对影响运动成绩发挥的各种机体适应能力进行综合性的训练，并将其调整到最佳状态。

（二）体能训练

体能训练是运动训练的重要组成部分，是结合专项需要并通过合理负荷的动作练习，改善运动员身体形态、提高有机体各器官系统机能的活动能力、充分拓展运动素质、促进运动能力提高的训练过程。

体能训练是为提高运动员综合素质的专项竞技能力服务的，一定要与专项竞技的特点相结合。体能训练的内容就是发展专项需要的运动素质，其中，又应突出发展专项竞技需要的主要素质。选择或设计体能训练手段时应力求与专项技术动作形式、动作结构和能量代谢方式联系起来，且应与技术、战术、心理训练有机结合。另外，要合理安排一般体能训练和专项体能训练。一般体能训练可全面地发展运动员的力量、耐力、速度、灵敏、协调和柔韧等运动素质，提高运动员各个器官系统的机能，使运动员身体得到均衡的发展。同时，通过一般体能训练，提高运动员的健康水平。而专项体能训练的目的是使运动员已获得的体能直接为提高运动成绩服务。体能训练应与人体生长发育的阶段性特点相适应，决定运动素质的身体形态、机能状态在人的不同发育阶段发展的程度不同，训练的可塑性也不一样。训练中应根据各运动素质发展敏感期、训练可塑性不同的特点，在不同的年龄阶段发展相应的运动素质，有效发展运动员的体能。

体能训练是技术和战术训练的基础，并对掌握专项技战术、承担大负荷训练和参加比赛、促进运动员身体健康、防止伤病及延长运动寿命等，都具有极为重要的意义。

二、体能训练的任务

体能训练的任务、内容和作用见表1-1。一般体能训练是专项体能训练的前提，为运动员提高成绩打基础；专项体能训练是提高运动成绩的关键，对运动成绩的提高起到直接作用。

表1-1　体能训练的任务

类别	一般体能训练	专项体能训练
任务	1.提高各器官系统机能，增进身体健康； 2.全面发展运动素质； 3.改善身体形态； 4.掌握非专项的运动技术、技能和知识； 5.为提高运动技术创造一定条件	1.提高与专项有关的器官系统功能； 2.最大限度地发展专项运动素质； 3.塑造专项所需体型； 4.精确掌握与专项技战术有关的知识和技能； 5.促进专项运动技术水平提高
内容	对全面发展运动素质、身体机能有益的各种身体锻炼手段，如球类、体操、举重、游戏等	直接发展专项运动素质的运动，以及在动作特点上与专项动作相似的练习，或有紧密关系的专门性练习
作用	为专项运动素质的全面发展和专项成绩的提高打好基础	直接提高专项运动素质，促进运动员创造优异的专项运动成绩

三、体能的研究现状及体能训练发展特点

（一）体能的研究现状

德国专家Hatman等认为：体能是以人体能量代谢活动为基础，通过神经肌肉系统表现出来的运动能力。从生物化学的观点分析，运动员体能的高低主要取决于运动过程中能量的供给、转移和利用的整合能力。张钜林认为：体能是指各器官系统在体育活动中表现出来的能力，由基本身体素质（力量、速度、耐力、灵敏和柔韧等）与人的基本活动能力两部分构成。田麦久等专家把体能视为运动员先天具有的遗传素质与后天经训练形成的在专项运动中所表现出来的机体持续运动的能力。

体育院校通用教材《运动训练学》中阐明：运动员体能指运动员的基本运动能力，是运动员竞技能力的重要构成部分。运动员体能发展水平由身体形态、身体机能及运动素质的发展状况所决定。三个构成因素中运动素质是体能的外在表现，运动素质训练是竞技体育体能训练中最重要的内容。从狭义上讲，运动员的体能水平主要通过运动素质表现出来。袁运平认为：体

能是指人体通过先天遗传和后天训练获得的在形态结构方面、在功能及其调节方面、在物质能量的储存和转移方面所具有的潜在能力以及与外界环境结合所表现出来的综合运动能力。发展和提高体能最主要的手段是通过运动训练。陈月亮等认为：体能是指人体通过先天遗传和后天训练获得的在身体形态、生理机能和运动素质方面所表现出来的具有一定方向性和相对稳定性的一种综合能力，它是竞技能力的重要组成部分。

关于体能概念的探讨，目前在国内外还存在不同意见。在分析总结各专家意见的基础上可认为，体能及身体能力主要包括身体形态、身体机能和运动素质，可由先天遗传与后天训练获得，主要是先天遗传获得，后天训练主要开发身体的先天遗传潜能所表现出来的具有一定方向性和相对稳定性的一种综合能力。

（二）体能训练发展特点

1. 国外体能训练

1）理论实践具有创新性

国外体能训练的研究起步早，对体能训练给予了一定的重视，并且提出了体能训练的新理念、新模式。其中最具代表性的是美国提出的体能训练的新理念、新模式、新体系和新流程：“运动的实质是动作模式”是新理念；“准备活动程序化”是新模式；“功能性训练”是新体系；“将运动训练分为一般训练、功能性训练和专项训练三个层次，实现了一般与专项训练的有效衔接”是新流程。

2）恢复的主动性

在体能恢复方面实现了动态化，即采取积极主动的方法来实现体能的恢复。例如，对结束比赛的运动员接着安排单车的训练；对结束训练的运动员进行冷冻或冰水处理等。

3）内容的简便性和实用性

注重体能训练的简便性和实效性，并结合比赛、训练的实际要求创造出许多简单、实用的训练方法，比如徒手的跳跃、支撑练习，逐渐脱离了以往对笨重器械的依赖，实现了内容操作更简便，练习效果更突出的目标。

4）组织规范系统性

经过长期的探索研究，体能训练理论与实践已经形成了比较规范、系统的体系。根据性别年龄的不同，可将体能训练分为男性和女性体能训练、成年和青少年体能训练，分别建立相对完整的体能训练过程，包括训练前体能的各项测试，根据测试的具体情况制订个体的训练计划和目标，最后进行训练实施。另外，完善训练计划的保障恢复，将运动营养安排、体能恢复、运动损伤的处理都安排完善到位。专项训练的针对性、技术动作要求的严格性、技术动作的规范性关系到体能训练的效果以及运动损伤的发生概率。在训练过程中需要十分注重技术动作的规范并对其做严格要求，注重体能与技术的共同发展。

2. 国内体能训练

与国外体能训练不同，我国体能训练发展具有我国自主的特色。例如我国已经成立了中国体育科学学会体能训练分会，高校开设建立了体能训练专业，另外，还有众多体能训练运动科学实验室的成立等，无不标志着我国体能训练正逐步完善。其特点如下：

1）融百家之长

我国目前体能训练发展迅速，不但建立了专业的体能训练协会与机构，也在不断地加强教练员、科研人员的学习能力。截至2023年10月，在中国知网可查询关于体能训练相关文献2万余篇，国内有些教练在学习了体能训练理论与实践经验后，大胆地引进、创新，加以应用，并辩证地与我国运动员的实际情况相结合，在这个过程中融百家之长，不断发展完善，为我国体能训练发展贡献了力量。

一直以来，我国注重与国际竞技体育的交流研究以及自身知识的更新；注重传统训练经验与现代国际训练经验的结合。

2）特色发展

我国教练员具有丰富的理论和指导实践的经验，并擅长学习，在此基础上提出了一些重要的训练原则，在我国早期竞技体育的发展中起到了很大的作用。另一方面，我国优秀传统文化对体能训练也具有促进作用，例如利用我国中医针灸、按摩等手段实现运动员的积极恢复的做法一直延续至今。很多体能训练动作也借鉴传统武术的招式等不断发展。

体能的完善是体能技术充分发挥的有力保障，而把经验数据化，打破传统的训练模式，依靠科技数据的支持实现体能训练理论与实践的科学化，才能构建出体能训练的科学体系。

第二节　体能训练的价值

体能训练是运动员进行技术训练的前提和基础，是发展运动员竞技能力的重要途径。人们对于体能训练的认识是一个漫长的历史过程。古代，在人类和大自然的搏斗中就产生了最原始的体能训练，如跑步、跳跃、投掷、登山、潜水、游泳等。体能训练包括身体形态、身体机能和运动素质三个因素。身体形态主要是人体的内部和外部形态；身体机能指人体各个器官的功能，是身体活动能力的基础和保障；运动素质是机体在神经系统的控制下所表现出的各种基本运动能力，包括速度、力量、耐力、灵敏等。这三者是相互联系、相互制约的，三个因素中，运动素质是最外在的体现，运动训练中大都以发展运动素质作为体能训练的基本内容。具体来说，体能训练的基本内容就是充分发展运动员的运动素质，包括力量、速度、耐力、灵敏、柔韧等，进而促进运动员身体形态和身体技能水平的提高，为专项运动能力的提高提供基础和保障。

体能训练的价值主要体现在以下几个方面：

一、促进身体健康

健康是运动员从事运动训练和比赛的必要条件，良好的健康状况是系统训练的根本保证。体能训练能够有效地提高运动员内脏器官，特别是心血管系统、呼吸系统的机能，增强骨骼、肌肉、肌腱和韧带等运动器官的功能，并使中枢神经系统的机能得到明显改善；同时，对于克服人体生物惰性、促进新陈代谢都具有极为重要的作用。而上述作用能够有效地提高机体对外界环境的适应能力和对疾病的抵抗能力，从而有效地促进运动员的身体健康。

二、充分发展运动素质

现代奥林匹克运动是一项伟大的社会实践活动，各国运动健儿为了创造优异的运动成绩，刻苦训练、奋力拼搏，向人类身体运动能力的极限发起一次又一次冲击。而要充分发挥人体运动能力的潜力，在赛场上创造优异运动成绩，就必须最大限度地发展和提高力量、速度、耐力、柔韧、灵敏和协调能力等身体素质，体能训练正是实现这一目标的主要途径。

三、保证有机体适应大负荷训练的需要

现代竞技运动竞赛频繁、竞争激烈，运动员要在重大国际比赛中夺取胜利、创造优异成绩，只有通过大负荷的运动训练、长期对有机体进行生物学改造、掌握娴熟的专项技术和战术才能达到。从第一届奥运会到现在，运动训练已经经过了自然发展阶段、新技术广泛运用阶段、大运动量阶段和多学科综合利用（即科学训练）阶段。

科学训练的一个重点是广泛运用现代科技成果与运动训练，科学系统地监测训练过程，并在此基础上保证大负荷训练。而大负荷训练要求运动员必须具有强健的体魄、良好的身体机能和心理机能能力。通过体能训练能够使运动员打下坚实的基础，并在不断加大负荷的情况下，达到训练和比赛对有机体的一切要求。

四、有利于掌握复杂、先进的技术

体能训练实际上是使运动员有机体各器官系统功能协调发展，使其具有完备的从事专项竞技运动能力的过程。不同的运动项目对有机体运动适应能力的要求是不同的。例如：短跑项目要求运动员必须具备突出的爆发力、良好的反应速度、快速移动速度和专项柔韧性，以及对快速运动的协调能力；举重则要求最大限度地发展运动员的力量水平和专项动作速度，并对专项耐力、专项柔韧性和协调性有很高要求；体操、武术、拳击和球类等运动，则对各项身体运动能力都有很高要求，并且有些技术动作本身就是运动素质的综合表现。只有在充分发展各项身体能力的基础上，才能很好地掌握复杂、先进的技术，而体能训练正是实现这一目的的基本保证。

五、创造优异成绩，延长运动寿命

竞技能力是取得优异运动成绩的主导因素，它是由体能、技能（包括技术和战术）、心理和智力等多个因素共同决定的。其中体能是其他几个要素的基础，因此可以说体能是竞技能力的物质基础。没有体能，技能就会成为无源之水，心理能力则成为无的之矢，竞技能力也就无从谈起。

竞技运动的实践已经证明，出类拔萃的运动成绩是建立在雄厚的体能发展水平上的，体能的发展水平又取决于超强的心理能力、最大限度的身体形态专项化改变和生理机能水平的高度发展。体能训练对身体形态改变得越深刻，有机体机能发展水平越高，其衰退速度也就越慢，保持的时间也就越长。这样专项技战术发挥和保持的时间也会更长，运动水平衰退的速度也就更慢，运动员也就能更长久地保持高水平的竞技能力。表1-2充分说明了体能水平与专项运动成绩以及保持和延长运动寿命的关系。

表1-2　世界著名运动员体能训练水平、专项运动成绩和保持高水平的年龄

姓名	运动项目	专项水平	体能指标	创造与保持优异成绩的年龄 / 岁
杨文军	皮划艇	2004年雅典奥运会、2008北京奥运会皮划艇冠军	卧推170 kg，卧拉117.5 kg，3 000 m跑9 min 58 s	21~25
苏炳添	田径	100 m短跑9.83 s，亚洲纪录保持者；2021年东京奥运会4×100 m接力铜牌获得者	卧推100 kg，高翻115 kg，菱形深蹲170 kg，keiser半蹲最大功率4 115 W	32
张伯伦（美）	篮球	四次被评为美国最佳篮球运动员，连续7年获NBA最佳投篮手，1962年全年每场平均得分50.4分，并在一场比赛中一人独得100分，1971年投篮命中率为72.7%，创世界最高纪录	身高2.16 m；100 m：10 s 9；400 m：47 s；跳高：2.02 m	22~38
阿列克谢耶夫（苏联）	举重	第20~21届奥运会特重量级举重冠军，先后82次打破推举、抓举、挺举和总成绩世界纪录	100 m：11 s；跳高：1.90 m	23~36
瓦尔达尼扬（苏联）	举重	第22届奥运会和1984年友谊运动会金牌得主，曾先后36次打破75 kg、82.5 kg和90 kg级抓举、挺举、总成绩世界纪录	立定跳远：3.30 m；跳高：2.10 m；30 m起跑超过国家短跑队选手	21~32

第三节　体能训练的原则

体能训练的原则是训练客观规律的反映，是依据运动训练活动的客观规律而确定组织运动训练所必须遵循的基本准则。依据前文对体能及体能训练的分析，在体能训练过程中应遵循的基本原则有以下几点：

一、全面性与优先发展相结合原则

全面性与优先发展相结合原则是指在体能训练的过程中，应全面地安排和发展运动员各项身体能力，特别是在儿童和青少年时期，应全面发展运动素质，提高一般身体机能水平，以促进专项运动成绩的全面提高，在全面发展的同时应关注青少年身体形态、机能和身体素质发展的敏感期，对处于敏感期的机能和素质应有所侧重，优先发展。

全面性与优先发展相结合原则的主要依据是：

第一，人体是由各器官系统组成的相互依赖、相互制约的整体，与此相对应，体能的三个组成部分也是相互影响、相互制约的，体能训练所追求的各种适应性变化也自然地相互依存。因此，在体能训练中必须采用正确、全面的训练方法，使发展技术与战术所要求的所有身体形态、机能与心理能力得到全面发展。

第二，作为体能集中表现的力量、速度、耐力、柔韧、灵敏等各项运动素质也是相互影响、相互制约的，而广泛的、全面发展的运动素质是运动员达到高水平专项运动水平的基本前提和基础，因此在早期训练阶段，必须全面提高运动素质。

第三，人的生长发育在不同年龄阶段具有不均衡性，青少年身体素质的发展具有敏感期。在此阶段应抓住有利时机，采取相应的体能训练，对处于敏感期的素质优先发展，充分挖掘其

潜力，为高水平阶段打下基础。

全面性与优先发展相结合原则主要适用于儿童和青少年时期，一般来说，开始训练的时间越短，基础训练水平越低，全面训练的比重就应该越大。只有训练水平提高了以后才可逐步增加专项训练的比重而减少全面训练。另外，全面身体训练、专项身体训练、专项技战术和心理训练应有机地结合起来，根据不同对象的训练水平来合理安排训练。

二、系统不间断性原则

系统不间断性原则是指从开始训练到创造优异成绩，直至运动寿命终结的长期过程中，都应依据体能发展的内在规律，做出相应的合理规划，持续不断地进行训练。系统不间断性原则是依据训练适应的产生、发展与消退规律以及体能发展的连续性和阶段性等属性提出来的。在训练实践中贯彻这一原则，应做到对整个训练过程的体能训练不仅要系统规划，对多年训练不同发展阶段的体能训练，从内容、比重、手段、负荷等方面也应做出系统安排，尤其是在青少年时期以及达到高水平以后，更应该周密考虑。当达到高水平以后，运动员的身体形态和机能改造已达到相当高的水平，各项身体能力处于一个相对稳定的状态，但这并不一定说是一个完全理想的状态，这时的体能训练应该在准确体能诊断的基础上，有计划、有针对性地系统安排训练负荷，探索进一步发展的可能性。

三、科学安排运动负荷原则

科学安排运动负荷原则是指在体能训练过程中根据训练的目的与任务，科学地组合负荷的量、强度与休息时间等因素，以保证训练的针对性和有效性。科学安排运动负荷原则是根据机体对运动负荷适应的专门性、有效性和劣变性以及人体在运动时物质、能量的消耗与恢复等规律提出来的。人体器官组织对负荷应激所产生的适应明显具有专门性特点。例如，做负荷深蹲的力量练习时，只会影响腿部伸肌肌群的力量，而对于腿部屈肌肌群及其他肌群的影响却很小。同样，不同的负荷组合对人体供能系统的影响也存在专门性特点。时间短、强度大的运动主要对无氧供能系统产生效应，而对有氧供能的影响则很小。因此，发展专项素质首先必须提高专项所需要的特殊生理机能，为达到专项训练目的，练习中应考虑到训练方式的专门性特征，所选用、设计的练习从动作结构、参与运动的肌群以及能量供给特征等方面，必须尽可能与专项素质相吻合才能达到训练效果。人体对负荷的适应还有一个有效的范围，过小的负荷刺激达不到良好的训练适应，过大的负荷会导致机体适应的劣变。因此，在体能训练中必须根据训练任务和对象水平，科学地规划训练负荷，做到逐步并且有节奏地按照人体机能适应规律加大运动负荷，直至最大限度地适应。按照“加大—适应—再加大—再适应”的增量方式，合理地逐步加大训练量和训练强度，有效地促进机体形态发展和机能改善，提高运动水平。在训练过程中，既要遵循超负荷原则，又要注意防止过度训练引起机体的劣变反应。要根据训练对象的实际水平，有节奏地增加运动负荷，逐步提高，妥善处理负荷量与负荷强度、负荷与恢复的关系，使每次训练在机能得到“超量恢复”的提高阶段进行。还要按照各项素质的特点来合理安排负荷，如：速度力量性训练的特点是强度大、数量少；耐力性训练的特点是数量多、强度小等。

四、结合专项原则

结合专项原则是指在一般发展的基础上，体能训练必须根据各运动项目的技术、战术和专项能力特点充分发展专项所需要的运动素质，以促进运动员直接创造优异运动成绩。其主要依据是：首先，体能训练的作用最终要体现在创造优异运动成绩这一终极目标上，因此体能训练不能偏离运动专项。其次，技术、战术练习是专项训练的重要内容之一，体能训练只有与专项技术、战术训练有机地结合，才能真正达到体能训练的目的，加快体能训练的进程，实现在体能训练中完善和检验技术、战术，在技术与战术训练中巩固体能。结合专项进行体能训练有助于使运动员在身体形态以及机能方面对该项目的特殊要求产生适应。为此，在训练中要根据运动项目的特点和运动员的实际情况，科学地确定体能训练与专项训练的比重；体能训练的内容与手段也必须突出重点，紧密结合运动专项需要；要确定和充分发展与专项密切相关的最重要的运动素质，做到有针对性地练习。

五、区别对待原则

训练效应主要通过机体的变化实现。由于客观地存在着训练者的个体差异，要想使训练达到理想的效果，就必须充分考虑到个体特征以区别对待，有针对性地安排各种不同的训练。训练对象的个体特征除了年龄、性别、形态、机能等生物学特征外，还应包括气质、个性和参加训练的动机等心理学特征和训练水平、训练年龄、承受负荷能力等训练学特征。训练中做到全面了解、掌握和分析训练对象的具体情况，制订出符合个人特点的训练计划，根据不同专项所需要的身体素质和不同训练阶段的任务、要求，有区别地安排训练全过程。

第四节　体能训练的基本原理

通过体能训练，人体的机能和形态可以根据运动需要得到有效的提高和改善。然而，训练何以提高机能？身体形态改善的机制何在？这些才是人们能够把握体能训练内在规律的关键问题。所谓训练的基本原理，是指在训练过程中带有普遍意义的基本规律。一般情况下，有机体的生命活动处在一个相对稳定的状态，但当外部环境发生变化时，必然会影响到机体的稳定状态，此时机体对稳定状态被打乱的应激反应是生物调节和适应。体能训练过程就是依据这一原理，通过有意识地施加科学的运动负荷刺激，使有机体对负荷产生应答后，出现一系列生理适应。在一定范围内，训练中施加的负荷越大，对机体的刺激越深，引起的消耗过程越激烈，机体所产生的相应变化也就越明显，人体机能和形态的适应性变化也就越快。因此，从这一生物学发展规律可见，体能训练的机制关键在于负荷、恢复以及适应性，对这三个方面的全面认识也就构成体能训练的基本原理。

体能训练过程中必须通过多种方式和手段使参与者形成一种内在的、积极的心理需求，产生内在激励机制和外在行为机制。①循序渐进原则。这是最适合体能训练机制的原则，它要按照一定的步骤深入或提高体能训练水平。一方面，体能训练和学习过程类似，都是由浅入深、由易到难的过程；另一方面，人的生理机能有自身的阶段性特征。②持之以恒原则。体能训练对人体的积极改造，不是一朝一夕就能实现的，而且，人体有着“用进废退”的自然法则约束，已有的训练效果如果不进行强化巩固就会慢慢消退。③全面训练原则。人的构成既有生理层面的，也有心理和社会层面的，单从生理层面看，人体的形态、机能以及各器官系统的功能也是一个相互影响的负载系统。④具体针对原则。在体能训练中，我们必须根据综合情况考虑参与者个体的体质基础、身体机能状况、健康水平、体育文化素养、所处环境等，综合选择锻炼方法，安排锻炼内容，确立运动负荷，使体能训练做到因人而异、因地制宜。

一、体能训练的适应原理

（一）体能训练与适应

人体具有稳定性和适应性两大生物特征。所谓稳定性（稳态）是指对于气温、湿度等外部环境的变化，体温、体液等内环境能够保持在一定范围内波动的生理机能。例如，人体在高温环境中是通过发汗散热来维持体温的正常，遇寒冷时是通过皮肤血管的收缩来防止体热散失。在运动训练中，由于代谢功能的增强，导致体内代谢产物增多，为维持体内环境的稳定，须排除代谢产物来保持内环境理化性质的平衡，运动后又将体内的一时性变化复原，等等。机体内这种自我调节的过程都可看作稳态的作用。除稳定性外，如果长时间经受外部环境变化和运动刺激，人体的形态和功能同样具有适应变化的能力。如生长在高寒地区的人耐寒，热带地区的人耐暑等，这些特殊的机能应变都被称为适应性。

适应性和稳定性都是人体为维持生命而必不可少的应激反应。人体的适应可分为暂时性适应和长久性适应两大类。当外界环境发生变化时，人体内的相对平衡会被暂时打破，这时机体通过一系列生理性调节，又会重新保持相对稳定，这种适应就是暂时性适应。如果暂时性适应长时间（几周、几个月或多年）、周期性地反复进行，就会导致人体的形态和机能发生变化，这种变化即为长久性适应。

高水平的体能是长期艰苦训练的结果，是机体对专项运动逐步建立运动适应的过程。这一过程是改造和建设运动员身体系统的过程，是使运动员各器官系统的形态和功能适应它所从事的运动专项的特殊要求的过程。运动员机体的这种适应能力越强，它的体能水平也就越高。整个体能训练过程实质上就是追求人体训练适应的过程。所谓训练适应，是反映运动员机体在长期训练和外界环境（指自然环境与训练、比赛环境等，如高原训练）刺激的作用下所产生的生物学方面的功能性“动态平衡”（能量补充与消耗的动态平衡）。体能训练的任务就是通过合理的训练负荷等手段，打破原有的生物适应与平衡，使机体在新的水平上产生新的生物适应与平衡。达到较高的适应水平所需要的时间取决于适应平衡建立的难度，难度越大，神经、肌肉和机能所需要的适应时间也就越长。

（二）训练适应的发展阶段

训练适应主要是人体对运动刺激的一种生理适应过程。从运动生理学的角度看，训练适应的形成一般要经历几个阶段：

第一阶段：对运动员肌体施加刺激阶段。这种刺激包括训练中、比赛中和生活中（饮食、作息制度、时差等）所受的各种刺激，运动员每时每刻都在接受来自各方面的各种刺激。

第二阶段：对刺激产生直接的应答性反应阶段。运动员在外部刺激的作用下，其机体内外感受器官产生兴奋，将兴奋传输到各内脏机能器官和运动器官，使之尽快进入工作状态，对外来刺激做出运动必需的应答性反应。

第三阶段：对刺激产生局部或整体的适应阶段（暂时性适应）。机体器官和系统在接受刺激后，机能状况由开始的急剧上升逐渐趋于平衡，此时，机体的某项应答指标虽不再上升，但也能承受住外部刺激时，则表示机体已对刺激产生了训练适应。

第四阶段：结构与机能改造阶段（长久适应形成阶段）。在全面增加和系统重复各种外部训练刺激的基础上，使各相应的机能系统和组织器官产生明显的结构和机能改造。在这个阶段中可以看到运动器官和有关的机能系统的结构出现相应的完善和协调。

第五阶段：训练适应的衰竭阶段。当训练安排不合理时，如承受过度的训练负荷或过大的比赛负荷，则长期训练适应的某些机能会出现衰竭的情况。

通常，只要采用“维持性运动负荷”就可以保持已达到的训练适应水平。完全停止训练或急剧地长时间地降低训练负荷都会引起训练适应的消退，各种已获得的运动机能能力和运动性适应结构就会慢慢消失。产生训练适应所用的时间越短，其消退的速度越快。例如，在两个月紧张的力量训练后完全停止练习，经过两周后，力量素质就会明显下降；经过2~3个月后就会降低到原来水平。因此，在体能训练过程中，一方面要避免适应的消退和在适应过程的重复出现，另一方面也要避免盲目的长时间、高强度的刺激来追求训练适应。

另外，需要注意的一点是，运动员因疾病、受伤和其他突发事件停止训练时，也就是说形成的适应的训练刺激突然完全停止下来时，运动员就会面临机体功能甚至心理上的紊乱。运动医学把这种现象称为“减量状态症”或“停训状态症”。在这种状态下，最好的治疗方法仍是体育活动。

（三）机体对体能训练的主要适应

1. 骨骼肌的训练适应

长期反复地给予肌肉一定阻力刺激，肌肉的形态结构和机能都会产生适应性变化，肌肉力量也可得到相应的增强。肌肉的训练适应主要表现在三个方面：骨骼肌功能性肥大；支配肌肉的中枢神经系统的机能改善；肌肉能源物质储备增加和相关酶活性的改变。

长期系统的训练对人体各器官、系统的形态、结构和机能水平都会产生影响，从而形成独特的运动员形态和机能特征。如果用临床医学的诊断标准来评价运动所引起的身体形态和机能的变化，能得出许多不利于运动员的诊断结论，甚至将由于运动所引起的心脏结构和机能变化称为运动员心脏综合征，将运动引起的身体形态和机能变化以综合征定位在病理范围内。

2. 骨骼肌肌肉体积产生的适应性变化

经常进行体育锻炼或系统训练，可使骨骼肌体积增大，肌力增强。骨骼肌肌肉体积的增大与以下几方面的适应有关系。

1）肌纤维选择性肥大

肌肉体积的增大是由于肌纤维增粗，还是肌纤维数目增加，至今尚无足够的实验证明。随着对骨骼肌纤维的深入研究，发现骨骼肌纤维对不同性质的专项训练可产生专门性的适应。许多研究表明，耐力性训练可引起骨骼肌中慢肌纤维呈现选择性肥大；而速度训练可引起快肌纤维的选择性肥大；力量训练也引起快肌纤维出现选择性肥大。而且练什么肌肉，什么肌肉的体积就增大。肌纤维的增粗主要是细胞内含物的增多和增大的结果。

2）肌纤维中蛋白质含量增多

长期进行体育锻炼或运动训练，肌纤维中肌凝蛋白、肌纤蛋白、肌红蛋白等含量均有增加。实验证明：未经训练时骨骼肌中肌凝蛋白质量分数为4.90%，经速度性训练后为6.00%，经力量性训练后为6.88%；肌红蛋白质量分数，未经训练时为0.38%，跳跃训练后为0.663%，游泳训练后为0.583%。黄海等测试运动组小白鼠的肌肉蛋白及其中的收缩蛋白明显高于非运动组。肌凝蛋白与肌纤蛋白是组成肌原蛋白的收缩蛋白，且肌凝蛋白又具有ATP（adenosine triphosphate，三磷酸腺苷）酶作用，所以含量增加不仅使肌纤维增粗，收缩力量与收缩速度均可增大。肌红蛋白的含量增多，不仅可使肌纤维增粗，也提高了肌肉中贮氧能力，有利于骨骼肌工作。

3）肌纤维中线粒体数目增多、体积增大

实验表明，进行耐力性训练可使肌纤维中线粒体数量明显增多、体积增大，尤其快肌纤维中线粒体数量的增加更为明显。未经系统耐力训练的人快肌纤维中线粒体均少。Kiesslin 曾对14名未专门受过耐力训练的18~25岁男青年进行研究，在进行长跑训练前、训练第14周、训练第28周时，检测股外侧肌肌原纤维间隙中每100 μm^2含线粒体数量随训练时间的加长，线粒体数目及线粒体体积都在不断增加，第28周线粒体的数目、大小接近优秀运动员。线粒体数量增多、体积增大，不仅可使肌纤维增粗，也可提高有氧代谢能力，为骨骼肌收缩活动提供更多的ATP，以适应耐力性运动的需要。

4）肌纤维周围毛细血管增多，肌肉中毛细血管网增生

长期训练可使骨骼肌毛细血管在数量上增多，形态上也有所变化。实验证明，骨骼肌肌纤维间的毛细血管平均分配数量在系统训练（动力、静力负荷）后增多，其中静力负荷组比动力负荷组毛细血管数量增加要多。静力负荷组毛细血管迂回的行程明显，肌肉中毛细血管分支处出现局限性扩张，分支吻合丰富。动力负荷的跑步和游泳训练，主要促使毛细血管分支吻合。运动后单位体积肌纤维毛细血管表面积增大，发生了适应性变化。随着肌肉活动量增大，肌纤维需要充分的氧和营养物质，毛细血管网的增生增加了氧与营养物质的运输量，是耐力训练的适应表现。骨骼肌中毛细血管网增生与形态变化，增强了肌组织的血液供应，提高了肌肉工作能力，肌肉体积也增大了。

3. 骨骼肌中酶活性产生的适应性变化

骨骼肌中酶活性对运动训练产生的适应表现为肌肉中有关酶活性的选择性增强。Costill研究了不同赛跑运动员和无训练者腿肌中琥珀酸脱氢酶（SDH）、乳酸脱氢酶（LDH）及磷酸化酶（PHOSP）的活性。发现长跑运动员的肌肉中，与氧化供能有密切关系的SDH活性较高，而与糖酵解及磷酸化供能有关的LDH和PHOSP活性最低。短跑运动员则相反，中跑运动员居短跑和长跑运动员之间。

Thorstensson发现8周的短跑训练可使肌肉中的ATP酶活性显著提高。Saltin也发现经过5个月的耐力训练，肌肉中与有氧代谢有关的氧化酶（琥珀酸脱氢酶、磷酸果糖激酶）活性明显提高，表明有氧代谢能力增强。大运动量训练后，鼠肱三头肌中的慢肌纤维、快肌纤维和中间型肌纤维的琥珀酸脱氢酶的活性明显增强，表明骨骼肌有氧氧化能力增强。

4. 骨骼肌肌纤维类型及百分比对运动训练产生的适应性变化

生理学中，肌纤维分为慢肌和快肌两种，慢肌为Ⅰ型，快肌为Ⅱ型，而Ⅱ型又包含了Ⅱa型、Ⅱb型、Ⅱc型等。研究发现，运动员的肌纤维组成根据参与项目的不同具备不同的特点：参加时间短、强度大项目的运动员，其骨骼肌中快肌纤维的百分比较从事耐力项目运动员和一般人高；而从事耐力项目运动员的慢肌纤维百分比却高于非耐力项目运动员和一般人；既需要耐力又需要速度项目的运动员，其肌肉中快肌纤维和慢肌纤维百分比相当。

不同项目优秀运动员的主要工作肌群中，快肌、慢肌两种类型肌纤维组成与运动专项有明显依从关系的事实，必然使人们想到这种关系是否由于训练导致两类肌纤维相互转化而改变快慢肌纤维的百分比。这个问题一直存在两种不同的观点。有些学者认为，人类各骨骼肌两类肌纤维百分比组成从出生就固定下来，是由遗传决定的，不同项目运动员的不同肌纤维组成可能是自然选择的结果。作为遗传观点最有力的实验证据是komi在1977年的实验结果。实验研究了31对双胞胎的骨骼肌，发现股外肌中慢肌纤维百分比遗传度高达96.5%，这样高的遗传度可以解释为什么以往的实验中，未能发现训练引起骨骼肌纤维类型百分比发生变化的原因。而这些年来有愈来愈多的研究文献表明，进行专项训练可以使肌纤维不同类型发生适应性的改变。Costil发现，经7周最大等动训练后，Ⅰ型纤维百分比降低，而Ⅱ型纤维增加了1%。Jansson等让受试者进行两个阶段的训练。第一阶段进行8周70%~80%最大的摄氧量强度的有氧训练；第二阶段进行11周90%~100%最大摄氧强度的无氧训练。研究发现：无氧训练后，所有受试者股外肌Ⅰ型肌纤维百分比下降，而Ⅱc型提高了21%。Jansson将受试者分成两组，第一组按有氧训练11周，再无氧训练11周的程序进行训练；第二组按相反的程序训练。发现，经无氧训练后，肌肉中Ⅱc纤维的百分比增加，而慢肌纤维百分比减少，在有氧训练后即看到相反的结果，并提出肌纤维类型可能随专门的训练而逐渐产生适应性改变，即慢肌纤维转变为快肌，或快肌纤维转变为慢肌，而Ⅱc纤维是这种转化的过渡性纤维。Howald对10名受试者进行强度为72%最大摄氧量的6周训练后，发现Ⅰ型纤维增加，Ⅱb型纤维减少。Steinacher对10名优秀划船运动员进行为期4周的训练，分别为力量训练、高强度耐力、专项耐力和参加世界比赛，发现股外肌收缩蛋白中肌动蛋白在训练过程提高，比赛期间下降。

人类肌纤维类型间是否能相互转变，仍是悬而未决的问题，还有待今后不断地研究与观察。但无论是哪种观点，利用肌纤维类型的有关理论来指导科学训练及科学选材都是重要的。总之，适宜的运动训练可以引起运动员形态和机能的变化，是机体对运动负荷的主动适应的结果，是身体机能水平提高的表现，这种适应性变化可以为科学训练及科学选材提供理论依据。

早期的动物实验研究发现，经过2个月以上的训练，动物肌肉的生理横断面有54%的增长，这种增长的原因是由于肌纤维增粗（运动性肥大）和肌腱、韧带等结缔组织增厚所致，然而并未发现肌纤维数量的增多。当时得出的结论是：骨骼肌运动性肥大的机理并不是肌纤维数量上的增多，而是肌纤维的增粗。东京大学运动生理学教授福永哲夫曾用超声波实验手段对受试者骨骼肌肥大做跟踪调查，从结果可知，经过100天的力量训练之后，受试者上臂整体横断面积有2.6 cm^2的增长，而脂肪部分有2.2 cm^2的减少，肌肉部分的增长最为明显，达4.9 cm^2，其中屈肌的增长占4.5 cm^2，骨骼部分经过训练后没有发生任何变化。

5. 中枢神经系统机能改善

骨骼肌的另一个适应性变化是帮助支配肌肉的中枢神经系统的机能得以改善。人体在运动中，肌肉的收缩力量除取决于肌纤维的收缩能力外，还与支配它的中枢神经系统的机能分不开。对一块肌肉来说，力量训练有助于提高大脑皮层的兴奋水平，提高引起肌肉收缩的神经冲动的频率与强度，从而使肌肉在收缩时能够募集更多的运动单位参与工作。对整个身体来说，体能训练有助于提高中枢神经系统的协调能力，使人体在运动时主动肌、协同肌与对抗肌在收缩时更加协调。因此，即使肌肉体积不发生变化，由于神经系统的改善，同样可带来肌力的增长。

一般认为：中枢神经系统的改善多在训练初期出现，也就是说刚开始接受训练时的力量增长并不受肌纤维肥大的影响，而后期出现的增长才是由于肌肉运动性肥大的适应性变化所致，肌肉的横断面积与力量成正比。在同样体积的肌肉中，氧化供能速度越快，运动单元同步收缩越协调，肌肉产生的力量就越大。这对于完成动作过程中，有效地利用力量和按照完成动作的时间、顺序收缩肌肉有特殊意义。

6. 呼吸机能的训练适应

人体各个功能系统的生理活动都离不开氧，空气中的含氧浓度是恒定的，因此摄入体内的氧量主要是由呼吸系统的功能决定。整个气体交换过程首先是从鼻、口腔吸入空气，经气管、支气管进入肺部。肺是由上亿个肺泡组成，肺泡壁分布有丰富的毛细血管。由于进入肺泡的氧分压高于毛细血管中血液氧分压，因而，氧能透过很薄的毛细血管进入血液中。进入血液的氧很快同血红蛋白结合，由心脏将富含氧的血液经动脉送往全身各组织器官，以氧化能源物质，提供一切生命活动所需的能量。由此可知，肺与外界进行气体交换时，如呼吸肌发达，收缩有力，肺通气量可得到增大。肺换气过程中，如肺泡内毛细血管网的表面积增大，血红蛋白增多，氧的扩散容量即可得到有效增大。

一般成年男子安静时通气量为6~8 L/min，运动时通气量可随运动强度的增加而迅速上升。据测试，成年男子的最大通气量约为110 L/min，女子约为82.5 L/min，有训练者可达到120~160 L/min，在适应了呼吸机能的训练后，通气量的最大值还可增大。根据上述分析可以认定，呼吸机能的训练适应变化主要是由于呼吸肌的力量增大、肺泡膜的表面积增大、肺毛细血管血流量的增多等因素导致通气量的增大。

7. 循环系统的训练适应

循环系统的训练适应主要表现在三个方面：①运动性心脏增大；②心血管机能改善；③窦性心动过缓。研究发现，运动训练可使心脏增大，瑞典人汉森最早通过诊断发现运动员的心脏比一般人的大，他认为是非病变性肥大，并命名为运动性心脏肥大。心脏运动性肥大是循环机能训练适应的重要标志，一般根据不同的运动专项可分为两种类型：从事耐力性项目（长跑、游泳、自行车等）选手的心脏肥大主要表现为右心室容积增大，而心室壁厚度的变化并不明显；非耐力性项目（投掷、跳跃、摔跤等）选手的心脏肥大正好相反，心室容积并没有增大，但心室壁却明显地增厚。

循环机能的提高集中表现在最大摄氧量的增大上，而最大摄氧量的增大又依赖于心排血量增大和动静脉氧差加大（肌细胞摄氧能力增加）两个方面。心排血量的增大是影响最大摄氧量的中央机制；动静脉氧差加大是影响最大摄氧量的外周机制，两种形式的同时增大可导致循环机能更快地适应。一般认为训练初期最大摄氧量的增大主要依赖心排血量的增加，心排血量的最大值是心率和每搏输出量的乘积，也就是说，在心率和每搏输出量增加之后才可能出现心排血量的增大。但是现已有很多事实说明，经过系统的耐力训练后，随着适应能力的增强，最大心率在训练后反而有所下降，说明心排血量的增加与心率的关系并不大，主要是受每搏输出量的影响。每搏输出量增大主要是心室容积的增大，射血功能的增强。此外，经过训练，心肌微细结构也会发生改变，心肌纤维内ATP酶活性提高，心肌肌浆网对Ca^{2+}的储存、释放和摄取能力提高，线粒体与细胞膜功能改善，ATP合成速度增加，冠状动脉供血良好，使心肌收缩力增加。运动训练还可使心血管的调节机能得到改善，心血管机能表现出动员快、潜力大、恢复快的特点。

运动训练（特别是耐力训练）循环后的另一种适应性转变是出现心搏频率逐渐减缓。平日的脉搏测试都会发现，有训练经历的人安静时脉搏次数低于一般人，耐力性项目如马拉松、滑雪、皮划艇选手安静时的脉搏更低，多在30~45次/min，最低的可达到28次/min。导致运动性心动过缓的原因是心肌的收缩有力以及调节心脏活动的心迷走神经中枢紧张性增强。这是通过长期训练后心脏功能得到改善的结果。

二、运动训练负荷原理

训练负荷是运动训练最重要的控制与影响因素。体能训练的全过程就是通过对受训者施加运动负荷，引起机体的形态结构与机能产生生物适应而实现的。训练活动中如果机体没有承受一定的负荷刺激，便不可能产生新的适应现象。因此，了解和掌握负荷与刺激的基本原理是进行科学体能训练的关键。

（一）运动负荷的概念

运动负荷亦称“运动量”“运动刺激”，是指运动员在承受一定的外部刺激时，机体在生理和心理方面所表现出来的应答反应的程度。决定生理负荷大小的主要因素是练习的数量和强度。数量指练习的次数、组数、时间、距离、重量等；强度指练习在单位时间内用力的大小和机体紧张程度，一般以练习的密度（单位时间内重复的次数）、动作的速度、投掷的距离、所负的重量、间歇时间的长短为指标。负荷的数量和强度是互相联系和制约的：强度减小，数量可增加；强度增大，数量宜减少。显然，单纯的外部刺激或单纯的机体内部反应均不可能全面完整地反映运动负荷的内涵。因为，同样的外部负荷对机体所产生的影响程度随机体机能状态的不同也会不同。所以要全面理解运动负荷，应该把外部刺激与该刺激作用下机体内部应答反应程度相结合进行综合考虑。

（二）运动负荷的量与强度

运动负荷可分为负荷强度和负荷量两个方面。

1. 负荷强度

负荷强度是反映负荷对有机体的刺激深度，一般是由密度、难度、质量以及重量等因素构成，这些因素分别适用于不同的运动专项和不同的练习。周期性运动项目的负荷强度多以练习中所完成的时间、高度、远度以及重量等来衡量，而非周期性运动项目中，动作难度和完成质量则是反映负荷强度的两个重要因素。

负荷强度可根据完成练习的努力程度、机能的紧张度和练习密度等客观标准区分为不同的强度区域，一般有小、轻、中、大、最大五级负荷强度。负荷强度的掌握是因人而异的，应根据不同训练对象来合理安排。实际运用中往往以本人最快速度、最大远度或高度以及最高负荷量的百分比值作为衡量强度大小的指标。

在现代运动训练中，负荷强度的地位越来越重要，现代训练已由20世纪五六十年代突出训练量转向突出训练强度，这是因为比赛负荷的核心是负荷强度，运动成绩就是一种主要的强度指标，竞技比赛主要是比强度而不是比量。为此，现代训练对负荷强度的研究也越来越深入。为了提高或达到预期的训练效果，负荷刺激强度必须达到或超过一定阈值水平。德国训练学博士黑廷格研究发现，发展力量素质的负荷强度如果小于最大力量的30%，其训练效果等于0。若采用最大力量的30%以上的负荷强度训练，才会看到增长的效果。当力量得到增长后，强度指标的负荷值也要随之改变，保证每一次负荷强度都是在适应前次负荷的基础上逐步增长，这样机能才会得到不断改善，以获得新的训练适应。训练效果的产生往往是由负荷强度的大小决定的，在机体可承受的范围内，强度刺激越大，机体所产生的变化就越明显，运动素质的提高也就越快。近几年来长跑成绩飞速提高的成功经验已证实，在发展有氧耐力训练时，用接近无氧阈的速度进行持续跑是提高有氧耐力素质的有效训练手段。也就是说，达到一定强度的负荷训练比完成跑量更为重要。发展速度素质时，负荷强度就更为重要。德国训练学专家哈雷认为，发展速度素质的训练，强度刺激应达到本人比赛强度的80%~100%才可能取得训练效果。非周期项目一般以最大心率作为负荷强度的指标。有实验证明，为使新陈代谢产生适应，尽快提高机体对酸性代谢产物的补偿和容忍能力，训练时的心率必须超过130次/min。由于负荷强度的刺激与人体的应激反应是相互联系的，训练中保持较高的负荷强度，才有可能对人体各大系统达到更有效的刺激。

训练中负荷强度的指标并不是孤立存在的，而是练习密度、完成动作的难度以及承受的负荷重量等因素的组合，这些不同负荷因素的合理搭配和组合即可产生不同的训练效果。如在力量训练时采用低次数、大重量的负荷进行训练，主要促进肌蛋白的合成和最大意志紧张力的增长，能有效提高最大肌力。若采用能保持一定重复次数的中等负荷刺激，可有效提高肌肉收缩速度，提高爆发力。而多重复次数、轻重量的刺激，可提高肌肉保持长时间紧张和抗疲劳的能力，达到发展力量耐力素质的效果。

2. 负荷量

负荷量则反映负荷对机体刺激的数量特征。一般是由时间、次数、距离、重量等因素组成。①时间是指在一个统一单位中训练的总时间，如一个训练阶段的总时间，一次训练课的持续时间（小时），一种练习所能坚持的时间（分、秒）等。②次数是指训练活动中重复练习的次数，如负荷强度不变，要求完成负荷训练的次数。③距离是指完成各种周期性练习的距离，如跑步、游泳训练时，以一定速度完成一段距离或总量的负荷训练。④重量是指完成练习的总负荷重量，负荷量引起的人体反应一般来说并不强烈，比较缓和，所产生的适应过程也较低。但是相对而言，机体产生的适应是比较稳定的，消退也较慢。与此相反，负荷强度刺激所引起的机体反应就比较强烈，可较快地提高机体各器官系统的机能，而且所产生的适应性影响也比较深刻，但是机体获得的适应并不稳固，消退也较快。

3. 负荷强度与负荷量的关系

负荷强度与负荷量是构成运动负荷的两大要素，两者之间相互依存，不可分割。任何量都包含着强度的因素，而任何强度又都是通过量才可以反映出来。刺激量大而刺激强度不够，或者刺激强度大而刺激量太小都不能使机体承受刺激或产生应激，一定刺激强度的负荷只有达到相应的刺激量时，机体才会产生新的适应现象。整个训练过程，实际就是通过调节、变动负荷量和负荷强度的各组成因素来合理安排运动负荷。

（三）运动负荷的安排

1. 运动时间

运动时间是指一次体育课练习的总时间或每个练习的间歇时间，在保证一定的合理强度和密度的同时，练习时间持续的长短直接关系着运动负荷的大小。在一节体育课里，学生长时间处于大强度的运动之中，那么他们的运动负荷就偏大。

2. 练习密度

练习密度是指单位时间内重复练习的次数，它在运动负荷中反映时间和数量的关系。练习密度是否合适较大地影响着学生的运动负荷，练习密度一般与运动负荷成正比。教师安排体育教学内容的难易程度是否合适，教学方法是否恰当，组织措施是否得当，讲解示范是否正确、形象、生动、规范等都会较大程度地影响运动负荷。如教学中分组太少而导致学生长时间等待，从而使运动负荷过小；练习的间歇时间太少，又使运动负荷过大。

3. 个别差异

学生的个别差异是指学生身体机能水平的个别差异。在体育课上，往往相同的练习对不同的学生会产生不同的影响。如快速跑完60 m，有的学生心率达到180次/min以上，有的学生仅170次/min。

4. 策略

总的来说，应根据人体生理机能活动能力变化的规律和人体机能适应性规律，循序渐进，逐渐加大运动负荷。在整个教学活动中，随着学生身体素质的提高，根据学生对运动负荷的适应过程和机能恢复过程的生理规律，可有节奏地逐步加大运动负荷。调整运动负荷的策略主要包括如下几种：

1）安排每节课的教材并确定课程的任务

教师在体育课前的备课要做到心中有数，在安排教材内容时，应合理搭配不同性质、不同强度、适宜密度的教材，因为不同年级、不同教材、不同类型的体育课，其运动负荷是不同的。在教材内容的安排上，可以将运动负荷大和运动负荷小的练习交替安排，如强度较小的走、投与强度较大的跑、跳等内容的组合。

在课前的备课中周密地安排运动负荷，要重视并且设计合理的运动负荷，针对不同的教材要设计不同的运动负荷。例如，跑的项目和投掷项目的运动负荷不同，那么教师就要深入研究教材，在练习密度上加以调整，不能100 m跑两次，掷实心球也掷两次。确定任务时，新授的知识、技能不宜太多太难。

2）合理调节运动负荷

一般一节课的运动负荷模式有标准型、双峰型、前高后低型、前低后高型等模式：标准型指运动负荷由小到大逐渐上升到一定水平，持续一定时间后再逐渐下降；双峰型指一节课学生承受两种运动负荷较高的练习；前高后低型主要指课的基本部分的前半部分运动负荷较大，后半部分较小；前低后高型则与前高后低型正好相反，运动负荷由小变大。不管采取哪种模式，运动负荷总的调节策略应是高低结合，动静交替。通常把学生取得最佳健身效果的心率区间确定为120~140次/min，而一节课上，将此心率的保持时间控制在10 min以上，并以中等强度和中等量结合的运动负荷为主，兼顾学生的课后恢复。在课堂教学中最常用到的运动负荷测量方法除了脉搏测量外，还有询问法和观察法。据瑞典生理学家研究，当询问学生锻炼后的自我感受，学生回答“累极了”“很累”“有点累”“还行”“很轻松”“非常轻松”时都有不同的心率，而这些心率和回答之间有着极明显的对应关系。这样教师就可以利用学生的回答来判断学生承受运动负荷的情况。采用观察法可以直接简便地知道学生的运动负荷情况，教师可以通过观察学生的脸色、表情、喘气、出汗量、反应速度等表现来判断所承受运动负荷的大小。比如：当学生承受较小负荷时，额头微汗、脸色稍红；承受中等负荷时，脸色绯红，脸部有汗滴下；承受过大的运动负荷时，脸色发白、满头大汗、动作失控等。所以，安排运动负荷时要以学生发展为中心，重视学生的生理和心理感受。在体育课上，可以通过调整练习的次数和组数、练习的强度和时间、器械的坡度和阻力，也可以改变课程的组织教法等来对运动负荷进行合理的调节。体育课必须有适宜的运动负荷，过分关注学生的生理效应而忽略心理效应是失之偏颇的，而不再关注学生的生理效应却是从一个极端走向另一个极端。体育课堂教学中安排适宜的运动负荷是锻炼身体和掌握运动技能的需求，也是促进学生身心健康发展的需要。

（四）影响运动负荷安排的因素

1. 生物适应性

如果合理安排运动负荷，就能够促进个体适应性的良性发展。在运动员训练的过程中，往往会有疲滞期，除了改进训练方法和技术外，还要利用更大的、更新鲜的负荷给运动员以刺激，使其重新适应，才能进一步提高训练质量。此时需要注意，负荷刺激不应该超过机体的最大承受能力，否则会因为训练过度产生不良影响。还要注意控制给予负荷刺激的方式，要循序渐进，分阶段进行，使其产生适应性后再进入下一个阶段。同时需要注意控制负荷刺激的节奏，不能按照直接增大的趋势给予负荷，而是应该形成一个大、中、小结合的波浪式起伏趋势，从而使适应性和负荷刺激相配合。所以说，按照生物适应性的特点来安排运动负荷是生物共同特点的要求。

2. 心理因素

安排运动负荷时，除了需要考虑运动员各项身体机能和特点外，心理因素也是一个关键的参考因素。同身体负荷一样，心理负荷也是一个丰富的存在。心理因素对运动负荷的安排将直接影响运动员的心理适应能力，除了安排运动负荷外，也需要相应地安排心理负荷，使其具备充分的竞赛心理准备，适时调整自己的心理状态，从而更好地适应竞赛环境。每个个体的适应能力是不同的，在相应环境下产生的心理负荷也是不同的。进行心理负荷训练安排时，应该重点做好运动员的专项比赛心理状态构建。另外，医务监督作为检测负荷及反应的重要手段之一，对防止负荷过重、训练过度等现象发挥着重要的作用。所以，在进行运动负荷安排时，还应该考虑到医务监督这一个影响因素。

3. 运动训练中运动负荷的安排

（1）从宏观角度，运动训练分为基础训练、专项提高、竞技水平保持三个阶段，根据此分类，运动负荷具体安排如下：

①基础训练阶段。此阶段的运动负荷安排需要遵守循序渐进的原则。逐步增加运动负荷，从而能够一步步对运动员提出更高要求，使其不断产生新的适应性，提高运动技能。如果负荷过重，就会损害运动员的生理和心理健康，可能会阻断他们的运动生涯和前途。所以，在这个阶段，强调的是适宜的负荷量，绝不是越大越好。

②专项提高阶段。专项训练是帮助运动员挖掘潜能、提高运动成绩的关键手段之一，通过专项负荷训练，可能帮助运动员取得较好的成绩。在进行专项负荷训练安排时，需要注意的是合理搭配负荷强度和负荷量，在建立扎实的基础运动技能和素质的基础上，进行专项能力的提升。需要结合各项目的不同特点来进行负荷安排，实现提高专项运动素质、战术、技术、能力等目标。

③竞技水平保持阶段。进入这个阶段，运动员往往已经承受了许多年的强负荷和高层次的竞赛，也有可能在身体上积累了一定的伤病，他们可能没有能力再承受强度较大的运动负荷。所以在这个阶段的运动负荷设置中，需要安排一些比较细致的训练内容。负荷强度要大小搭配，一般呈波浪形的负荷最适合这个阶段，有起有伏、有张有弛，节奏也比较明显，在保持负荷总量逐渐递增的状态下，还要将负荷控制在适度的空间内。

（2）从时期上可以将运动训练分为准备期、竞赛期和调整期，根据此分类，运动负荷具体安排如下：

①准备期。在准备期阶段主要是为了提高训练质量、培养竞技状态。进行负荷安排可以分两个阶段进行，前一阶段是保持负荷强度和量的逐步增加，但是主要在量上进行增加，强度上增长较缓慢；后一阶段是保持负荷总体的加大趋势，主要以增强负荷强度为主，负荷量的变化基本处于稳定状态，在一定时期后，就呈现减少的趋势，也就是开始减少一般训练的量，后来逐渐就开始减少专项训练的量。

②竞赛期。这一时期是形成和稳固良好竞技状态的最佳时期。在运动负荷安排上，其总体呈现稳定趋势，负荷量要减少，强度要增加。如果是短期竞技，不要突然减少负荷量，而是要让其处于一个相对稳定的态势。强度上要匹配甚至超过竞赛负荷。

③调整期。这一时期的训练趋于平淡，主要是为了调整运动员全年训练和竞赛带来的心理及生理疲惫。所以在安排时，需要在保持训练状态的基础上减少总负荷，负荷量和强度都比较少，保持在普通训练的状态，以便运动员在保持训练水平的同时又得到更好的休息和调整。

（3）从微观角度，运动训练是由一个个训练周组成的，需要做好每个训练周的运动负荷安排。每个训练周的负荷安排应该符合阶段训练和全年训练负荷发展的总趋势，在一个训练阶段内每个训练周应该保持相对稳定，更换次数不宜过于频繁。

4. 运动训练中运动负荷的发展方向

（1）训练负荷强度较大，时间和负荷量相对较小。结合超负荷原理知识，以挖掘人体潜能为主，避免平台抑制现象，以赛带练、以赛促练现象已成为当今训练负荷安排整体的发展方向，也比较容易被运动员普遍接受和采纳。

（2）调控运动负荷安排的手段更加科学化。随着科技和运动理论的发展，调控运动负荷安排的手段更加科学化。在这个知识经济时代，高科技应用到运动训练中使得竞技体育体现为一种不同质的智力，不同学科、思想、理论、技术、方法与仪器器材等都能够在运动负荷安排上发挥本身的作用和影响。

（3）脑负荷安排越来越受关注。随着运动员脑潜能观点的提出和发展，人们越来越关注脑潜能指导下的脑负荷安排。如果人的脑负荷具有越大的承受能力，其生理的负荷量承载力也就会越大。现今，很多优秀运动员所取得的运动成果被人们称为对人类极限的挑战，但是从人类大脑和身体机能潜力方面看，只要人类大脑没有被完全充分开发利用，人的身体机能潜力也就是无限的。也就是说，对于人类大脑潜能的开发和利用，将会不断延伸人类极限挑战的层次。

5. 体能训练的运动负荷安排与设计

科学地安排运动负荷是运动训练的核心问题，也是现代训练理论和教练艺术的体现。在安排训练负荷时，首先应明确对运动员机体形成刺激的外部负荷的各种练习手段使用的定量要求，及所使用的练习手段对机体和训练结果将产生怎样的综合效果。例如必须将练习次数、组数、时间、距离、速度、负荷重量、间歇时间与方式等各种负荷因素，以及场地、练习环境等进行综合考虑，提出合理的训练实施方案，也就是整体的负荷方案。在负荷安排中，总的负荷水平相对较容易控制，但确定这一总负荷量的量与强度的最佳组合方案却相当困难。量与强度的组合比例、负荷节奏的安排形式，既反映在多年、全年大周期和中周期训练的负荷安排中，也反映在小周期、周、日和每次训练课的具体安排中。现代训练中运动负荷节奏的安排形式主要有波浪型、斜线渐进型、直线稳定型、阶梯型、跳跃型等五种。

根据负荷因素的基本特征，体能训练中一般基础训练和一个训练周期的初期阶段，通常通过增加负荷量使机体的适应过程逐步实现。在专项训练阶段和接近比赛期，体能训练则以提高负荷强度刺激来加深人体的适应过程。训练水平越高，训练的负荷强度越大。在发展一般耐力、基本力量等基础素质时，大多采用量大强度低的负荷方式。相反，发展最大力量、爆发力、速度等专项素质时，负荷的主要特征是突出刺激强度。一个完整的年度周期体能训练的负荷变化规律是：在进入竞技状态准备之前，体能训练负荷是以量的增长为主，强度要加以限制。到训练后期，随着训练水平的提高，负荷强度的增加呈上升趋势，强度的提高量也应受到限制，若两者同时增加，总负荷可成倍增长。但是，身体训练时负荷强度和负荷量不能同时达到最大限度，否则很容易造成过度训练，引起功能失调，反而造成成绩和训练水平的下降。

三、物质与能量的消耗与恢复原理

在体能训练中，机体承受负荷需要消耗大量能量，能量消耗以后必须迅速补充。没有消耗，机体得不到相应的刺激，也无从产生适应；没有很好的恢复，机体就无法再次承受更大的负荷。因此，训练与恢复是训练全过程中不可分割的两个过程。随着现代竞技体育水平的不断提高，训练的量与强度日益加大，人们对恢复的重视程度也日益增强。

（一）运动中主要能源物质的消耗与供能

肌肉活动的直接能量来源是三磷酸腺苷，即ATP，它可作为细胞内能量传递的“分子通货”，其主要作用是储存和传递化学能。ATP分解后的再合成依赖于磷酸肌酸（CP）分解。肌肉中CP的再合成则要靠三大能源物质的分解。人体短时间的高强度运动主要由ATP和CP分解供能。一般情况下，持续时间在10 s~3 min的运动以糖酵解供能为主，持续时间在3 min以上的运动，其能量主要来自有氧氧化系统。

就人体糖、脂肪和蛋白质三大能源物质而言，糖的利用率最快。一般运动开始时首先分解肌糖原，如100 m跑在运动开始后约3~5 s，肌肉便开始通过糖酵解方式参与供能；持续5~10 min后，血糖开始参与供能；随着运动时间继续延长，由于骨骼肌、大脑等组织大量氧化分解利用血糖，致使血糖水平降低时，肝糖原分解补充血糖。脂肪的分解对氧的供应有严格的要求，因而，在长时间运动中，当肌糖原大量消耗或接近耗竭且氧供应充足时才大量动用，通常在运动达30 min左右时。蛋白质作为能源供能通常发生在持续30 min以上的耐力项目。

（二）人体最重要的供能物质——糖

1. 糖的分类及在人体中的存在形式

根据是多羟基醛或酮可将糖分为醛糖（aldose）和酮糖（ketose）；根据碳原子数可分为丙糖（triose）、丁糖（terose）、戊糖（pentose）、已糖（hexose）；根据结构单元数目多少分为单糖、低聚糖、多糖。

（1）单糖（monosaccharide）：不能被水解成更小分子的糖。常见单糖有葡萄糖、果糖、核糖和脱氧核糖。

（2）低聚糖，又称寡糖（oligosaccharide）：由2~10个单糖分子脱水缩合而成。具有营养意义的低聚糖是双糖，常见的双糖包括蔗糖、麦芽糖和乳糖。

（3）多糖（polysaccharide）：由几百个乃至几万个单糖分子缩合生成，通式为$(C_6H_{10}O_5)_n$，最重要的是淀粉与纤维素。糖在人体内的存在形式主要有三种：血糖、肌糖原、肝糖原。血糖指血液中的葡萄糖，能直接为人体供能。肌糖原和肝糖原都是由多个葡萄糖分子构成的多糖，它们分别贮藏于肌细胞及肝细胞浆中，其形状为大小不等的颗粒，区别在于肝糖原分解后可以直接进入血液变为血糖，所以肝糖原分解可以升高血糖；而肌糖原则不能，分解后只能被骨骼肌利用而不能进入血液。

糖在人体内总储量为500 g左右，其中，血糖约为5 g；肌糖原约为400 g；肝糖原约为100 g。每克血糖完全氧化可释放能量4 kcal（1 kcal=4.186 kJ），人体即使在缺氧的条件下也能通过糖酵解作用为机体供能。

2. 糖在运动中的作用

在人体中，糖氧化燃烧虽然不是产生热量最多的，但它几乎可以提供人体所有运动所需的能量，凡是短时间大强度运动时的能量绝大部分由糖氧化提供。当以最大摄氧量以上强度运动时，糖为机体所提供的能量占95%左右，而长时间的小强度运动时，机体也是首先利用糖氧化供给能量，只有当可利用的糖耗完时，才会用脂肪或蛋白质供能。糖还是中等强度运动的主要燃料，一般来说，运动中肌肉摄取的糖量可为安静时的20倍甚至更多。

糖最容易氧化，且会完全氧化，其代谢的最终产物为二氧化碳和水，这样就不会增加体液的酸度，可算是人体最清洁、最优质的功能物质。而且糖氧化时耗氧量小，和脂肪比较，在消耗等量氧的条件下，糖的产能效率比脂肪高4.5%，这一优点特别在机体氧不足的情况下显得更为重要。糖还是三大产能的营养物质中唯一一个既能进行无氧氧化，又能进行有氧氧化的能源物质。糖既能在无氧条件下，在人体细胞液内进行糖酵解供能，又能在有氧条件下，在人体细胞液和线粒体内彻底氧化，因此可在不同运动状态下为人体肌肉供能。

糖虽然是运动时的主要能源物质，但在体内储量较少，运动过程中补糖已成为运动营养不可或缺的方法。糖类之中，葡萄糖的吸收速率是最快的，同时葡萄糖也有助于肌糖原的合成，但是葡萄糖很容易引起胰岛素效应，因此效果比较短暂；果糖的口感是最甜的，不仅如此，果糖引起的胰岛素效应相对较小，不过一次性摄入大量果糖时会引起胃肠功能紊乱；低聚糖的甜度低，人体吸收也比较快，不仅能在运动时更好地吸收糖类而且还能稳定血糖；淀粉类多糖不只有较高的含糖量，还含有无机盐等，缺点是在运动时摄入不易消化。

运动人群应该在运动前、运动中、运动后适量补糖。既可以为机体提供充足的能源，增加运动表现力，又可以加快运动后机体疲劳的恢复。有氧运动过程中，首先消耗肌糖原，当肌糖原不足时血糖补充，肝糖原又不断补充血糖。平均20~30 min中等强度有氧运动就会耗尽肝糖原，这样血糖水平就降低了，低血糖水平会促进胰高血糖素的大量分泌，导致脂肪酸快速游离，这样肌肉细胞就有了充分的能量供应，也就开始了消耗脂肪的过程。无氧运动是首先分解肌肉中的糖原储备。当肌糖原无法利用时，必须由血糖在无氧状态下，迅速合成新的热能物质ATP来提供能量，其副产物是乳酸。无氧运动一般难以达到30 min，如果达到了，可以称为大强度的有氧运动了，这是区分无氧运动和有氧运动的一种方式。

（三）人体备用的能源物质——脂肪

运动过程中脂肪代谢的速度受肌肉氧化脂肪酸的能力和肌细胞转运脂肪酸过程的快慢的影响。在运动过程中组织动员脂肪的分解较慢，不同个体常在运动30~60 min后，脂肪分解为甘油和脂肪酸的速度才达到最大，血浆游离脂肪酸浓度达到最高水平，血浆游离脂肪酸才成为肌肉收缩的主要能源。运动中，运动强度和运动持续的时间对脂肪代谢的影响是不同的，剧烈运动会抑制脂肪组织的分解；在低强度运动（25%最大吸氧量运动）中，脂肪组织的分解受到强烈刺激，游离脂肪酸进入血浆并氧化供能是最多的；随着运动强度的增加，脂肪酸氧化供能逐渐下降；脂肪在65%最大吸氧量的运动强度时氧化率最高，随着运动强度增加到85%最大吸氧量，脂肪氧化减少。由于不同个体脂肪动员达到最大反应速度需30~60 min，所以要有效地消耗肌体储存的脂肪，要分别选择时间为30~60 min以上的中等强度的运动。

（四）运动中与运动后主要能源物质的恢复

机体的恢复过程可分为三个阶段，即运动中恢复阶段、运动后恢复到运动前水平阶段和运动后超量恢复阶段。①运动中恢复阶段是运动中随着能源物质的分解就开始再合成的过程。由于运动时的消耗大于同步恢复，能源物质的再合成往往跟不上实际需要，所以人体机能还是呈下降趋势。②运动后恢复到运动前水平阶段的消耗过程减弱，恢复大于消耗，因此能源物质和人体机能可逐步恢复到原有水平。③运动后超量恢复阶段，人体内被运动时消耗的能源物质在一段时间内，不仅能恢复到原有水平，而且还能超过原有水平，即进入超量恢复阶段。超量恢复的形成与运动负荷密切相关，在适当的运动负荷刺激下，有机体的消耗过程越激烈，超量恢复过程也越明显，如不及时给予新的负荷，超量恢复在保持一段时间后又会回到原有水平。超量恢复的客观存在为训练过程中如何提高机能、增进素质以及合理安排运动负荷提供了极为重要的生物学依据，这一规律和生物的应激、适应性原理同等重要，是支撑体能训练的重要理论依据。

1. 磷酸原的恢复

在生物体内，特别是在肌肉中，通过ATP/ADP系统（腺苷酸系统）供给高能磷酸键，同时又经同一系统贮藏高能磷酸键，这类化合物统称磷酸原，如肌酸磷酸和精氨酸磷酸等。体内储存的能源物质中，只有ATP是肌肉活动唯一的直接能源，但ATP在体内的储量极少，ATP重新合成需要CP分解，体内CP含量比ATP高但也有限。单由磷酸原供能所能持续的运动时间仅为数秒，但运动结束后这些高能化合物可以极快的速度得到恢复。采用大强度进行10 min训练后，对磷酸原的恢复过程分析可知，在2 min以内，磷酸原高能物质基本上得到恢复，3 min以内可完全恢复。运动结束后恢复到运动前一半量的时间从理论上推定为30 s。因此，采用重复训练法（激烈运动和休息交替的形式）进行大强度训练时，机体在承受一定强度的大运动量训练之后，即使只得到很短时间的休息，至少可使部分磷酸原迅速恢复，虽然还不能复原到运动前的水平，但也可为后面的运动提供能源，这对于防止乳酸积累、延缓疲劳都具有很重要的意义。

2. 糖原的恢复与补充

1）糖原恢复原理

在活细胞内，糖原的降解是从非还原性末端开始，逐个切下葡萄糖基，生成D-葡萄糖-1-磷酸，再通过糖酵解等途径进一步分解产生能量和提供合成其他生物分子所需要的碳架。由于高度的分支状构造，使得糖原分子中约8%~10%的葡萄糖处于可被利用的非还原末端，这就便于在需要时可短时间内快速大量动用，不需要时快速恢复储存。例如，肌肉收缩运动时，所需要的以ATP形式提供的能量，为静止时的几千至几万倍，这些ATP主要依赖糖原的分解来提供。葡萄糖、乳酸、脂肪酸、甘油、某些氨基酸都可以通过适当的代谢途径转变为储存的糖原；体内由葡萄糖合成糖原的过程称为糖原生成作用，由非糖物质生成葡萄糖或糖原的过程称为糖异生作用。

2）糖原恢复补充过程

人体内糖原的储存或消耗是一个受激素及底物控制的过程。通过调节参加合成及降解过程的酶的活性，机体的糖原代谢和血糖水准得到恰当的控制。糖原的不正常代谢，表现为糖原蓄积症，其原因常是由于缺乏有关的酶。糖原是人体运动时有氧和无氧代谢的重要能量物质。运动后影响糖原恢复的原因除时间和运动强度外，食物的营养补充也会对肌糖原的恢复产生较大的影响。通过实验对受试者进行2 h的大强度耐力训练后，将他们分成不饮食、高糖膳食和低糖高脂高蛋白膳食三种方式进行对比。从这三组的肌糖原恢复测试发现：运动后肌糖原的完全恢复必须靠高糖膳食补充，如不及时给予高糖补充，即使经过长时间的恢复过程，肌糖原的含量也仅有少量恢复。如给予低糖高脂、高蛋白质的食物补充，肌糖原的恢复过程只是平稳上升，5天之后也达不到运动前的水准。摄取高糖膳食后肌糖原的完全恢复需要经过约46 h完成，不过在恢复期的最初10 h内，肌糖原的增量是急速上升的。

肌糖原恢复的时间特征是安排训练的重要依据。如不遵循能源物质的恢复规律，持续性安排一定负荷的耐力训练，会造成体内肌糖原和其他能源物质储量的急速减少，形成慢性疲劳症。连续进行3天16 km耐力跑后，对肌糖原储量变化的测定结果进行分析后发现，连续3天的大运动量耐力训练后肌糖原的储量逐日减少到最低水平，在训练期间即使及时补充高糖食物，也会因缺乏一定的恢复时间致使储量呈下降趋势。值得注意的是，连续3天大强度耐力训练后，经过48 h的恢复时间（第5天），肌糖原的储量还未恢复到训练前的水平。因此，为保证能源物质的及时充填，在注意膳食配方和提高训练水平的同时，切不可忽视让运动员得以调整和休息。

3. 脂肪和蛋白质的恢复

1）脂肪

脂肪（又称真脂、中性脂肪及三酯）存在于人体和动物的皮下组织及植物体中，是生物体的组成部分和储能物质，亦为食用油的主要成分。脂肪是由一分子甘油和三分子脂肪酸组成的三酰甘油酯，其中甘油分子比较简单，而脂肪酸的种类和长短却不相同。脂肪酸中一般含有4~24个碳原子。脂肪的性质和特点主要取决于脂肪酸，不同食物中的脂肪所含有的脂肪酸种类和含量不一样。自然界中有40多种脂肪酸，因此可形成多种脂肪酸甘油三酯。

根据是否含有双键，可将脂肪分为不饱和与饱和两种：动物脂肪以饱和脂肪酸为主，在室温下呈固态；植物油则以不饱和脂肪酸为主，在室温下呈液态。

脂肪是细胞内良好的储能位置，主要提供热能；保护内脏，维持体温；协助脂溶性维生素的吸收；参与机体各方面的代谢活动；等等。脂肪被认为是体内储能最多的能源物质。由于代谢过程较为复杂，所以恢复时间比较长。正常男性体内的脂肪含量约占体重的15%~18%，女性约占26%~28%。每克脂肪在体内完全氧化释放的能量是同等质量葡萄糖或蛋白质的2倍多。由于它是体内储量最多的能源物质，在运动强度低、持续时间长的运动中，脂肪是主要的能源物质。

随着对人体的逐步了解，身体塑形方面的专家认为，求美者首先要分清两种脂肪：皮下脂肪和内脏脂肪。皮下脂肪可用吸脂的方法处理，它们通常是直接导致腹部赘肉等肥胖部位的罪魁祸首。而环绕脏器的内脏脂肪无法通过吸脂手术去除，只能靠锻炼和节食来减少。内脏脂肪会产生一些干扰身体正常运转的激素和化学物质。因此，对于患有显著肥胖症的人来说，吸脂并不是最好的解决方法，这也就解释了为什么吸脂并不等于减肥。

2）蛋白质

蛋白质是生命现象的物质基础，它在生物体内的存在形式和作用是多样化的，与运动员的肌肉力量和肌肉蛋白紧密相关。力量训练可增加肌肉蛋白质和酶活性，耐力训练能增加肌肉中储氧的肌红蛋白和进行有氧代谢的血红蛋白。一般在大运动量训练之后，很容易造成体内蛋白质的耗失，因此，在训练期间一方面要注意增加食物中蛋白质的数量和质量，供给充足的合成肌肉蛋白、血红蛋白等原料，另一方面要掌握训练后蛋白质恢复的规律。

3）脂肪和蛋白质恢复的规律

训练后脂肪和蛋白质的恢复与其他几种能源物质相比较慢。从各国学者对不同能源物质恢复时间的测定结果可看出，脂肪的完全恢复所需要的时间最长，其他几种能源物质恢复所需要的时间变动范围较大。正是这些不同能源物质的恢复特征，形成了人体恢复过程的客观规律。

过多的脂肪确实让我们行动不便，而且血液中过高的血脂，很可能是引发高血压和心脏病的主要因素。不过，脂肪实际上对生命极其重要。正是脂肪这样的物质在远古海洋中划分出界限，使细胞有了存在的基础，依赖于脂类物质构成的细胞膜，将细胞与它周围的环境分隔开。使生命得以从原始的浓汤中脱颖而出，获得了向更加复杂的形式演化的可能。因此毫不夸张地说，没有脂肪这样的物质存在，就没有生命可言。

脂肪可以看作机体储存脂肪酸的一种形式，从营养学的角度看，某些脂肪酸对我们的大脑、免疫系统乃至生殖系统的正常运作来说十分重要，但它们都是人体自身不能合成的，我们必须从膳食中摄取，现在还认为，大量摄入这些被称为多不饱和脂肪酸的分子，有助于健康和长寿。同时一些非常重要的维生素需要膳食中脂肪的帮助才能被人体吸收，如维生素A、D、E、K等。另外，由于脂肪不溶于水，这就允许细胞在储备脂肪的时候，不须同时储存大量的水，相同重量的脂肪比糖分解时释放的能量多得多。这就意味着，储存脂肪比储存糖划算。如果在保持总储能不变的情况下，将我们的脂肪换成糖，那么体重很可能会翻番。

确定能源物质的恢复程度是个非常复杂的问题，这主要是因为训练后磷酸原（ATP、CP）、肌糖原、蛋白质、脂肪等能量物质的代谢过程各不相同。因此，早期的运动生化实验在证实超量恢复客观存在的同时，又提出了恢复期中消耗的物质恢复异时性原理。训练过程中，了解物质的消耗和恢复过程的规律，对运动后的恢复过程才会有一个更完整的认识，重要的是能够在训练中选择最佳负荷和安排适宜的休息时间，以取得良好的训练效果。如何根据恢复过程中消耗物质的异时性复原规律来安排训练，已成为当今科学化训练所面临的重要课题。

第五节　体能训练的过程

整个训练过程实质上是运动员（或运动队）的竞技能力由现实状态向目标状态不断转变的过程。体能的训练过程也就是运动员体能由现实状态向目标状态转移的过程。依据训练的周期性，我们可以将一名运动员从开始训练到退役的整个体能训练过程视为由若干阶段的过程串起来的完整过程，如按奥运周期的多年训练过程、年度训练过程、阶段训练过程以及周训练过程等。每一阶段训练过程，无论其时间长短，从理论上都应包括运动员（或运动队）现状诊断、确定训练目标、制订训练计划、实施训练计划、检查评定等基本内容。

体能与竞技能力一样是一个由多种因素组成的系统，因此在训练过程中，体能状态的转移又是体能各组成成分的时间和空间因素结构，从相对无序到高度有序的相互协同的过程。

在训练过程中，要使体能由相对无序的现实状态向相对有序的目标状态有效转移，实现体能各组成要素的有效协同，关键要做好四个环节：第一，准确把握运动员（或运动队）的现实状态；第二，科学地确定训练目标；第三，制订周密的训练计划并保证训练计划得到有效实施；第四，在训练过程中建立完善的控制体系。

一、体能的现实状态诊断

运动员的现实状态是运动训练过程的出发点，是有效组织运动训练过程的基本依据之一。可以说，整个运动训练过程都是以运动员现实状态的分析和判断为出发点而展开的，只有建立在科学诊断的基础上，才有可能做出准确的预测，才有可能设立恰当的训练指标，才有可能制订出为实现指标所必需而又切实可行的训练计划。训练过程中的状态诊断与检查评定这两个环节，在一定条件下可以相互转化。一个时间跨度较大运动训练过程中的每一个阶段的检查评定都可以视为下一个小阶段的起始状态诊断。可见，训练过程中的运动员状态诊断对总结前一阶段的训练效果，实现对整个训练过程的有效控制还具有重要意义。

运动员体能的现实状态诊断主要包括队员身体形态、机能、身体素质以及运动员身体对负荷的承受能力等方面。教练员一般通过身体检查、体能测试以及训练监控等途径获得运动员体能现状的全面信息，在此基础上还要运用科学的思维方法对这些信息进行分析和判断，才能完成对运动员体能现实状态的诊断。体能测试和训练监控的内容都要依据运动项目的特点来确定，这在各运动项目中都有相应的研究，这里不再赘述。本书仅就在体能现实状态诊断时常用的几种思维方法进行简单探讨，虽然是定性的分析方法，但它能有助于教练员把握体能系统状态的发展方向。

（一）耦合分析

耦合分析是将本来就密切相关的两个或多个因素组合成一体进行两两综合分析。这种分析的目的是在相互作用中把握因素之间的关系。其模式为：因素A—因素B。依据这种方法，在体能现状诊断时可选择有关因素，在揭示它们关系的基础上寻求改善系统状态、提高训练效果的途径。例如，将身体机能与身体素质这两个系统进行两两因素分析：最大摄氧量与有氧耐力水平；ATP-CP功率与力量、速度等。还可以将身体形态与素质进行耦合分析，如体重与速度、体重与力量、身高体重与灵活性等。运动员承受运动负荷的能力与运动员的机能水平也可以进行耦合分析，看二者是否相统一。

（二）制约分析

制约分析是对一些因素之间的传递的制约关系的分析。以这种思维方法可以找出影响体能训练系统的各级因素，以便从整体上把握，并从根本上解决问题，其模式为：因素A—因素B—因素C—因素D。如神经系统的机能与肌肉的体积制约力量，力量又制约速度，速度制约灵敏性，灵敏性与柔韧性决定身体的灵活性，等等。因此如果一名运动员在体能测试中身体灵活性表现不理想，教练员在诊断时一定要通过制约分析，找到其在哪个环节存在不足，在此基础上才能制订有针对性的训练方案，使其体能在下一阶段的训练中得到有效提高。

（三）多边综合分析

多边综合分析是在体能现状诊断时，将某一因素通过想象、思考，把各方面的影响因素和信息综合起来加以考察的分析方法。它是以某一核心因素为基点，分析它的多维的立体结构和立体性联系，这种分析至少要涉及三个因素，如运动员承受运动负荷的能力，这里就涉及众多因素。在诊断时既要分析运动员的机能水平，又要分析运动负荷的性质、结构，还要考虑测试过程中的其他因素，如保护措施、测试器械以及运动员的生理、心理状态等。只有将这些因素综合起来加以考虑，才能保证得出正确的结论。

（四）多学科综合分析

多学科综合分析一般是在分析运动员体能的整体状况时用到，它是从多个不同方向、不同层次、不同理论范畴来分析体能的一种方法。用这种方法分析体能时，是以体能为核心问题向多个方向上延伸，故可以从多个角度获得较为全面的解决问题的答案。如在分析运动员体能整体状况时可以运用形态学、运动生理学、运动心理学、运动解剖学、运动生物化学、遗传学等学科的知识进行综合分析，以获得比较准确的结论。

二、确定体能训练目标

训练目标向训练参与者描绘出了运动训练过程的目标状态，全部训练活动都是为实现这一终极目标状态服务的。这一终极目标的确定，使得训练过程的每一个环节、每一次训练活动都围绕着目标状态的实现而全面展开，从而为在训练过程中采用的训练计划和比赛计划的制订与实施提供了依据。另外，确定训练目标还有助于激发训练活动主体的责任感和进取精神。一个完整的体能训练目标应是一个多层次的有序系统。在层次上应包括整个训练过程体能发展的最终目标和各阶段训练目标，在结构上包括身体形态、生理机能以及身体素质等各项目标，还应该指出达到目标状态身体承受运动负荷的能力目标。

（一）确定体能训练目标时应考虑的基本因素

1. 运动项目特点

由于不同运动项目对运动员体能的要求是不同的，因此要在科学分析运动项目特点的基础上确定运动员体能的训练目标，例如，分析一个代表团各专项选手体能测试的结果时，可把代表团全部选手的平均值作为标准分的50分，再分别求出不同专项的平均值，用多角图表示，直观地反映不同运动专项运动员体能的特点。

2. 运动员体能的发展潜力

预测运动员体能的发展潜力要将遗传效应、生活效应和训练效应三者结合。对于青少年运动员要充分考虑其发育潜力，即还有多少遗传效应将会在未来的运动训练中表现出来；生活环境的改善，尤其是营养条件的改善，对运动员体能潜力的影响也不容忽视；从训练效应的角度，主要考虑其训练年限、以往的训练情况等。

3. 训练条件

良好的训练条件是获得理想训练效应的重要前提。训练条件通常包括训练的场地器材条件、训练的时间保证、医疗和恢复手段等。比赛条件，如比赛地点的海拔高度、气候条件，以及比赛时间是在夏季还是在冬季等都会对运动员比赛中的体能发挥有重要影响，在制定体能训练目标时应把这些因素考虑进来，以便在体能训练过程中有所准备。

4. 运动员个性差异

运动员体能结构内部存在“非衡结构补偿”机制，表现在优秀运动员在身体能力方面存在鲜明的个性特征。例如，同是我国优秀篮球中锋的姚明、王治郅、巴特尔，在身体形态上是三种类型，在力量、速度、灵活性等方面也存在明显差异。因此制订体能训练目标时一定要考虑运动员的个性差异，训练水平越高的运动员往往个性差异越突出。

（二）确定体能训练目标应遵循的基本原则

1. 为竞技能力总目标服务与其他分目标相配合原则

体能训练目标只是运动训练中竞技能力总目标下的一个分目标，因此它同其他分目标一样必须为上一级目标服务，必须支持总目标。同时，体能训练目标与技能、心理等训练目标还有横向的联系，因此在确定体能训练目标时还应当考虑与其他训练目标相配合的问题，如技能发展对体能的要求等。体能训练分目标又由多个个体目标组成，目标之间也应相互配合，发挥整体效果。

2. 针对性原则

教练员在制定体能训练目标时，要根据对上一训练过程的积累，也就是这一训练过程的起始状态的分析，结合训练的总目标和某项体能能力的发展规律，有针对性地提出本训练过程的发展目标，并以此设计相应的体能训练方法、手段。

3. 可行性原则

提出的体能训练指标必须根据现实状态和训练条件，在科学预测的基础上使之具有可行性。既不能好高骛远，也不能过于容易，既要有利于挖掘运动员体能的最大潜力，还要不至于过度训练。

4. 突出重点原则

确定体能训练目标要根据运动项目特点，结合每个训练阶段的具体训练任务，突出重点，以保证在体能训练过程中做到有点有面。

（三）确定体能训练目标的基本步骤

根据以上对确定体能训练目标时应考虑的因素与原则的分析，在确定体能训练目标时应遵循以下几个基本步骤：

（1）why，即明确制订体能训练目标时所应考虑的依据，如训练的总目标、现实状态、体能自身的发展规律等。

（2）who，即明确训练的主体，可以是运动员群体，也可指单个运动员、人体的某肢体、肌肉等。

（3）what，即明确体能训练要发展的内容，具体来说就是指要明确完善哪一方面的身体形态结构、提高哪一方面的生理机能与身体素质等。

（4）where，这里是指提高到什么水平，也就是根据总目标的要求，明确在本训练过程中必须将哪些体能能力发展到何种程度。

（5）when，即明确制订本训练过程所需要的时间以及各项训练内容的时间。

（6）how，即明确训练可利用的手段与方案，保证确定的训练目标具有可行性。

三、制订并实施体能训练计划

运动训练计划的制订与实施，是运动训练过程的中心环节，贯穿于教练员与运动员的全部训练实践活动之中。体能训练计划是教练员依据对运动员体能的现状诊断和确定的体能训练的目标，并根据体能发展的内在规律，制定的保证运动员体能由现实状态向目标状态有效转移的理论上的行动方案。体能训练计划在实施的过程中可以是独立的，也可以融入技能训练和心理训练之中。制订并实施体能训练计划的重要意义在于，它能有效地促进体能训练自组织体系协同机制的建立，使体能的时空因素实现协同，从而保证了运动员体能由现实状态向目标状态顺利转移。

体能训练计划的具体作用主要体现在三个方面：

（1）使体能训练目标进一步具体化。通过制订体能训练计划，可以把训练过程的体能训练目标具体化为若干独立而又彼此联系的训练任务，并进一步具体化为若干按特定要求进行的身体练习。在实施训练计划时，运动员通过完成这些练习，实现各课次的训练任务和要求，逐步接近直至完成体能训练的总目标。

（2）统一训练活动参加者的认识和行动。现代运动训练的参与者已不仅仅局限于教练员和运动员，还包括行政管理人员、科研人员、医务监督人员以及后勤保障人员等。通过运动训练计划可以使所有参与者的认识和行动统一到训练上来，为训练的总目标服务。

（3）为有效地控制体能训练过程奠定基础。通过体能训练计划的实施可以获得“体能现状诊断”和“体能训练目标”的反馈信息，这是对体能训练过程实施有效控制的基础，也是保证体能训练过程顺利完成的重要条件。

体能训练计划应包含如下几个方面的内容：①运动员体能起始状态诊断；②确定体能训练目标；③划分训练阶段，提出各阶段体能训练的任务；④确定实现体能目标的基本对策；⑤规划体能训练负荷的动态变化趋势；⑥选择体能训练的方法、手段及恢复措施；⑦确定各体能训练手段、练习的负荷要求；⑧规划检查评价体能训练效果的方式、时间及标准等。

体能训练计划，按其时间跨度可分为多年计划（包括全过程性多年计划和区间性多年计划）、年度计划、阶段计划、周计划、课计划等。按其执行的组织形式可分为单纯性体能训练计划和与技术、战术、心理训练相结合的体能训练计划。由于人体本身就是一个有机整体，因此无论是技术训练或战术训练都会有一定的体能训练效应。另外，体能训练本身也应该结合运动专项，所以在训练实践中，体能训练计划的实施多数情况下是与其他训练计划相结合的。

四、体能训练过程的控制

（一）对体能训练过程实施控制的意义与作用

1. 保证体能发展的先天效应与后天效应相协调

从获得途径来看，运动员的体能能力来自两个方面：先天效应和后天效应。先天效应主要是遗传效应，它遵循人体的生长发育规律，如人体发育的阶段性规律等。先天的遗传效应是训练的重要基础，具有适合专项竞技需要的先天遗传性状可为体能的进一步提高提供有利条件。后天效应又包括训练效应和生活效应两个方面。训练效应无疑是提高运动员体能最基本、最重要的途径，它主要遵循训练适应规律，同时，生活效应（如运动员的生活环境，包括居住地的海拔、气候等地域特点，以及饮食、起居等）、生活习俗、经济、社会、文化、医疗、卫生发展水平等对运动员体能的发展也有着不可忽视的影响作用。

运动员体能的发展是先天的遗传效应与后天的训练效应及生活效应相结合的结果。科学的训练过程也始终把追求实现二者的最佳组合作为行为目标。但在运动员体能发展的过程中，这两种效应并不一定会完全形成合力，要实现二者的最佳组合，关键是靠有效的控制手段，如制订科学、周密的多年训练计划，并对训练过程实施有效监控等，以使体能训练过程与运动员的生长发育过程以及生活环境的影响相适应，保证体能的某项能力处于最适宜的发展阶段时得到科学有效的训练，促进其充分发展，为以后的技战术训练打下坚实的基础。

2. 使运动员体能的发展与技能、心理等能力的发展相适应

运动员的竞技能力主要由体能、技能、心理等能力构成，因此整个训练过程也可以视为由体能训练过程、技能训练过程以及心理训练过程等分过程组成。一般来说，在多年的训练过程中，三者并不是同步发展的，技能的发展相对较快，而心理能力的成熟相对较慢。在训练过程中的监控措施有助于教练员及时掌握不同训练阶段运动员技能、体能、心理等各方面的发展状况，并依据训练的总目标对下一阶段的训练活动进行有效调整，以保证三者协调发展，从而实现在运动员成熟期三者共同达到较高水平，以利于运动员参加高水平比赛。

3. 保证不同阶段的体能训练过程间有效衔接

对体能训练过程的控制主要通过体能检查评定和训练过程中的监控来实现。一个阶段训练过程结束时的检查评定有助于教练员及时掌握该阶段体能训练效果的反馈信息，发现训练中存在的问题，并以此作为下一阶段训练过程的运动员现状诊断、确定训练目标和制订训练计划的重要依据，从而保证了整个体能训练过程中上下训练阶段的有效衔接，提高了训练的科学性和系统性，确保了多年体能训练目标的顺利实现。

（二）体能训练过程控制的主要手段与途径

对体能训练过程实施控制的最终目的在于保证体能训练能够在预定的时间实现预定的目标。因此控制应当从两个方面入手：一是时间控制；二是目标控制。而要实现这两方面的有效控制，关键在于：①建立完善的目标体系；②制订周密的训练计划；③进行科学的训练监控。

建立完善的目标体系是实现目标控制的前提，目标体系要具有全面性和层次性。目标的全面性是指确定的目标不仅要包括所有体能要素，还应包括训练负荷目标。目标的层次性表现在既要有全训练过程的目标，又要有各级训练阶段的目标，以便在训练过程中对照。在体能训练过程中，通过实现一级级阶段训练子目标最终实现总目标。

训练计划的一个重要作用就是将训练目标具体化，将各阶段的训练目标通过训练任务、练习方法手段，负荷变化等表现出来。同时，训练计划既有长到全训练过程的训练计划，又有短至一堂训练课的计划。因此制订周密的训练计划无论是对训练过程的时间控制，还是对目标控制都是非常重要的。

训练监控的重要意义在于及时掌握训练的反馈信息。教练员通过这些反馈信息，对照阶段训练目标，及时地调整训练计划，以保证体能训练沿着预定的方向发展，最终实现训练目标。在体能训练过程中一定要建立常规的体能监测机制，如定期的身体检查、体能测试、训练课监控等，要建立起一套全面的、动态的监测体系，指标的选择要做到有效性、可靠性与客观性的统一。教练员还应注意积累、保存这些体能监测的资料，以便全面掌握运动员的体能发展状况。

第六节　运动素质发展的敏感期

运动素质发展的敏感期是指：每一种运动素质在儿童、少年时期有机体自然生长发育的基础上，在某些特定的年龄阶段发展较快，呈现出发展的最佳时期。素质发展的敏感期是运动员

选材的重要依据。体能训练必须及时利用这一时期，充分发展能适应专项需要的或能直接为专项服务的运动素质，为创造优异成绩奠定坚实基础。

一、力量发展的敏感期

力量素质发展的敏感期是女子11~15岁，男子12~16岁。其主要依据是：

第一，在少儿自然生长发育的过程中，肌肉质量增加得特别急剧的时期，女孩是在11~13岁，男孩是在12~14岁，到14~15岁时，其肌肉特性与成年人的差异已经缩小。少儿时期主要年龄阶段肌肉重量与体重之比：出生时为16%；3岁时为21%；6岁时也为21%；8岁时为27%；12岁时为29%；15岁时接近33.3%；成年男子为43.5%，女子为35%。

第二，“肌纤维纵向劈裂学说”也为此提供了依据。研究发现，成年动物（包括人）的肌肉细胞已丧失能合成脱氧核糖核酸及再分裂的能力，而年轻动物则保持着这一能力。后者肌肉发达时，肌肉单元数和毛细血管数都有所增加，纤维密度明显增大，这是力量训练使肌纤维产生“纵向劈裂”引起的。

（一）绝对力量

女孩绝对力量的增长可分为以下四个阶段：10~13岁，力量增长很快（特别是屈肌），绝对力量可提高46%；13~15岁，增长速度下降，只增长8%；15~16岁，增长14%；16~21岁，增长6%。男孩绝对力量增长最快的年龄是性成熟期（12~16岁），平均增长57.5%；17~20岁增长速度下降，为36.6%；21~22岁只增长9.6%；25岁左右达到成人所能表现的最大力量。

（二）相对力量

男、女孩相对力量的增长较平缓。如12~14岁，每年只增长2%~3%。造成这种现象的主要原因是体重增长较快；在身高增长的最快时期肌肉横断面积增加较少；在身高增长速度减慢时肌肉的增加又相应使体重增加。

二、速度发展的敏感期

速度素质发展的敏感期为8~13岁。速度素质的敏感期包括反应速度、动作速度、动作频率、位移速度的自然增长情况。

三、耐力发展的敏感期

耐力素质发展的敏感期为：男子10~20岁，女子9~18岁。由于耐力素质取决于有氧供能系统和无氧供能系统机能状况，因此，耐力发展敏感期与最大吸氧量、心脏循环率、肺的扩张能力、大脑血液循环的动力学特征及血液成分的机能状况等因素有关。

四、柔韧发展的敏感期

柔韧素质发展的敏感期为5~12岁。许多运动项目除了对一般柔韧性有一定要求外，主要要求必须具备良好的专项柔韧性。因此运动员的柔韧性只要能充分满足专项运动的需求，便不需再过多地发展柔韧素质。

五、灵敏发展的敏感期

灵敏素质发展的最佳时期是6~13岁。由于许多运动项目对灵敏素质有较高的要求。因此在该阶段应充分发展并提高灵敏度素质水平。

小 结

在现代运动训练中，体能训练是其他各项训练的基础，其有助于促进身体健康、充分提高身体素质、保证有机体适应大负荷训练和比赛的需要、促进复杂和先进的技战术的掌握、延长运动寿命、创造优异成绩。在体能训练中是以提高身体素质的练习为主，通过进行一般体能训练和专项体能训练发展力量、速度、耐力、柔韧、灵敏等运动素质，达到深刻影响和促进运动员身体形态、生理机能的目的。

基于体能训练的目的，在进行体能训练时，我们必须认识体能训练规律，并利用基本原理，通过适应原理、训练负荷原理、物质与能量的消耗与恢复等原理提出训练的目标，考虑制订目标的基本因素，合理、完整地制订训练计划，在体能训练过程中，使各构成要素由相对无序的现实状态向相对有序的目标状态有效转移，实现各组成要素的有效协同。在体能训练的过程中加强对过程实施有效控制，这样才能保证计划的实施以及达成最终的训练目的。值得注意的是，在进行少儿与青少年体能训练时一定要特别抓住其素质发展敏感期，为创造优异成绩奠定坚实基础。这些知识对于制订满足体能训练计划十分有必要。

第二章 身体形态、身体机能及其训练

学习目标

- 学习身体形态、身体机能及其训练的基本概念，掌握动作技术的学习方法、应用方法、评价方法等。
- 能根据自身情况选择合适的运动方式，熟练掌握运动技巧，养成良好的运动行为和习惯。
- 了解自身的身体形态，掌握基本的运动技能。
- 掌握身体训练的基础知识，提高身体素质和活动能力，改善身体形态和心理素质。并在此基础上学习运动技术，提高运动技能。

第一节　身体形态的概念与意义

一、身体形态的概念

身体形态是指人体外部与内部的形态特征。反映外部形态特征的指标有：高度（身高、坐高、足弓高等），长度（腿长、臂长、手长、头长、颈长、足长），围度（胸围、臀围和头围等），宽度（肩宽、髋宽）和充实度（体重、皮脂厚度）等。反映内部形态的指标有：心脏纵横径、肌肉的形状与横断面等。

研究证明环境（自然环境、地理环境）和遗传等因素对身体形态有很大影响。例如，人体形态特征服从伯尔格曼和阿尔林气候法则。即在恒温动物范围内，人类身体尺寸通常随环境气温的降低而增加。生活在低纬度环境中的人通常具有体重小，四肢长，肩、髋狭窄的体格特征；高纬度环境中的人具有胸廓、骨架发达、躯干长、四肢短的体形特点。但是，久居高原、高山地区的人，其体型特征则是胸廓外形和骨骼长度相对增加，主要生理特征为肺活量大，血液中氧饱和度增加。不同地区人体形态的变化表明，人的身体形态结构特点在很大程度上依附于自然环境和地理环境。此外，从遗传因素来讲，男子身高的遗传率为79%，女子为95%；决定身体形态的一些其他指标也有相当大的遗传。平时体质测定时，测定的指标主要包括身体形态、身体功能、身体素质三个方面，其中，身体形态指标主要包括：

（一）基础代谢率 BMR

BMR（basal metabolism rate）也就是身体基础代谢的速率，基础代谢是维持人体正常一天生命活动所需的最低能量。

（二）身体质量指数BMI

BMI（body mass index）是用体重（kg）除以身高（m）的平方得出的数字，是目前国际上常用的衡量人体胖瘦程度以及是否健康的一个标准。

（三）体脂肪率BFP

BFP（body fat percentage）是指身体内所有脂肪组织的质量与体重的值，男性体脂肪率若超过25%，女性若超过30%则可判定为肥胖。

（四）肌肉量

人体体重的成分可分为非脂肪物质与脂肪物质两大部分，肌肉量指在非脂肪物质中去除约占体重4%~6%的无机质后的肌肉的含量。人体肌肉量越大，基础代谢就越高，越不容易胖。

（五）体水分率

身体水分占体重的百分比，此数据和肌肉有着极其密切的关系，因为肌肉中含大量水分，这项指标能够反映减重的方式是否正确，如果体水分率下降，不但有损健康，更会令体脂肪率上升。

身体形态指标：主要包括基础代谢率BMR、身体质量指数BMI、体脂肪率BFP、肌肉量、体水分率，能够准确测出身体状况是否良好。

二、身体形态的意义

不同的运动项目对身体形态有不同的要求，而遗传和环境等因素对身体形态起着重要的作用，因此，选材时应从遗传等因素出发，把具有优越身体形态条件的儿童、少年挑选出来。一个人的形态一般用骨架、肌肉、胖瘦来定义。骨架生长并且改变直到成年，然后在以后的生命中基本保持不变。在青春期，由于生殖的需要，男女身体形态开始分化。对于成年人，由于进行锻炼，肌肉会相应改变，脂肪的分布也会因荷尔蒙的作用而变化。

身体形态在一定程度上反映着相应的生长发育水平、身体机能水平和竞技水平，身体形态在一定程度上影响着运动素质的发展。因此，应采用系统科学的方法对运动员的身体形态进行训练，以适应创造优异专项成绩的需要。

第二节　各项群运动员的身体形态特征

一、竞技项目的分类体系

科学认识竞技项目的分类体系，有利于分辨各项目的共同点和差异点，深刻认识其本质属性和固有规律，有利于各种训练方法的相互借鉴和移植，以提高体能训练水平。

关于竞技项目的分类，埃塞林（1845）、莱夏弗特（1910）、托恩格伦（1924）、格兰丁（1940）、法菲尔（1960）、博姆帕（1975）、马特维耶夫（1977）、普拉托诺夫（1984）、田麦久（1984）、过家兴（1986）、唐思宗、杨世勇（1992）等人都曾进行过研究。由于采用的分类标准不同，分类结果有很大差异。目前较有代表性并在体能训练中有较大应用价值的分类体系，是按竞技能力的主导因素和运动项目的动作结构进行分类。这种归类主要有以下几方面的意义：

（1）对竞技体育项目的准确分类有利于发现和研究同类项目运动的规律，把感性知识上升为理性知识，把经验上升为理论，把来自一项或几项的经验归纳成指导一类项目的理论，达到事半功倍、提高训练效果和工作效率的目的，同时可减少投入，降低训练成本。

（2）对竞技体育项目的准确分类有利于认识一类运动项目的本质属性和固有次序，充分利用迁移规律，促进各项目之间的运动技、战术和运动素质等的正迁移，减少负迁移，加速各项目之间训练方法的相互渗透与移相。

（3）对竞技体育项目的准确分类是运动训练的理论需要，是建立训练学理论体系必不可少的条件，也是进行训练学科研究的基本要求。

（一）按竞技能力的主导因素分类

竞技体育项目若按竞技能力主导因素的不同，可分为体能和技能两大类。

（1）体能类项目运动员成绩的提高对运动素质的依赖性很大，体能类还可分成速度力量和耐力两个亚类。前者包括短距离跑、跳跃、投掷、举重四个项群的项目，主要以快速、迅猛、果敢、强壮、惊人的力量来表现；后者包括中、长距离和超长距离两个项群的项目，它们主要表现坚强的意志力和承受超人负荷量的能力特点。技能类项目运动员成绩的提高不但对运动素质，而且对运动技术、技巧的要求都很高。

（2）技能类也可分为表现和对抗两个亚类。前者包括准确、难美两个项群的项目，主要表现准确完成专项技术的能力和完成高难动作及显示人体优美运动的能力；后者包括隔网对抗、同场对抗、格斗对抗三个项群项目，表现运动员在各种条件下直接对抗的能力。竞技能力的主导因素分类，有些项群还可以有三级以上的分类标准，如隔网对抗类还可以分为单人、双人和多人隔网对抗等项群，难美类还可以分为单人、双人和多人难美三个项群，但是其分类标准可能会出现部分交叉和重叠。

（二）按运动项目的动作结构分类

竞技体育项目按动作结构的不同，可以分为单一动作、多元动作和多项组合三大类。

（1）单一动作类也可分为周期和非周期两个亚类，前者主要要求运动员在一次完整的专项运动中，多次重复同一动作，以周期性运动为特点；后者主要要求运动员一次完成一系列不同的单一动作所组合的连续动作，各单一动作之间、各动作之间和各动作阶段之间的联系有明显的差异，具有相对独立性、复杂性和稳定性的特点。

（2）多元动作类也可分为固定组合和变异组合两个亚类，前者以动作的组合形式出现，在比赛中固定不变，运动之间相互制约；后者的动作组合形式随比赛形势变化而变化，动作的组合形式、组合次序、组合时间等复杂多变，动作固定与不固定相结合。

（3）多项组合类也可分为同属和异属多项组合两个亚类，前者由同一大项的若干小项群组成，形成综合性比赛项目；后者由不同属性的若干小项群组合而成。按动作结构分类，有些项群还可以有三级以上的分类标准，如跳跃类还可分为跳高、跳远两个项群，甚至还有进一步细分的可能。

（三）按运动成绩的评定方法分类

竞技体育项目按运动成绩评定方法的不同，可以分为测量、评分、命中、制胜、得分五大类。测量类项群的运动成绩是通过定量地测定速度、高度、远度和重量来决定的；评分类项群的运动成绩是裁判员根据统一的评分标准，通过主观判断，对运动员完成的动作予以相应的分数来决定的；命中类项群的运动成绩由比赛中命中某一目标次数的多少来决定；制胜类项群的运动成绩由比赛中命中某一目标次数的多少来决定，它既包括命中对方的得分，又包括制胜对方直接获胜的得分；得分类项群的运动成绩是根据特定的原则，以得分的多少来决定的。按运动成绩的评定方法，有些项群还可以有进一步分类的可能。

（四）按模糊聚类分析法分类

竞技体育项目按模糊聚类分析法，可以分为体能、技能、对抗、高科技四大类。但这种分类方法不是在竞技体育项目的某一属性层次上的分类，也不是以绝对肯定或否定来制订的，而是根据辩证逻辑的思维方法，把竞技体育项目每个属性的异同看成“全”和“无”之间的过渡变量，用模糊聚类的方法得出的，具有相对的可靠性、全面性和客观性。

现代竞技体育项目的属性越来越多，分类标准也越来越多，根据不同的分类标准，同一项目可归到多种不同的类型中去。但是，按某一特定标准进行分类，只能反映某一特定项目在某一特定方面的属性，所能解决的实际问题也有很大的局限性。因此，在运动训练实践和科学研究中，无论采用何种分类方法、应用何种分类标准，都必须充分考虑到它的局限性，必须根据实际需要，运用科学、合理的分类方法解决特定的具体问题。

1. 注意科学性与实用性

所谓科学性首先是指分类标准的一致性，即同一类项群拥有基本相同的本质属性和固有次序；其次是指分类标准逻辑关系的严密性，即同一类项群拥有同一层次的概念、标准，上、下层次之间不错位、不混淆，从属分明，分类的范围既不过宽也不过窄。所谓实用性是指实用价值要高，便于使用，总结出具有规律性的东西，反过来再促进训练实践。

2. 以实际任务为依据

各种分类方法运用的分类标准不同，所要解决的实际问题也不同。因此，具体运用时要根据自身实际任务的需要，选择合适的分类方法。为了研究提高技术水平，可采用动作结构分类。例如，为了研究现代高科技竞技项目的发展规律，可采用模糊聚类分析的二级标准分类。

3. 有主有从，具有发展眼光

按一个分类标准进行分类是一元分类法，而竞技体育运动往往是多元的、错综复杂的，一元方法解决不了多元的任务。因此，实践中应注意有主有从，主从分明，既要注意运用多元分类方法，又要按照主要的分类标准，完成好主要任务。另外，现代竞技体育的发展极为快速，项目也逐渐增多，现有的任何一种分类标准和体系都无法涵盖所有的竞技运动项目，也无法揭示竞技运动项目的所有属性和次序。因此，在对竞技体育项目分类时，一定要以发展的眼光并结合现代的科研成果，研究和发现新的更为科学、合理的现代竞技体育的分类体系。

二、各项群运动员的身体形态特征

（一）运动员体能特点

1. 身体形态特点

整体上表现为身材高大健硕、体型比例修长、肌肉发达、肌肉线条清晰、四肢较长、臀肌上收、髋关节较窄、腰背腹部结实有力、体脂比较低。在具体表现上，不同项目体现出不同的具体要求，选材时应区别对待。比如，短跑、短跨项目要求运动员背部呈倒圆锥形、身材高大修长、腰围与踝围较小、跟腱较长、下肢较长、小腿长超过大腿长；短距离游泳项目要求运动员身材更为高大、肩宽臂长、手脚面积大、体脂比略高、肌肉结实发达、坐高高、胸围与小腿围较大；速度滑冰项目要求运动员中等以上身材、下肢肌肉发达、体重适中（略轻）、下肢较长；短距离场地自行车项目要求运动员中等以上身材、下肢肌肉非常发达、体重适中，下肢较短；短距离皮划艇项目要求运动员身材较为高大、上肢肌肉发达、指间距大、臂长、肩宽、胸围和臂围大。

2. 身体机能特点

体现出良好的磷酸原供能，以及磷酸原与糖酵解混合供能的能力。其中，比赛用时短的项目以磷酸原代谢为主，如60 m跑、60 m栏、100 m跑、50 m自由泳、200 m自行车等；比赛用时较长的项目以磷酸原与糖酵解混合代谢为主，如 400 m跑、400 m栏、100 m游泳、1 000 m速度滑冰等。

3. 身体素质特点

优异的身体素质是该项群竞技制胜的最核心因素，其中具备跑、跨、骑、划、滑、游的高平均速度能力最为重要，该项群很多单项成绩已经达到非常高的水平。为了实现高平均速度目标，运动员需具备出色的反应速度、动作速度、移动速度、爆发力、快速力量、绝对位移速度；具备良好的完成技术动作的能力，以及人体与器械协调配合完成各种动作的能力；具备良好的动作节奏感和平衡能力。因项目不同，对运动员身体素质要求也有差异；自行车对运动员的速度力量、绝对力量、腿部运动频率、腿部肌肉快速力量有高度要求；划船对运动员的速度力量、绝对力量、速度耐力、上下肢尤其上肢力量要求较高；滑冰对运动员的腰腹部、腿部、踝关节力量及速度能力有特殊要求。

（二）体能训练要求

1. 身体形态方面

在做好选材的基础上，可采用大负荷强度、小负荷量的肌肉“内协调”训练和中大负荷强度、适中负荷量的肌纤维增粗训练等方式，塑造运动员强壮的身体。每周安排三次左右、负荷强度大、负荷量小的专门性力量训练进行身体形态塑造。

2. 身体机能方面

运用短时间、高强度的训练提升运动员的磷酸原供能能力；运用稍长时间、大强度的训练提升运动员磷酸原与糖酵解混合供能能力；运用长于专项距离的训练提升运动员糖酵解供能能力。也可利用最高跑、跨、游、划、骑速度的 80%或以下强度进行动作节奏感、放松能力、协调性、呼气频率的平稳性训练，提升运动员有氧状态下对动作节奏的掌控和感悟能力。

3. 身体素质方面

重在反应速度、动作速度、爆发力、移动速度、快速力量、速度耐力、快速力量耐力及全身肌肉群协调性训练。基本训练组织体现在：高度重视负荷强度的施加、减少或控制负荷量，注重训练质量的提高；运动员神经系统兴奋性高、体力充沛、思维敏捷时，运用重复训练法、完整训练法、单一训练法，重点进行极限强度的反应速度、动作速度、位移速度、快速力量、爆发力训练；体力疲劳、神经系统反应迟缓时，运用重复训练法、变换训练法、间歇训练法，重点进行高强度的速度耐力训练、快速力量耐力训练。注重身体素质均衡性对称训练，争取左右腿、左右肢、躯干左右肌群、体前与体后对抗肌群的力量达到最佳的均衡状态，对薄弱部位力量训练的负荷量度应循序渐进地施加。做好充分的准备活动和量身定做的负荷安排，避免或减少训练、竞赛中出现伤病。

（三）体能主导类速度性项群

此类项群包括短跑、短距离游泳、短距离自行车、短距离速滑等。身体形态的共同特征是：体形匀称、身体健壮、肌肉发达、膝踝关节围度较小、髋宽度适中、臀部肌肉向上紧缩、足弓明显、跟腱细长且清晰。体能主导类速度性项群各分项又包括数量不等的运动单项，如短距离跑跨包括60 m、100 m、200 m、400 m、4 × 100 m、4 × 400 m、60 m栏、100 m栏、110 m栏、400 m栏等单项，短距离游泳包括50 m、100 m等单项，短距离滑冰包括500 m、1 000 m等单项，短距离场地自行车包括200 m、500 m、1 000 m等单项，短距离皮划艇包括200 m等单项。上述单项均为奥运会或世界单项锦标赛项目。

体能主导类速度性项群各分项虽然运动特点各有差异，有的属于陆上项目，有的属于水中项目，有的属于冰上项目，但在项群层面具有区别于其他运动的基本特性。主要表现在：比赛中以最短用时或最快平均速度为运动成绩的判断标准；以单人竞赛为主（部分接力项目也主要是展示个人能力）；属于速度、快速力量为主导竞技能力的运动；主要属于间接对抗性项目，以分道竞速为主（短道速滑、短距离自行车除外），队员间基本不存在相互干扰；能量供应属于磷酸原或磷酸原和糖酵解混合为主的无氧供能；竞赛次序属于应答性同步、横向同起点对抗性为主的项目；运动员克服自身体重，以及人或器械与外部物体（地面、冰面、水面）接触面的摩擦力而向前高速度位移；追求技术、战术、心理竞技能力发挥的稳定性和赛前计划的有效执行性。

在体能主导类速度性项群运动员的体能、技能、战能、心能、知能等竞技能力指标中，速度、快速力量、速度耐力、快速力量耐力是核心制胜因素（部分单项兼有高度的技术要求，如短道速滑），技术能力、身体形态、战术能力是重要的制胜因素（战术能力的重要性主要体现在同道竞速运动中），心理能力、知识能力是获取佳绩的基础保障因素。

（四）体能主导类力量性项群

此类项群包括跳跃、投掷、举重等，对运动员身体形态的要求各有不同。跳跃项目要求运动员身材修长、下肢占身高的比例大、小腿相对较长、跟腱较长、踝围相对较小。投掷项目运动员的身体表现出大型化的趋势，指间距一般可超过身高5~10 cm，肌肉发达。世界优秀男子铅球运动员的克托莱指数（体重/身高 × 1 000）为610~640，铁饼运动员略低一些，标枪运动员更低；对运动员的肩带和躯干肌群要求更高，躯干呈桶形；手长也是投掷运动员的重要特征。

举重是按体重分级别比赛的项目，运动员的体型特征是小级别身材较为矮小，大级别身材相对较高大，总体特征是体格健壮，皮下脂肪少、肌肉线条明显、四肢发达、胸脯厚实、体形匀称、骨骼粗大、有力、肩宽、手指长、臀部肌肉紧缩上收等。

（五）体能主导类耐力性项群

此类项群的体型特点是身高中等、腿较长、体重较轻、脂肪少。如男子长跑运动员的理想身高为170 m以上，女子长跑运动员的理想身高为160 m以上。中长跑运动员的总体要求是身材匀称修长、脂肪少、肌肉强健且富有弹性、腿长超过身高的一半或与躯干相等、小腿相对较长、骨盆较窄、臀部肌肉紧缩向上，膝及踝关节围度较小、足弓弯曲度较大、跟腱明显等。

（六）技能主导类表现准确性项群

此类项群的身体正常而匀称，中胚叶型居多。射击和射箭运动员在体型上没有明显的要求，但不同单项对运动员体型要求有所不同。如手枪运动员要求臂短一些，手大指长。步枪运动员要求臂长一点，臂展等于或者略超过身高。射箭运动员要求臂展比身高略长，同时要求手大指长，以利于开弓时的直线运动。

（七）技能主导类表现难美性项群

此类项群的身体较为匀称，五官端正，女子颈部略长，锁骨和肩胛骨较平；四肢稍长、手臂较直、小腿长于大腿、膝关节平直、踝关节略细、跟腱细长清晰、手脚大；骨盆狭窄、臀部肌肉向上紧缩、肌肉呈条形。

（八）技能主导类对抗性隔网对抗项群

此类项群对运动员体型有不同要求。排球运动员身材高，四肢较长而坐高相对较短、皮脂薄、去脂体重及体质密度大、臂长、手较宽、骨盆相对较窄、小腿长、踝围细、跟腱长。乒乓球项目要求运动员身材匀称、手臂略长、体重适中、腰短、足弓深等。网球运动员体型要求身高适中、身材匀称、手臂略长、臀部小、踝围细、足弓深。

（九）技能主导类对抗性同场对抗项群

此类项群身体形态特征可概括为身材高大、胸廓大、手大、脚大；腿长、小腿长；臀部小、踝围小。例如，世界水平的优秀篮球运动员，男子身高2.00 m以上，女子身高1.9 m以上，体形修长、皮脂薄、手大、指间距较大、手臂长而直、腿直而长（腿长超过坐高）、臀部较小、踝围细、跟腱长。男子足球运动员身高大致分为1.75 m左右的“速度力量型”，身高1.85 m左右的“高大灵活型”，其中，守门员身高在1.90 m以上，后卫身高在1.85 m左右。要求下肢较长，而且粗壮有力，跟腱清晰，足弓弯曲度较大。

（十）技能主导类对抗性格斗对抗项群

此类项群要求运动员有较高的身高和较长的四肢，身高和体重保持恰当比例。身高和四肢较长的击剑运动员可获得有利于接触目标的优越条件。摔跤、柔道、跆拳道、散打和拳击运动员要求四肢较长，肌肉发达有力。

第三节　身体形态训练的方法与要求

一、身体形态训练的方法

体能训练和专项训练是运动员身体形态训练的主要途径。其原因主要在于以下两点：

第一，科学、系统而又适合专项需要的各种体能训练方法对身体形态都有积极影响，根据需要运用相应的体能训练方法，可以对运动员的身体形态产生最佳影响，有利于创造优异的专项运动成绩。

第二，任何科学、合理的专项训练手段对促使身体形态向专项需要的方向发展都有显著和积极的促进作用，几乎所有项目运动员的身体形态训练都是通过专项训练手段和专项训练方法实现的。因此，专项训练是改善以及提高身体形态的重要内容。

此外，其他一些特定的形体训练手段，如舞蹈、芭蕾、健身操、持轻器械体操等，对提高运动员的协调能力、节奏感以及形成良好的运动姿态和身体姿势都有积极意义。

二、身体形态训练的要求

（一）应注意遗传因素的影响

在运动员身体形态各项指标中，有的指标遗传度很高（如高度、长度和宽度等形态指标），有的指标遗传度较低（如体重等充实度指标）。因此，在选才时，应重视高度、长度和宽度等形态指标，与肌肉有关的体重等充实度指标，则应更多地依靠后天的训练加以改善和提高。

（二）要根据项目特点安排身体形态训练

由于各个专项竞技能力的主导因素不同，而这些专项竞技能力又都对特定的身体形态具有一定的依赖性，因此，必须根据专项的需要及其对竞技能力的需求特点，安排相应的身体形态练习方法与手段。

（三）要根据生长发育的形态特征安排身体形态训练

人体在不同年龄阶段的生长发育具有不同的特征，一般是先长高度，后长宽度、围度和充实度。心脏发育过程中先加大心脏容量，后增厚心壁肌肉，与其相应的竞技能力发展的敏感期亦有不同，身体形态训练应与之相适应，而不可颠倒。

（四）要采用多种方法和手段改善身体形态

影响身体形态的因素很多，如遗传、环境（自然环境、地理环境、气候等）、生活习惯、饮食等都会在一定程度上决定或影响运动员的身体形态，因此，身体形态的训练不能只从训练的角度出发，也应注意其他手段的运用。例如：技能主导类表现难美性项目体操、艺术体操、花样滑冰、跳水、健美、健美操等对运动员体型和相对力量等都有很高要求；而摔跤、拳击、举重、散打、跆拳道等按体重分级的项目除了大级别外，对体重均有限制，对相对力量水平等体能素质也有很高要求。因此，必须注意饮食和营养的控制，要养成良好的饮食和生活习惯。

第四节　身体机能及其训练

良好的身体机能是达到高水平体能的重要基础，身体机能水平也是体能训练涉及的重要内容之一。

一、身体机能的概念与意义

（一）身体机能的概念

身体机能是指运动员有机体各器官系统的功能。它是身体活动能力的基础，某一机能水平直接影响着运动时所需要的某一方面能力。

人体生理机能包括中枢神经系统、心血管系统、呼吸系统、消化系统、生殖系统、物质和能量代谢、感官、体温等。运动训练中经常涉及的身体机能指标主要有：心血管系统中的心率、血压、血红蛋白、心血管系统运动负荷、心电图；呼吸系统中的肺活量、呼吸频率、最大摄氧量；肌肉结构中的肌纤维数量、长度、类型；感官功能中的视觉、听觉、平衡机能；高级神经活动类型，血睾酮等。

人的一切正常身体机能都是有遗传的，同时又有变异。如血型、血红蛋白、红白肌纤维比例等就表现出遗传特征。神经类型也有强烈的遗传基础，且表现出一种显性遗传。其他如最高心率、最大吸氧量、血乳酸系统、ATP、ADP、CP、磷酸盐系统等也主要受遗传影响。例如：心血管系统主要受遗传控制，其中最高心率的遗传系数高达0.859，血型和血红蛋白也完全由遗传决定；呼吸系统中最大吸氧量的遗传率为93.6%。

（二）身体机能的意义

（1）身体机能的许多指标具有强烈的遗传特征，因此，必须从遗传学角度选择身体机能突出的儿童、少年，为将来出成绩打下基础。

（2）身体机能的某些指标又是有变异的（如肺活量的遗传性较小，后天训练改变的幅度大），因此应采用科学的训练方法，提高运动员身体机能，为达到高水平成绩奠定基础。

（3）某一机能水平直接影响着运动时所需要的某一方面能力。例如：体能主导类耐力性项目需要突出的心血管和呼吸系统功能；体能主导类速度力量项目需要突出的神经系统、骨骼肌肉系统、心血管系统功能；技能主导类表现难美性项目需要有良好的心血管系统、神经系统和视觉、听觉等感官系统功能；技能主导类表现准确性项目对中枢神经系统以及高级神经活动类型功能要求很高；而技能主导类同场对抗项目对中枢神经系统、心血管系统、呼吸系统、高级神经活动类型等均有很高要求。系统论的观点认为：人体是一个完整系统，各器官系统功能都是相互制约、相互影响的，因此，必须全面发展和提高身体机能，以适应高水平运动训练的需要。

二、身体机能的训练

有些人身体素质一直以来都不是很好，只能采用一些相对应的身体功能性训练才能够达到提高的目的，不过这种方式一般都是针对运动员身体恢复来使用的，因此人们在采用这种训练方法的时候一定要对自己的身体现状有一个评估，尽可能不要让肌肉劳损，要量力而行，进行适当的训练。

功能性训练起源于损伤康复。物理治疗师在治疗运动员的损伤时通常得出这样的结论：损伤由于稳定肌功能欠佳，作用力转移至另一肌肉造成。一般来说，功能欠佳的肌肉为髋关节、脊柱或者肩胛-胸关节的稳定肌。这里就出现了一个明显的趋势：似乎总是相同的肌肉发生损伤。物理治疗师指出，薄弱环节常常存在于深层腹肌（腹横肌和腹内斜肌），髋关节稳定肌群（臀中肌、内收肌、腰方肌和髋关节外旋肌群）和肩胛骨后缩肌群（下斜方肌和菱形肌）之中。于是人们便开始重视物理治疗师所说的功能持续性欠佳的肌肉，以保证运动员以最正确、最安全的技术完成基本的动作。

第一，人体的大部分肌群是纵向排列的，而另外一部分是斜向排列的，如腹外斜肌和腰方肌，这种排列复杂的结构使躯干能够产生屈伸、侧屈和扭转运动的动力，而人体的各种复杂动作（包括竞技动作）都是人体功能性动作的组合，这些动作有推、拉、旋转、弓步、蹲、体前屈，这些动作都是在两个或两个以上的平面内完成的动作，因此功能力量训练注重了多角度，在运动链各个平面协调练习。

第二，功能力量训练将核心部位的稳定性作为重要内容。根据物理学关于转动力矩在封闭的个体中保持恒定的原理。下肢产生一个向前的转动力矩，必然其他部位也要产生一个相反的转动力矩，这样才能平衡。核心部位在此过程中担负着稳定重心、环节发力、传导力量等作用，对上下肢的协同工作及整合用力起着承上启下的枢纽作用，而且四肢运动的各种状态控制都源自核心肌群，有了强大的核心力量作保证，躯干得到稳固的支持，四肢的应力也能够随之减少，肢体能够更游刃有余地完成技术动作；所以功能力量训练将核心力量作为主要内容。

第三，功能力量训练强调的是动作的一体化和控制下的动态平衡。人体可分为头、躯干、上臂、前臂、手、大腿、小腿和足等多个环节，各个环节可动地连接起来构成生物运动链，力作用在生物运动链上，各环节发生相对变化；如何将不同关节的运动和肌肉收缩整合起来，形成符合专项力学规律的肌肉“运动链”，为四肢末端发力创造理想条件，是所有运动项目共同面临的问题。以网球为例，如果不考虑拍弦的原理，根据人体力学原理，只有充分利用大肌肉部位的运动，并将各部位的动作协调一致地传递到拍头，拍头才可能获得最大力，即最大加速度。

高水平的职业选手在发球时动作并不完全一样，但他们都是充分利用脚、腿、髋、腰腹、肩、大臂、前臂、手腕的协调运动链，使力量最大程度传递到球上。有研究认为，网球运动员挥拍击球的动作中，髋和躯干的力量占整个击球力量的50%。通过功能力量训练可使运动员在意识的支配下，把人体部分调节成躯干和四肢的统一弹性体，各运动环节由内及外，由近端环节到远端环节，节节贯穿，对拉拔长，产生浑然一体的弹性体，其动能由内及外，通过运动链的逐级加速加大，到末梢环节获得最大的速度。总之，功能力量训练是力量增长的同时兼顾整体平衡与协调的体能训练，是在技术提高的同时兼顾全身的稳定与统一的专项训练。

良好的身体机能是达到高水平运动成绩的先决条件，身体机能的许多指标既受遗传决定，也受环境影响，同时又有变异性，因此必须采用系统、科学的方法提高身体机能。

第五节　不同训练阶段分析

一、不同训练阶段身体形态指标变化

身高的变化反映骨骼发育的情况，在不同训练阶段中运动员身高变化不大，可能是人体对身高影响较大的四肢骨和椎骨已完成骨化，体能运动员的发育已进入基本稳定阶段；也可能是训练周期较短的原因。

体重是反映人体长、围、宽、厚度发育状况的重要的整体性指标，受年龄、性别、生活条件及体育锻炼多因素的影响，特别易受运动状况的影响。本研究表明，在不同训练阶段下，运动员的体重发生了较为显著的变化，不仅体能训练末期发生显著变化，平均体重从74.3 kg下降到69.8 kg，而且比赛期也发生了显著变化，平均体重从69.5 kg下降到67.4 kg。这说明在整个训练比赛阶段中，体能训练期（中期、末期以及比赛期）运动强度大，运动员肌肉蛋白质分解大于合成，肌纤维变细以及脂肪含量降低。

人体的胸围、腰围、臀围不仅是人体相应部位骨性结构大小的反映，同时也是相应部位内脏器官发育程度、肌肉发达程度及皮下脂肪厚度的反映，各围度的大小及合理的比例反映了体型的健美及健康状况。本研究结果显示，在整个训练比赛期间，胸围、腰围以及臀围都呈缩小趋势，说明随着运动的逐步加深，及运动时间的持续，运动员体内的脂肪含量等呈下降趋势。而其中最为显著的变化主要发生在体能训练期间，其中胸围从94.2 cm下降到92.5 cm，腰围从68.4 cm下降到66.6 cm，臀围从96.4 cm下降到93.4 cm。说明在训练的不同阶段，运动强度最大的阶段为体能训练阶段。

二、不同训练阶段身体素质指标变化

力量素质是各项身体素质的基础，也是运动员掌握运动技能、提高运动成绩的基础。因此，力量素质已成为衡量运动员身体训练水平的重要指标之一。在众多体能测试中，通常会用立定跳远测试成绩作为体能运动员力量素质指标之一。立定跳远既能反映运动员的腿部快速力量，又能反映运动员全身的力量耐力，还能体现运动员的协调能力。

有研究结果表明，立定跳远距离的变化存在两个显著变化阶段，第一个阶段为体能训练末期之后，另一个阶段为比赛结束之后，但这两个变化是完全相反的，第一个阶段距离增加，第二个阶段距离降低。这充分说明体能训练期达到了应有效果，运动员恢复并储存了相应体能。运动员立位体前屈指标随着训练的推进而不断增大，说明运动员柔韧性得到提高。闭眼单脚站立时间尽管在不同训练中各不相同，但其变化一方面不显著，另一方面也没有呈现出一定规律，说明整个训练和比赛对运动员的平衡性影响较小。

（一）不同训练阶段身体机能指标变化

肺活量大小取决于肺和胸廓的弹性、呼吸肌的强弱。目前我国正常成年人中，男子肺活量约为3 500~4 000 mL，女子约为2 500~3 500 mL，优秀运动员可达5 000 mL以上。

在相关研究的训练阶段中，肺活量的人均变化均不显著，但都表现出一定的变化，总的来看，由体能训练中期的人均5 234.6 mL上升到比赛期的人均5 336.86 mL。实际上肺活量的提高主要是经过运动训练达到的，因为运动能促进胸部呼吸肌肉发达，胸围变大。但肺活量的增加并不是完全随运动的加深（也即随不同阶段的递进）而呈直线上升，从体能训练末期到技战术训练中期，人均肺活量由5 437.92 mL下降至5 378.52 mL。说明肺活量大小不仅仅取决于肺和胸廓的弹性、呼吸肌的强弱，也取决于运动员的体能状态。

心率是每分钟心脏搏动的次数，是最常用又简单易测的一项生理指标。在运动实践中，能够为运动员在训练期间多方面提供反馈信息。心脏功能强弱是评价运动员状态的重要标志，心率是心脏机能的重要指标之一，是评价人体心脏功能优劣的不可缺少的重要指标。在运动实践中，心率对于了解运动员身体状态、评定运动强度、反映训练水平等多方面具有作用，而且心率和其他指标相比，具有简便易操作的优点。脉搏与心率一致，可反映心跳频率、节律、心肌收缩力的强度和动脉管壁的弹性等方面的变化。基础心率即通常说的晨脉，是了解运动员机体机能状态及对运动量适宜程度的简易指标。对于一些非周期性对抗性项目，具有训练持续时间长、强度高、训练手段多、间歇次数多等特点。在评定练习强度时，可通过测量运动后的即刻心率来衡量，一般认为训练中心率达180次/min以上为大强度训练，150次/min左右为中等强度训练，140次/min为小强度训练。运动员基础心率较为稳定，随着训练年限的延长和训练程度的提高而减慢。基础心率突然加快或减慢常常提示有过度疲劳或疾病的存在，稳定或逐渐下降，说明机体状态好，运动量较适宜。运动量适当加大时，机体有一个逐渐适应的过程，基础心率会略有加快，但变化幅度一般不超过6次。45~80次/min基础心率突然加快或减慢，提示有过度疲劳或疾病的存在。运动后心率的恢复速度和程度，可衡量运动员对训练负荷的适应水平或身体机能状况。

在整个训练比赛期间，基础心率的变化并不显著，其变化范围较小，人均值的变化范围在61~78次/min到62~87次/min之间；最大值的变化范围在68~70次/min，最小值的变化范围在55~58次/min。总的变化趋势是基础心率稳定而逐渐减慢，说明整个训练比赛的强度未超出运动员所能忍受的范围，运动员的身体机能良好。

血压是评价心脏功能强弱的另一重要指标，特别是能够表征心脏的供血能力。90~140 mmHg（1 mmHg=0.133 28 kPa）收缩压安静时升高20%左右，并持续2 d以上时，可能是机能下降或过度疲劳的表现，运动时脉压差增大的程度比平时减少或出现梯形反应、无休止音及运动过程中收缩压突然下降达20 mmHg，预示运动员机能不良。

随着训练阶段的深入，血压呈现下降趋势。收缩压的平均值从体能训练中期的113.7 mmHg下降到赛前调整期的108.2 mmHg；舒张压的平均值从体能训练中期的73.6 mmHg下降到技战术训练中期的68.3 mmHg，说明运动员的身体机能随着训练比赛的逐步推进而处于不断增强的状态。

（二）不同训练阶段生理生化指标变化

1. 血红蛋白

血红蛋白（hemoglobin，Hb）作为反映机体机能状态的指标一直为运动训练界所青睐，其俗称血色素，是红细胞的主要成分，主要功能是作为红细胞运输氧气和二氧化碳的载体，而且也能维持酸碱平衡，因此直接影响人的身体机能和运动能力，尤其对耐力运动更为重要，是运动员机能评定的重要指标。在我国优秀青年男子足球运动员中，所有运动员的血红蛋白水平都高于140 g/L，他们的血红蛋白平均值约为152.6 g/L，基本接近目前认为的运动员最佳血红蛋白含量160 g/L。在正常情况下，人体的血红蛋白能保持相对稳定，在训练和比赛期间，运动员血红蛋白的含量受运动负荷、营养、休息等因素的影响会出现不同的变化，在大运动量训练的开始阶段，容易出现血红蛋白的下降，经过一个阶段的训练后，身体逐渐对运动量适应了，这时血红蛋白又会出现回升的现象。运动员血红蛋白值越高，结合氧的能力越强，输送氧就越多，有助于有氧代谢过程，训练和比赛就能出现较好的运动成绩。

在相关研究中发现，体能主导类运动员的血红蛋白值处于较高水平，只是在体能训练末期之后出现了显著的下降。通常如果出现血红蛋白值降低（男子低于120 g/L，女子低于110 g/L）时，可诊断为运动性贫血，从而导致运动能力下降。如果运动员血红蛋白值持续下降超过10%，有可能是营养不够或者是训练量过大的缘故，这时就需要调整训练量或采取其他针对措施。

另一方面，有研究证实，在大量运动初期，由于红细胞破坏增多，血红蛋白含量显著下降，但当人体适应之后，血红蛋白含量则逐步回升。集体项目，尤其是技能主导项目从体能训练中期到体能训练末期，血红蛋白的含量显著下降，但进入技战术训练中期之后，血红蛋白含量便开始逐步回升，并在比赛期达到最大值。因此，在整个比赛训练阶段中，运动员水平表现为先降后升，然后趋于稳定，说明运动员经历了一个对运动负荷量由不适应到适应的过程。这也进一步说明本次训练比赛过程中，尽管负荷较大，对运动员机体的刺激作用较大，但仍处于运动员能够耐受的范围。若运动员的血红蛋白含量水平始终波动很大，与全队整体水平变化趋势不相适应，说明其可能对运动量不适应或是机能状态不佳。

当运动员血红蛋白的平均值始终在120 g/L以上，说明训练和比赛的强度处在一般运动员能忍受的范围之内。若运动员的血红蛋白值较长时间内持续下降超过10%，表明这一运动员或是营养不够，或是训练量过大，需要进行训练调整或加强营养。

研究表明血红蛋白含量为160 g/L、红细胞比容（HCT）为45%左右，是运动员表现出良好有氧能力的最佳值。运动员特别是体能主导类运动员的亚理想值应是多少，目前尚无一致的认识。体能教练员应经过长期系统的观察，确定不同队员血红蛋白的亚理想值，将对科学地制订训练计划、切实保证每节训练课的完成以及比赛前运动状态的调整具有更重要的意义。另外体能训练应充分注意运动员的个体差异，尽可能做到多样化综合评价。

2. 尿蛋白

尿蛋白（protein，PRO）也称蛋白尿，是指用化学检验法检测出尿液中含有的蛋白质，正常人尿液中仅含有微量的蛋白质，当蛋白质超过100 mg/L或蛋白定性试验呈阳性，称为尿蛋白。

一般来说，运动后尿蛋白排泄量与运动量、运动强度以及运动员的身体机能有关，特别是与运动强度有关。通过测定运动后尿蛋白的排泄量，可以评定运动量，特别是评定运动强度和运动员机能状态，从而为掌握运动员的机能状态，并对训练负荷调整提供参考。

运动后尿蛋白的个体差异较大，所以不宜在不同人之间用尿蛋白指标来比较其负荷量、训练水平以及机能状态，但同一个体在完成相近的运动负荷或相同项目比赛时，尿蛋白量相对比较稳定。通常在大运动量训练后，尿蛋白排出量增多，但如果4 h后或次日晨完全恢复到安静时的水平，表明机体适应此负荷；如果次日晨尿蛋白不减少或反而增加时，要注意身体状态，适当减少运动量和强度。有研究结果表明，在整个训练与比赛过程中，尽管运动后的次日早晨尿蛋白的含量并不完全相同，但差距并不显著，表明整个训练和比赛过程中，运动员机体适应此负荷。

由于尿蛋白的检测是无创伤性的，易被受检者接受，且它与运动负荷大小和机能状态有较大的关系，所以此指标应用较广泛。以尿蛋白作为评价指标时，应注意个体的显著差异，进行连续系统的观察，特别是应注意个体指标的连续性，不能仅就某一次测定结果而轻易得出结论，而且也应注意与其他指标的联合应用。

3. 血尿素（BUN）

血尿素是机体内蛋白质新陈代谢的产物，其含量的高低在一定程度上反映了体内的代谢状况。有研究对中国17岁以下的优秀男子足球运动员进行研究，得到血尿素的参考范围为7.32 ± 1.43 nmol/L，长时间大强度运动后，体内蛋白质的分解代谢明显加快，从而导致血尿素含量显著增高。所以测定血液中的血尿素含量可为运动训练的疲劳监测和对运动员机能状态的评定提供参考依据。用血尿素浓度评定疲劳程度和运动员对运动量的承受能力十分敏感。

血尿素的产生受诸多因素的影响，如高蛋白饮食、消化道出血、创伤、感染、发热、营养不良或接受类固醇皮质激素治疗等状态时，尿素的产生均明显增加而使血尿素含量增高。也有研究表明运动应激引起的血尿素含量变化与运动强度、持续时间、运动类型及个体特点均有密切关系。长时间、大强度运动使体内蛋白质分解代谢加强，其代谢产物血尿素值浓度明显升高。

大运动量训练后血尿素明显增加，被认为是蛋白质或氨基酸剧烈代谢的结果，这种现象不仅发生于运动员不适应训练负荷时，而且还会延续到运动后的恢复期。经过大运动量体能训练末期进入技战术训练中期，尽管运动员的血尿素值上升并不如大运动量体能训练末期那样显著，但仍继续升高。研究发现，当运动员运动后次日晨血尿素大于基础值两个单位时，持续维持在高水平，表明要么运动员身体机能下降，对运动负荷不适应，要么膳食中摄入了大量蛋白质。这时应及时调整训练或进行适宜的营养补充，从而避免运动员出现过度训练。

当运动负荷量维持不变、运动员身体机能状况相同时，血尿素值的升高往往与膳食营养有关。由于运动员营养观念的错误，认为蛋白质是膳食营养中应摄入最多的营养素，造成了运动员蛋白质、脂肪的摄入过多，过多的蛋白质在体内降解，从而引起血尿素的升高，而高脂高蛋白膳食会造成体液的酸化、肝脏和肾脏负担加重等许多不利影响。同时高脂高蛋白膳食使运动员糖摄入过少，而运动员在运动训练或比赛中动用的能源物质是糖，这种膳食营养摄入的不合理严重地影响了运动训练效果。需要注意的是，应用血尿素指标监控营养状况时，应注意排除运动负荷量的影响。

4. 血乳酸

血乳酸（blood lactic acid，BLA）是体内糖代谢的中间产物，主要由红细胞、横纹肌和脑组织产生，血液中的乳酸浓度主要取决于肝脏及肾脏的合成速度和代谢率。在某些病理情况下（如呼吸衰竭或循环衰竭时）可引起组织缺氧，由于缺氧可引起体内乳酸升高。另外，体内葡萄糖代谢过程中，如糖酵解速度增加、剧烈运动、脱水时，也可引起体内乳酸升高。体内乳酸升高可引起乳酸中毒。检查血乳酸水平，可提示潜在疾病的严重程度。

血乳酸是糖无氧酵解的重要产物。在进行肌肉活动时其生成率和运动项目、训练水平、运动强度、运动持续时间、糖原含量、环境温度以及缺氧等因素有密切关系。在相同负荷强度下，如果运动员的有氧供能能力越强，血乳酸堆积越少。运动后血乳酸的消除也可反映机体的有氧代谢能力，如果血乳酸消除快，恢复时间短，则表示机体的有氧代谢能力强。无氧代谢能力的评定主要靠测量最大血乳酸值。在训练时，测定血乳酸可以了解体内乳酸生成和代谢变化的特点，作为训练中掌握运动强度的依据或评价运动员无氧代谢和有氧代谢的能力。同时为了反映运动员在经过不同方式的运动后体内氧自由基的含量以及机体清除氧自由基、抗氧化能力的大小。高水平的运动员，血乳酸值越高说明运动员机体耐受乳酸的能力越高，肌肉参与剧烈运动的能力越强。

5. 肌酸激酶

肌酸激酶（creatine kinase，CK）又称肌酸磷酸激酶。肌酸激酶以骨骼肌、心肌、平滑肌含量为多，其次是脑组织，胃肠道、肺和肾内含量较少。肌酸激酶主要存在于细胞质和线粒体中，是一个与细胞内能量运转、肌肉收缩、ATP再生有直接关系的重要激酶。

有研究显示，大运动量体能训练对血清CK活性影响最为显著（$P<0.01$），大运动量体能训练之后较大运动量体能训练之前，血清CK活性增加了58.82 U/L；进入专项技战术训练期以及竞赛前调整期，血清CK活性下降，分别下降了45.48 U/L以及4.78 U/L；而竞赛期之后血清CK活性又显著增加。分析发现，不同训练阶段之间不同的是训练强度。很显然，大运动量体能期的运动强度最大，而比赛期的运动强度次之，专项技战术期以及竞赛前调整期的运动强度最低。由此说明血清CK活性与运动强度有关。

有学者认为，血清CK增高与运动持续时间有关，短时间运动对CK影响不大，只有较长时间运动，才能使CK活性增加，运动时间越长，其活性增加越明显。但也有研究的结果与这一观点相反：随着整个训练比赛阶段的逐步推进，肌酸激酶的活性并不随之增强。尽管从大运动量体能训练前期到大运动量体能训练期，血清CK活性增加，但进入专项技战术训练期以及竞赛前调整期，CK活性降低。具体原因有待进一步研究。

6. 免疫球蛋白

免疫球蛋白（immuno globulin，Ig）指具有抗体活性的动物蛋白。主要存在于血浆中，也见于其他体液、组织和一些分泌液中。人体血浆内的免疫球蛋白大多数存在于丙种球蛋白（γ-球蛋白）中。免疫球蛋白可以分为IgG、IgA、IgM、IgD、IgE五类。

人体血清免疫球蛋白的主要成分是IgG，它占总体免疫球蛋白的70%~75%。人体血清免疫球蛋白IgG是初级免疫应答中最持久、最重要的抗体，它仅以单体形式存在。大多数抗菌性、抗毒性和抗病毒抗体都属于IgG，它在抗感染中起到主力军作用，能够促进单核巨噬细胞的吞噬作用（调理作用），中和细菌毒素的毒性（中和毒素），和病毒抗原结合使病毒失去感染宿主细胞的能力（中和病毒）。IgA分为血清型和分泌型两种：血清型IgA可介导调理吞噬ADCC 作用；分泌型IgA（SIgA）是机体黏膜防御系统的主要成分，覆盖在鼻、咽、气管、肠和膀胱黏膜的表面，它能抑制微生物在呼吸道上皮附着，减缓病毒繁殖，是黏膜的重要屏障，对某些病毒、细菌和一般抗原具有抗体活性，是防止病原体入侵机体的第一道防线。外来抗原进入呼吸道或消化道，局部免疫系统受到刺激后，无须中央免疫系统的参与，自身就可进行免疫应答，产生分泌型抗体。

运动与免疫球蛋白的水平存在着很大的相关性。一般认为，运动强度是淋巴B细胞分泌功能改变的首要因素，如强度过小或时间不长，则不会引起抗体水平的变化。但是长时间的或高强度的运动对于身体免疫力反而有着不利的影响。长时间高强度运动导致免疫抑制反应，增加急性传染病的易感源，降低机体抗感染的免疫机能。而免疫机能的下降恰恰是一次次过度训练未能充分恢复造成免疫抑制累积的结果，因此进行体育锻炼时不能掉入“运动越多越大越好”的误区，需掌握自身体育锻炼的最佳范围，以达到真正强身健体的目的。

有研究结果显示，IgM、IgG、IgA在大运动量体能训练期之后，之所以均下降，是因为剧烈运动使机体内的能源物质大量消耗，其中包括对蛋白质的消耗，机体中存在于血液中的免疫球蛋白也属于蛋白质的一种。而IgA、IgM在大运动量体能训练期之后显著下降，是因为运动过程中的有害代谢产物增加，导致了对IgA、IgM大量的损耗和破坏，致使大运动量体能训练期后的测试值明显下降，而进入专项技战术训练期后开始有所回升，是由于机体对于同样强度的运动量有所适应的结果。IgG在大运动量体能训练期后下降并不像IgA、IgM那样显著，是由于IgG主要在防止菌血症方面起重要作用，只对细菌性感染敏感。

一般认为运动能提高机体免疫能力，近年来许多研究表明，低强度的运动有益于免疫机能的改善，而高强度的运动或长时间耐久运动则会引起免疫机能的损害，致使运动员易感染疾病，影响正常的训练比赛。

7. 血睾酮

血睾酮（testosterone，T）是体内主要的促合成代谢激素之一，它除了维持男子性功能和副性特征外，可促进蛋白质合成，使肌肉壮大，刺激红细胞生成，增加免疫能力和抗感染能力，维持雄性攻击意识，是从事力量性运动项目运动员选材和进行机能评定的敏感指标。通常正常男子T值的范围一般为360~910 ng/dL。

激烈对抗类项目，不仅要求运动员具有相应的技能，而且也要求运动员具有很强的抗击力和攻击力，因此，血睾酮已经成为运动员评定身体机能状态的首选指标。血睾酮水平高的队员承受负荷的能力强，训练后恢复快；而血睾酮水平低的队员，承受负荷能力差，训练后恢复慢。例如中国足球运动员，从未成年到成年，睾酮值有很大的差别，其取值范围为574.22~1 330.96 ng/dL，平均值为773.40 ng/dL。

适宜的训练或锻炼使安静状态下血睾酮值有所升高或不变，但长期大运动量训练或过度训练，该值一般会下降。T值比原水平下降25%~30%，就是疲劳和过度疲劳的表现。在整个训练比赛阶段中，只有大运动量体能训练初期运动员表现出不同程度的不适应，基础心率加快，反应迟钝，次日晨尿蛋白排出量增多，持续数日等运动疲劳症状。但随后运动员并没有表现出对训练的不适应，也没有出现疲劳症状。谢敏豪等人的研究认为，在不受任何药物干扰的情况下，当运动员增加训练量后，T值低于这个训练阶段开始时的25%，持续不升就应进行调整。对于高校运动员来说，应根据运动员的训练表现和测试结果，及时将信息反馈给教练员，从而调整训练计划，采取有效措施，以防止疲劳的进一步加深并延及中枢神经系统。

8. 皮质醇

皮质醇（cortisol，C）是从肾上腺皮质中提取出的对糖类代谢具有最强作用的肾上腺皮质激素，属于糖皮质激素。那些承受重复压力、生活节奏紧张、正在节食，或者每晚睡眠少于8 h的人，都很有可能长期处在压力状况下，从而使他们的皮质醇水平长期偏高。这时皮质醇的负面效应开始显现为新陈代谢的变动：血糖升高、食欲增加、体重上升以及极度疲劳等。

皮质醇是肾上腺皮质分泌的异化激素，它能维持体内血糖代谢的正常进行，保持血糖浓度的相对稳定，能抑制蛋白质的分解代谢，运动后应尽快降至基础值范围，以免能源过度消耗。皮质醇的浓度在一定意义上反映了运动员体内蛋白质的分解情况和机体对运动负荷的反应程度。许多研究发现，急性运动后皮质醇大多呈明显上升变化，它受运动强度大小和持续时间长短的共同影响，在运动应激时反馈性提高，运动结束后能迅速降至基础值，加速疲劳恢复。但在持续大运动量训练下，皮质醇的浓度呈下降趋势。引起C的浓度明显下降的原因可能是长期大运动量训练，机体消耗很大，导致肾上腺皮质激素的耗尽，或者是“机体对能源致命性的消耗所表现的一种防御性反应”。对于不同训练阶段来说，运动员皮质醇浓度下降的幅度是不相同的。其中体能训练末期运动员皮质醇浓度的下降最为显著，其他阶段运动员皮质醇浓度下降不显著。由此表明皮质醇浓度的变化受运动强度大小的影响。

9. 血睾酮 / 皮质醇综合评价

运动后的血睾酮（T）和皮质醇（C）的变化都较为复杂，并且存在很大的个体差异，因此有学者提出用血睾酮/皮质醇（T/C）进行综合评价。在运动实践中，可以定期测定运动员安静状态下的T/C值，用以监控运动员的机能状况。经过一段时间的训练后，如果T/C值出现大幅度降低，可能是分解代谢大于合成代谢，不利于运动员消除疲劳，需要对运动员加强营养恢复手段，同时调整训练负荷量；如果其比值不变或升高，则表明机体的分解代谢没有超过合成代谢，运动员身体机能状态良好，有利于运动成绩的提高。在人体内，T促进蛋白质合成，并有利于运动能力提高；C减少蛋白质合成，并降低运动能力。在正常情况下，T与C间保持平衡，但在连续进行大运动量负荷后，会出现“高C-低T”激素调节系统的紊乱。不少资料认为，根据T与C在机体代谢中的作用，两者的平衡对于运动时物质能量代谢的调节是十分重要的，因此T/C值这一指标不仅可以反映运动时体内合成分解激素调节情况，也可以较为灵敏地反映运动能力及疲劳积累程度。

随着训练的持续进行，运动员的T/C值都在降低，但C值下降幅度大于T值下降幅度，T/C值体能训练末期后也呈下降趋势。这是由于大负荷训练期长期衰竭性训练，使机体处于持续应激，大量释放T，蛋白同化作用降低，运动员处于长期慢性蛋白质分解状态，从而造成过度训练。对不同训练阶段T/C变化的比较发现，只有大运动量体能训练期下降显著，由此也导致这一阶段下部分运动员出现了不同程度的疲劳，表现出对训练不同程度的不适应，基础心率加快，反应迟钝。

小 结

在身体形态方面，体能训练末期体重显著下降；在比赛期胸围、腰围、臀围显著缩小。

在身体素质方面，例如足球运动员的绝对背力先不断增加，然后逐渐降低；立位体前屈指标则不断增大；立定跳远距离和分钟跑时间在体能训练末期显著增加，在比赛期后则显著下降；闭眼单脚站立时间对运动员平衡性影响较小；肺活量的人均变化均不显著；基础心率以及血压的变化也不显著。

在生理生化指标方面，血红蛋白的含量从体能训练中期到末期显著下降，进入技战术训练中期之后开始逐步回升，比赛期达到最大值；尿蛋白含量的变化并不显著；免疫球蛋白在大运动量体能训练期之后显著下降；血酮值从体能训练中期到比赛期呈下降趋势，处在正常范围之内；皮质醇值浓度在大运动量的体能训练期下降最为显著，其他阶段下降不显著，值呈下降趋势，体能训练末期下降显著；血尿素值在体能训练末期之后才显著升高；血乳酸浓度从体能训练中期到末期升高，进入技战术训练中期之后，血乳酸浓度逐步降低；肌酸激酶在专项技战术训练期以及竞赛前调整期活性下降，大运动量体能训练后活性显著增强。

在整个训练中，体能训练末期使运动员的身体形态、身体素质以及生理生化指标变化最为显著，比赛期次之。

第三章 力量素质训练

学习目标

- 通过学习力量素质训练的内容，掌握动作技术的学习方法、应用方法、评价方法等。
- 掌握力量素质的基本内容包括平衡训练和耐力训练。
- 学习力量训练的方法，运用于平常的身体锻炼中，如步行、慢跑、太极拳、八段锦、呼吸训练、弹力带训练、康复操等。
- 掌握青少年力量素质训练的内容和基本原则，除了力量训练外，逐渐增加诸如投掷、打网球、打高尔夫球等运动训练。
- 了解核心力量训练理论与实践，旨在提升青少年多方面的能力，丰富他们的业余生活，促进学生的全面成长。

力量素质是竞技运动中的首要素质。在许多运动项目中力量是取得优异成绩的基础。在运动中，人体必须表现出一定的力量，有时甚至需要竭尽全力。如优秀跳高运动员起跳时，起跳腿承受的压力最大可达300~450 kg。力量对其他素质的发展也起着重要的作用，并且是掌握技术、实施战术、提高运动成绩的重要基础。总之，一切运动活动都离不开力量，力量是运动员体能训练水平的重要指标之一。

第一节　力量素质概述

一、力量的概念与分类

（一）力量的概念

力量是人体运动技能的一种表现形式，是人体或身体某部分肌肉收缩和舒张时克服阻力的能力。肌肉在工作时克服的阻力包括外部阻力和内部阻力。外部阻力如物体重量、摩擦力以及空气的阻力等。内部阻力是指肌肉的黏滞性、各肌肉间的对抗力等。力量由以下三种因素产生：即主动肌的最大收缩力；主动肌和对抗肌、中立肌、支持肌的协同用力；肌肉的牵拉角度以及每个杠杆的阻力臂和力臂的相对长度。力量来源于肌肉。正常成年男子肌肉重量与体重百分比为43.5%，女子为35%。男子运动员的肌肉更为发达，可占体重的45%，而力量性项目优秀男子运动员肌肉比例可达体重的46%以上。科学研究已经证明，人体共有630块肌肉，这些肌肉由1 300万~3 000万根肌纤维组成，每根肌纤维可产生100~200 mg的力量，假如把全身630块肌肉的肌纤维束成一捆，沿着同一方向用力，那么可产生20~30 t力量（实际上，人的肌肉是无法同时向同一方向收缩做功的）。

目前，世界上男子力量可达到以下几个指标：抓举223 kg，挺举265 kg，由格鲁吉亚举重选手塔拉哈泽创造（东京奥运会）。深蹲547 kg，肩背负重2 840 kg（深蹲和肩背负重成绩为20世纪50年代末，美国著名举重选手安德森·保罗所创）。女子为抓举148 kg，挺举187 kg（由中国选手李雯雯创造）。20世纪初，比利时的桑德维娜能肩背负重将重达600 kg的加农炮从卡车上扛下来。更有甚者，澳大利亚的大卫·希尼于1994年在悉尼机场徒手拉动一架重达115 t的波音767飞机，并且拖行了61.18 m，可谓力大惊人。

（二）力量的分类

在体育运动中，根据不同项目对力量素质的要求，以及力量表现的形式，可以将力量分为多种类型。例如，根据肌肉收缩的形式，可以将力量划分为静力性力量和动力性力量；根据力量与体重的关系，可以分为绝对力量和相对力量；根据力量的表现形式又可分为最大力量、速度力量和力量耐力。

1. 静力性力量

静力性力量是指肌肉收缩时产生的力量，可以完成某些静止不动的用力动作，或在整个动作中肢体不产生明显位移的力量，又叫等长力量。例如直角支撑、平衡动作等所表现出来的力量就属于静力性力量。

2. 动力性力量

动力性力量是指肌肉收缩或拉长时，使身体或身体某一部分产生位移或推动别的物体产生运动的力量，又叫等张力量。

3. 绝对力量

绝对力量不考虑运动员的体重因素，人体或人体某部分用最大力量所能克服最大阻力的能力。对从事系统训练的运动员来说，绝对力量的提高与体重的增加可同步进行。绝对力量的发展水平对投掷项目（如铅球）和按体重分级的举重与摔跤等重竞技项目，在很大程度上起决定性作用。例如，举重、田径的投掷项目等，都要求运动员有很高的绝对力量水平，如美国铅球运动员伍兹（铅球成绩为22.20 m）的几项力量指标分别为：卧推230 kgf（1 kgf=9.8 N），深蹲300 kgf，高立翻180 kgf。实践证明，男子铅球成绩要突破20 m，卧推力量指标必须达到200 kgf以上。

4. 相对力量

每千克体重所表现出来的力量称为相对力量，它主要反映运动员的绝对力量与体重之间的关系。衡量指标采用力量体重指数（即每千克体重的力量）来表示：

$$相对力量=绝对力量/本人体重$$

如果绝对力量不变或变化很小，但体重增加，那么相对力量就会变小，这对于相对力量起较大作用的项目是不利的。运动实践证明，体操运动员有关肌肉相对力量指数至少要达到1才可能完成吊环中的十字支撑动作，也就是说，运动员的绝对力量至少要能够抵消运动员的自身体重。另据扎图奥尔斯基（1968）提供的材料，前跳高世界纪录保持者瓦·布鲁梅尔，在所有

20世纪60年代的苏联跳高运动员中后蹲的相对力量指数最大：为2.21（后蹲最大力量为174 kg，纵跳104 cm），而格拉斯科夫和戴克的后蹲相对力量指数仅为1.83和1.73。可见相对力量在许多运动项目中都是决定运动水平的重要指标。

5. 最大力量

最大力量是指运动员以最大肌肉力量和最大意志收缩，对抗一种刚好能够克服的阻力时所发挥的最大力量值。力量值主要取决于肌肉横断面积和肌纤维的分配，反映了尽可能多地及时动员肌肉的众多运动单位参加用力的能力。同时最大力量的力值还随工作肌群的关节角度而变化。最大力量指标可以通过运动员一次所能举起的最大重量来表示（注：最大力量与绝对力量的性质有相似之处，这里只是按照现象分类的方法进行分别阐述）。

6. 速度力量

速度力量又称快速力量，指运动员在特定的负荷条件下所表现出来的最大动作速度。这种动作速度一般是指在最短时间内（通常在150 ms左右）发挥肌肉力量的能力。所以，“速度力量”的训练实际上是“动作速度”的训练。

速度力量最典型的表现是爆发力，它是在尽可能短的时间内，以最大加速度、最大速度相结合而成。其公式为

$$爆发力=力量\times速度$$

爆发力可在上举物体、空间投掷物体或移动身体时表现出来。它的大小在于力量与速度的正确组合。从而产生最大的踏跳力，使身体在瞬间腾起。也可以用速度力量来表示爆发力为

$$I=Ft$$

式中，I表示速度力量；F表示肌肉收缩力量；t表示肌肉收缩作用时间。

在投掷、拳击、举重、摔跤等许多项目中，爆发力具有极为重要的作用。另外，起动力和反应力（包括弹跳反应力和击打反应力）也是速度力量的组成部分。

7. 力量耐力

力量耐力是指运动员在克服一定外部阻力时，能坚持尽可能长的时间或重复尽可能多的次数的能力。

在运动训练中最有意义的动力性力量主要是最大力量、速度力量和力量耐力。因此，动力性力量的训练实际上主要指最大力量、速度力量和力量耐力的训练。

（三）力量的特点

力量具有相互性、矢量性和同时性。

（1）相互性。任何两个物体之间的作用总是相互的，施力物体同时也一定是受力物体。比如：电灯吊在天花板上，电灯受到了天花板向上的拉力，而天花板受到了电灯向下的拉力，这也是一对相互作用的力；使火箭升空时向下喷气，火箭就腾空而起，这一现象说明了（物体间的力的作用是相互的）喷出的气体对火箭有向上的反作用力。

（2）矢量性。力是矢量，既有大小又有方向。比如，一个竖直向下15 N的力。

（3）同时性。同时性是指力同时产生，同时消失。某观察者若测得两个事件同时发生，则称这两个事件“对于这个观察者”具有同时性。不过对于其他观测者而言，这两个事件却不一

定同时，因此“同时”并非绝对的物理概念。

二、影响力量提高的因素

力量素质的提高和发展是以人体肌肉的形态、结构、机能和生理生化机制的改变为基础，以神经中枢的强而集中的兴奋和抑制过程，以及神经过程充分协调为前提而建立起来的各种用力动作的条件反射的结果。也就是说一个人肌肉力量的大小受到生长发育水平、性别、体型、肌肉自身结构、特征以及生理生化和训练方面的各种因素的制约。因此，了解上述因素对力量素质的不同影响，有助于提高力量素质训练的效果。

（一）与人体生长发育有关的因素

1. 性别

按一般规律男子的力量通常比女子要大，这主要是由于肌肉大小的差异所致。例如，一般成年男子肌肉重量约占体重的40%~50%；而女子则占35%。科学研究证明，女子的力量平均约为男子的三分之二。但并非所有肌群均呈此比例。若男性力量为百分之百时，女性的伸肌群约为男性的55%；内收肌约为男性的65%。在力量训练的影响下，女子力量的增长和肌肉体积的增大都比男子要慢。因为“肌肉肥大”主要受体内睾酮素的调节，男子这种激素比女子多，所以无论肌肉力量增加多少，一般女子的肌肉体积总不如男子。

2. 年龄

力量素质的发展有明显的年龄特征。一般规律是10岁以前，随着人体的生长发育，无论男孩或女孩力量一直缓慢而平稳地增长，而且两者区别不大。从11岁开始男女孩的最大力量的差别开始显著，男孩增长稍快而女孩增长缓慢，青春期过后，力量仍在增长但其增长速率很低。女性达到最大力量约在20岁；男性约在25岁，而后随着年龄的增长，其增长速率降低。

力量素质发展的敏感期是13~17岁，13~15岁时最大力量进入快速增长的第一个高峰。这个年龄段力量的增长与体重的增长同步，而且最大力量增长快，相对力量却增长不大。这时的肌肉向纵向增长比向横向增长要快，因为此时也正是身高的快速增长期。16~17岁是最大力量快速增长的第二高峰。这时肌肉向横向增长的速度加快了。最大力量和相对力量增长均很快，这是发展力量素质最重要的时期。18~25岁，力量增长变得缓慢。此后如不坚持锻炼，随着年龄的增长力量将逐渐减小，然而如果坚持良好的训练，男子力量增长可达35岁左右。至于速度力量的“敏感期”还要早一些，男子在7~15岁，女子在7~13岁发展比较快，这与速度素质“敏感期”较早密切相关。

3. 体型

多年实践证明，运动训练能影响人的体型，而体型也能影响人的运动能力。同样，体型的差异与力量的大小有着密切的关系。体格健壮的人由于肌肉较发达，因此表现的力量也较大；体形匀称性的人力量次之，但这种体型的人一般比较精瘦。肌肉线条比较清晰，往往会具有比较好的速度力量；体型细长的人力量比较差；肥胖型的人看起来似乎最大力量很大，但因为这种体型的人体重大，而脂肪太厚会影响肌肉的发展，从相对力量的角度看其力量水平就不高了。不同体型的人其力量素质存在客观差异，是不同运动项目选材时应该认真考虑的问题之一。

4. 身高与体重

俗语称“身大力不亏”，说明体重大的人往往力气大；体重小的人则力量小些。当一名运动员的体重与其最大力量的比值不变时，则体重与最大力量成正比关系。也就是说体重增长，则最大力量增长；如果某人又高又壮实，则力量也较大；若其高而细长，则力量就不会大。所在体育运动项目选择运动员时，常常把体重与身高联系起来考虑，即体重/身高指数（g/m）来衡量，即1 m身高有多少体重，指数大，则力量一般也比较大。

5. 脂肪

脂肪组织沉积在内脏的四周、骨骼肌表面（肌肉与皮肤之间）和骨骼肌中，脂肪厚还会影响肌肉的发展。部分专家认为青少年肥胖，脂肪太厚，会影响自身的睾酮素的发展。通过运动训练可以减少肌肉内脂肪，从而提高肌肉收缩效率，使力量增强。

6. 睾酮素

据科学研究证明，睾酮素水平的高低与力量的大小也有密切的关系，睾酮素水平高的人往往一般力量比较大。所以有专家认为可以通过测定血液或尿中的睾酮素水平来进行力量性项目的人才选拔。

（二）肌肉的形态与组织结构

人体的运动是在中枢神经系统调控下通过肌肉的收缩产生的力而完成的。因此，有目的地改善肌肉的形态、组织结构对发展力量素质具有重要意义。

1. 不同类型肌纤维在肌肉中的比例

肌肉力量的大小取决于不同类型肌纤维在肌肉中所占的比值。肌纤维类型通常分为白肌纤维（快肌纤维）、红肌纤维（慢肌纤维）和中间肌纤维三种。人体肌肉中，无论男性或女性，无论老年或中年，都含有白肌纤维和红肌纤维，只是两者的比例不同而已。竞技体育中，从事时间短、强度大的运动项目的运动员肌肉中含白肌纤维较高，而从事时间长、强度低的耐力性运动员肌肉中则含红肌纤维较高，原因是白肌纤维的无氧代谢能力比肌纤维大得多。当然白肌纤维和红肌纤维均含有促使ATP-CP系统快速作用的酶，但白肌纤维中酶的活性比红肌纤维大3倍；同样白肌、红肌纤维均含有促使糖酵解的酶，但白肌纤维中此种酶的活性比慢肌纤维高2倍以上。白肌纤维中支配其运动的神经元传导速度快，使白肌纤维达到最大张力的时间只需红肌纤维的1/3。所以白肌纤维最适于做短距离、高强度的运动项目。红肌纤维的有氧代谢能力比白肌纤维强，因为红肌纤维有氧氧化酶系统活性高，毛细血管的数量、线粒体的体积、肌红蛋白的含量等均大于白肌纤维，能使人维持长时间工作而不易疲劳，所以红肌适合于强度小、工作时间长的耐力性运动项目。

人体肌肉中红、白肌纤维的比例受遗传因素的影响，有的人白肌纤维比例大，有的人红肌纤维比例大。同一个人的不同部位肌肉的红白肌纤维比例不同。在不同方向、不同速度进行运动的条件下，参加肌肉收缩的肌纤维类型也不同。一般规律是：在一定负荷强度下用较慢的速度完成动作，红肌纤维起主导作用，如快速完成动作，则是白肌纤维起主导作用。综上所述，力量素质的表现主要由肌肉中白肌纤维数量多少决定，白肌纤维比例高，则肌肉收缩力大。同时肌纤维类型和在肌肉中的比例也是不同运动项目选材的重要指标之一。

2. 肌肉的生理横断面积

肌肉的绝对肌力取决于该肌肉的生理横断面积。肌肉的生理横断面积越大，肌肉收缩时产生的力也越大，两者接近正比例关系。肌肉的生理横断面为该肌肉所有肌纤维横截面的总和肌肉横断面，其面积的增大是由于肌纤维增粗造成的。肌纤维的增粗表明肌纤维中的能源物质三磷酸腺苷（ATP）和磷酸肌酸（CP）增加，肌结缔组织增厚，肌糖原含量增多，毛细血管开放密度加大，肌凝蛋白质含量增多，从而提高了肌纤维的质量，大大提高了每根肌纤维的负力，进而决定了最大力量的提高。有学者通过科学研究论证肌肉横断面积每增加1 cm^2，可提高力量6~12 kg。

3. 肌肉的初长度

人的肌力的大小与肌肉收缩前的初长度有关。在一定范围内，肌肉的初长度增大或肌肉弹性变大后，肌肉收缩时产生的张力和缩短的程度就越大。因为肌肉拉长时，肌梭将感知肌纤维长度变化产生冲动，会提高肌纤维回缩力来对抗拉力，当长度拉到一定程度将引起牵张反射，可提高肌力的发挥效率。一个人力量的大小取决于肌肉的体积，肌肉体积发展的潜力，又主要决定于每个人的肌肉长度（指肌肉两头肌腱之间的长度）。例如，有两个人，一个人的肱三头肌长20 cm，另一个人长30 cm，后者长是前者的1.5倍，则后者肌肉横断面积等于前者的1.5或2.25倍，肌肉力量的发展潜力是前者的1.5 或3.75倍。训练前，两人手臂肌肉体积差不多，经过训练，后者的肌肉体积和收缩时的肌力要比前者大得多。在运动实践中，如挺举前的下沉动作，扣球前的体前肌群背弓，投掷前的超越器械的主动拉长，以及踏跳、推手、落地等动作的被动拉长均是为了获得更大的收缩力。肌肉的适宜拉长比其自然长度产生的收缩力要大。但这种肌肉弹性的拉长必须在其解剖学原理限度内进行，而且在不断适应生物刺激条件下逐渐地拉长。

4. 参与活动的肌纤维数量

每块肌肉是由许多纤维构成的。肌肉收缩时并非所有的肌纤维都能被同时动员起来参加活动，动员参与活动的肌纤维数量越多，则收缩时产生的力越大。根据运动生理学，由于遗传的作用，每个人肌肉中的肌纤维数目，红、白肌纤维比例，从出生5个月后就已确定，1年后形成。以后随年龄增加，通过训练或其他科学方法，无法改变肌肉中的肌纤维数量及红、白肌纤维的比例，只能改变纤维形态及红、白肌纤维功能和参与活动的肌纤维数量。运动场上的新手最多只能动员60%的肌纤维参加活动，而优秀运动员参加活动时动员的肌纤维可达90%左右，这和训练后中枢神经发出的神经冲动强度和频率加大有关。

5. 肌肉的牵拉角度

肌肉收缩牵拉骨骼进行运动时，犹如在进行杠杆运动，在整个活动中，随着杠杆的移动，肌肉处在不同位置的不同角度。上牵拉，其力量大小是不一样的。例如，当负重屈肘作弯举时，肘关节角度在115°~120°时，肱二头肌张力最大，30°时张力最小。膝关节弯曲在164°和130°时腿的力量几乎表现一样，屈膝低于130°时，腿的力量则下降。肌肉不同的牵拉角度对力量素质的影响与完成技术动作用力正确与否关系较为密切。这是进行技术分析、改进技术动作时必须慎重考虑的问题之一。

6. 肌肉收缩的形式

不同的肌肉收缩形式对肌肉力量的大小及其特点带来不同的影响。不同的运动项目各有不同的用力特点，因而也就需要不同特性的力量。不同特性的力量要用不同的发展力量素质的训练方法去发展，而不同的力量素质训练方法又是在肌肉不同的收缩形式的基础上形成的。肌肉收缩的主要形式如下：

1）动力性向心克制性收缩

其特点是肌肉工作时，肌肉长度逐渐缩短。随着关节角度的变化，肌肉在缩短过程中张力也发生改变，如手持哑铃的弯举动作。无论何种运动项目，在发展运动员的力量素质时，掌握好发挥最大肌力的关节角度，可以得到事半功倍的效果。动力性向心克制性收缩是力量训练的主要形式。

2）动力性离心退让性收缩

其特点是肌肉收缩时，张力增加的同时肌肉的长度也增加。例如，负重肘关节，负重慢慢下蹲等，这时阻力是在运动过程中起作用的力。许多学者研究认为，肌肉在做离心退让性收缩时可以产生更大的张力。实验证明，肌肉做离心收缩时所产生的张力比同一肌肉做向心收缩时所产生的张力大40%左右。

3）静力性等长收缩

其表现是肌肉的力在对抗固定阻力的收缩时形成。特点是肌肉收缩时，其张力发生变化，但其长度基本不变，在整个动作过程中肢体不会产生明显位置移动。例如体操中的平衡动作、倒立及摔跤中双方的僵持阶段、手持哑铃做侧举动作等。肌肉极限或次极限负荷的静力性收缩比动力性收缩能够动员更多的肌纤维参与工作，能有效发展最大力量和静力性耐力。

4）等动性收缩

“等动”就是“恒定”的意思。其特点是在整个关节活动范围内，肌肉始终以某种张力收缩，而收缩速度始终恒定。由于肌肉等动收缩，如自由泳的划臂动作，肌肉的长度和张力都发生变化，因此它的优点是集等长收缩和等张收缩之所长，使练习者肌肉在各个关节角度上用力基本均等，且均具有足够刺激。现在有目的地进行等动性收缩，一般皆利用特制的等动练习器，通过速度控制器的机械作用，以保证不管张力多大，肌肉收缩的速度始终保持恒定。同时还可以保证肌肉在整个活动范围内达到理想的生理负荷（即主观上尽量用最大力量为前提）。

（三）中枢神经系统的调节机能

大脑皮质既具有相适应的神经兴奋和抑制过程，又具有最适宜的灵活性，从而积极动员了植物性神经系统和内分泌功能，能够协调肌肉在运动训练中发挥更大的作用。亦即神经过程强度越大越集中，肌肉力量发挥越大。这也说明了中枢神经系统的机能状态如何，直接影响肌肉的力量。

（四）肌肉工作的基本形式

1. 肌肉的动力工作

肌肉工作时产生的力，使关节的运动发生变化，肌肉的长度缩短或变长，收缩强度也发生变化，称为肌肉的动力工作。

1）向心工作

肌肉收缩时，肌力大于阻力，肌肉的起点、止点相互接近，关节朝着肌拉力方向运动，肌肉长度缩短变粗的收缩形式称为肌肉的向心工作。

例如，举腿动作，弯举（肱二头肌）、屈髋肌群（髂腰肌、股直肌、缝匠肌及阔筋膜张肌）完成向心工作。肌肉在做向心工作时，外形上常变粗变短。

2）离心工作

当肌力小于阻力，肌肉的起、止点彼此向分离方向移动，肌肉长度变长、变细的收缩形式称为离心工作。

例如，腿慢慢放下时，屈髋肌群完成离心工作。

2. 肌肉的静力工作

肌肉的起止点位置相对固定，肌肉的长度不发生变化的收缩形式，称为静力工作。

1）支持工作

肌肉以一定的紧张度来平衡阻力，保持某种静止姿势的工作，称支持工作。肌肉完成支持工作有两种形式：肌肉较长时间地保持缩短状态来平衡阻力。例如，在双杠直角支撑动作中，髂腰肌，股直肌等较长时间保持缩短状态克服重力，使大腿在髋关节处保持屈的姿势；肌肉长时间保持伸长状态来平衡阻力。

2）加固工作

关节周围的肌肉持续收缩，克服外力使关节互相脱离的力，肌肉的这种工作称为加固工作。例如，单杠直臂悬垂时，肩、肘、腕关节周围的肌肉在被拉长的趋势中，以一定的紧张度，防止肩、肘、腕三关节在重力作用下脱离。这些肌肉的动作就是加固动作。

3）固定工作

原动肌和对抗肌同时作用，共同完成支撑性紧张以固定关节，称为固定肌。例如，手倒立动作中，脊柱的屈、伸肌群同时紧张，共同完成支撑性紧张来固定躯干，这时脊柱的屈、伸肌群的工作就是固定工作。特点：互相拮抗肌群共同收缩，长度不变。原因：力量互相平衡、抵消。肌肉的静力工作属于易疲劳的工作，这是由于肌肉静力工作中产生的代谢产物，不像其他肌肉工作那样容易排除。

（五）力量训练的要求

（1）力量训练要全面：即一方面要使大肌肉群和主要肌肉群得到锻炼；另一方面，也要发展那些薄弱的肌肉群和小肌肉群的力量。须注意的是：练习安排必须遵循大肌肉群练习在前，小肌肉群练习在后的原则。这是因为小肌肉群比大肌肉群较早或较容易疲劳的缘故。

（2）力量练习的动作幅度要大：即肌纤维在一定范围内拉得越长，其收缩力量就越大。因此每次练习的时候，无论是准备活动还是力量训练，都要把力量做到最大限度，而只有一个人心中有必胜的信念时方可培养出此种状态。而且为了培养出这种状态，经常需做比平常人更久、更苦、更快的练习。

（3）力量训练后，要特别注意放松。如果注意放松，就会使肌肉因失去弹性而僵硬。

（4）力量练习时，大脑皮层的兴奋性要高。因为兴奋性高时，发出的神经冲动就会强而集中，动员参加收缩的肌纤维数量或运动单位数量就多，力量训练效果就会更好。

（5）力量训练要与专项技术动作相结合，也就是说，力量练习要有的放矢，选择与专项技术动作的结构和发力模式相似的动作进行，达到提高专项技能的目的。

第二节　力量训练的方法

一、最大力量的训练

最大力量训练法，即以个人的次极限到极限负荷的重复训练来发展力量的大负荷训练法。训练强度为极限负荷的85%~100%，重复次数为1~6次，一般认为用70%~85%的负荷强度，提高重复次数也属于最大力量训练范畴。其主要训练效果在于改善肌肉协调性，缩短快肌纤维的收缩时间，增加肌肉横断面的快速力量，提高最大静力力量。

在短跑运动中，运动员要克服的外力主要是自身重量在快速运动中带来的阻力。力量是在短时间快速运动中肌肉协调发挥力量的能力体现，所以在运动训练中更多采用快速力量训练法。同时也考虑到用最大力量训练法所获得的力量在短跑中不见得能全部发挥出来，也就更少采用最大力量训练法。这种理解有一定局限性，从

速度力量指数=可能达到的最大力量值/发挥最大力量值所需时间

的量化公式看，发展最大力量和缩短用力时间都能提高快速力量。在力量训练的实践中用最大力量训练法来提高绝对力量，在发展最大力量潜力基础上发展速度力量更为经济实用。从一些资料和与教练员的经验交流中了解到，很多短跑教练员比较注重发展运动员力量素质，按照“大负荷力量训练—中、小负荷快速力量训练—专门的协调性练习”的顺序，采用综合性的训练方法进行训练。但目前缺乏广泛的实践经验，尚需不断总结和完善。

二、速度力量（快速力量）的训练

由于速度力量具有速度和力量的综合特征，一般都用提高肌肉用力的能力及提高肌肉收缩的速度来提高运动员的速度力量。其中，发展运动员肌肉用力的能力是发展速度力量的基础；而提高肌肉收缩的速度是发展快速力量的决定力量。体育运动项目绝大多数是在快速节奏下或爆发用力的情况下完成的。各种情况下的起动速度、投掷中的鞭打速度、体操的团身、转体速度等都需要肌肉的用力能力和肌肉的收缩速度，表现在体育运动中为起动力量、爆发力、反应力等。

（一）发展起动力的方法

在最短时间内（通常不到150 ms）最快地发挥下肢力量，称为起动力。运动实践证明：最大力量水平是起动力的基本因素。许多力量型运动员，如投掷、举重运动员，尽管其体重大大超过了100 kg，也很少从事过专门的短跑训练，但他们的起动速度都非常出色。发展起动力的负荷特征是采用30%~50%的负荷强度，进行3~6组，每组5~10次，每组间歇1~3 min。发展起动

力的练习方法多种多样：

（1）利用地形地物做各种短跑练习，如沙地跑、上下坡跑、跑阶梯等。

（2）利用器械、仪器做各种跑的练习，如穿加重背心的起跑加速、加速跑突然改变方向跑、计时短跑、系铅腰带的加速跑、负轻杠铃短跑等。

（3）利用同伴的各种助力做加速跑、牵引跑、各种准备姿势的听信号起动跑等。另外，发展弹跳反应力的练习也都是发展起动力的良好手段。

（二）发展爆发力的方法

在最短的时间（150 ms内）以最大的加速度克服一定阻力的能力，称为爆发力。它对于多数速度力量型项目（如跳远的起跳动作）是一个决定性因素。爆发力也同样依赖于最大力量水平。所以任何发展最大力量的方法也适应于发展爆发力的练习。

但发展爆发力练习的负荷特征是：负荷强度一般采用70%~90%、练习组数3~6组，每组做5~6次，每组间歇3 min。曾有苏联运动员安排18周发展爆发力，收到良好效果：前6周从事跳跃练习；中间6周进行大重量的快速杠铃练习；后6周做跳深练习。

（三）发展反应力的方法

当人体运动时，肌肉链牵制着人体运动的速度，引起牵张反应。由于来自眼、颈部本体感受器的刺激，牵张反射经常受到修正从而发生反射条件运动。这种反射性运动能使运动着的人体获得很高的加速度，产生朝相反方向运动的能力。在制动的离心阶段，活动的肌肉被拉长，在加速的向心阶段，肌肉迅速收缩。这种形式通过各种动作表现出来，一种是以跳跃为主的弹跳反应力，一种是以击打、鞭打、踢踹为主的击打反应力。上述两种形式的差别在于不同的刺激关系。以跳深为典型的反应形式中，肌肉拉长是因刺激向下运动的身体受重力作用进行的。相反，以击打为典型的反应形式中，肌肉拉长是因对抗肌肉用力引起的，这种被拉长并不是积极的，因此，拉长—收缩周期比跳深慢得多。

1. 发展弹跳反应力

发展弹跳反应力的方法很多，比较有效的方法有：

（1）跳深：下落高度41~107 cm。若采用较低高度，有利于发展最大速度；若采用较高高度，可发展最大力量。要求跳下后立即向上跳起，尽量高跳。这种练习1周可安排2次，每次4 组，每组8~12次，组间间歇2 min。疲劳时不宜做此练习。

（2）各种跳跃练习：跨步跳、多级跳、负重连续跳、跳台阶、跳上跳下等。优秀运动员往往把短跳练习结合，用以提高反应力。

可以采用以下练习方法发展弹跳反应力：手持4.5 kg哑铃蹲跳起；肩负22.5 kg杠铃蹲跳起；肩负45 kg杠铃快速分腿跳等。

2. 发展击打反应力

许多竞技运动项目都有击打、鞭打、出手、踢踹等动作。特别是提高对抗肌的力量是这些运动项目训练的重要任务。优秀运动员中发展击打反应力的练习有：

（1）发展对抗肌的退让性练习。用超过本人最大负荷量的10%~50%卧推，要求加助力推起，加保护慢放下。用上述负荷强度和方法进行深蹲，两手持哑铃做仰卧直臂下压。要求直臂下压时快，直臂后摆时慢。

（2）发展对抗肌和击打速度的模仿性练习。利用滑轮拉力器、橡皮筋、小哑铃、石块、短棒等模仿击打、鞭打、投、踢和踹等动作，注意完成动作的幅度。

完成动作前的拉长动作应具有足够引起鞭打性的肌肉紧张，开始位置（关节角度）必须与比赛中动作的位置一致，根据所选负荷和运动员的训练状态，此练习每组不可超过8次。

发展速度力量，重点是把力量与速度很好地结合起来，才能转化为速度力量。在训练实践中，要科学地调整动作力量和动作速度，长时间地采用恒定负荷，就会使动作速度固定，影响速度力量的发展。负荷强度的安排应按周期性、波浪式变化，也应注意使身体局部的速度力量能力与全身速度力量能力结合起来。

三、力量耐力的训练

（一）发展绝对力量

绝对力量即人在完成某种动作时所表现的力量，不考虑与其本人体重的关系。发展绝对力量的方法，最重要的是选择重量大小的问题，如果不进行系统的克服相当大重量的训练，肌肉的最大力量就不会增长，采用重复次数少而大的训练，最有利于发展肌肉力量，重量的大小一般采用最大力量的百分比或一次训练能重复的次数来确定，发展最大力量采用能重复1~3次的重量（相当于本人最大力量的85%~95%的强度）进行3~5组训练，组间休息1~3 min，隔天训练一次效果最佳。健美训练者会定期进行肌肉绝对力量专项训练。但在健美训练中主要是发展肌肉体积，发展肌肉体积最有效的重量是本人能连续做8~12次，最低不少于6次，最多不超过15次的重量。如果只能连续做5次以下，就只发展肌肉力量而很少增大肌肉体积。重复次数多而重量中等的训练，可增大肌肉体积及肌肉耐久力，如果进行重复次数能超过20次的重量的训练，则肌肉力量和肌肉体积很少增长，会消耗体内能量，减少脂肪和发展肌肉耐久力，所以，要增加肌肉力量和肌肉体积就要在训练能重复次数超过12次时，便增加重量，重复次数不到8次时，就要减轻重量进行训练。但要注意，不经常从事力量锻炼的人，最初采用的重量不能过大，因为力量训练的效果在最初阶段几乎不取决于重量大小，只要重量超过一定的最低限度（约为最大重量的40%即可）。

（二）发展速度力量

从事发展速度力量训练时，疲劳出现得较晚。发展速度力量与发展绝对力量的方法有所不同，要适当降低重量，用最快的速度来完成动作，发展速度力量采用大强度的间歇训练法，即60%~80%的强度，每组5~10次，以爆发性速度训练4~6组，组间休息2~5 min。

（三）力量练习中的呼吸

极限重量或大重量时需要憋气，即在紧闭声门的条件下使肌肉紧张用力，对训练者在吸气、呼气和憋气的情况下进行肱二头肌力量测定的结果表明：吸气时举起25 kg，呼气时举起28 kg，憋气时举起32 kg。憋气能提高肌肉用力，但憋气对心血管系统的活动会产生一些不利因素，会引起胸廓内压增加，使肺部的血液循环产生障碍，长时间憋气会影响训练效果，而且易产生头昏、恶心、过早疲劳等弊端，甚至导致短暂脑贫血或休克。为了避免这些现象，在进行力量训练时必须注意：在短时间内必需最大用力时才允许憋气，当有条件不憋气的时候，不要憋气；对初学者进行力量锻炼所用的极限（最大）和次极限负重力量不能过大；在完成力量训练前不应做最大吸气，以做中度吸气为宜；用狭窄的声门呼气（舌尖顶住上牙膛）可以达到类似憋气时同样大的力量，因此尽可能不憋气，以慢呼气完成最大用力训练为好；训练时的呼吸还应随动作而变，正确呼吸不仅要起到供氧作用，而且能固定肩带起到调整体位和协助完成动作的重要作用。

（四）发展力量应遵循的原则和要求

超负荷和逐渐增加负荷原则。超负荷就是按某人能承担的最大负荷或接近最大负荷进行训练，适应后要使力量训练的负荷（重量）逐渐增大，超过原来的最大负荷（重量），才能不断发展力量。超负荷能迫使更多的肌肉群参加最大收缩，刺激人体产生一系列生理适应性变化，增加肌肉力量，小负荷只能使肌肉力量保持原有的水平，甚至会有所下降。力量增长后。必须逐渐增加负荷，例如某训练者平卧推举重量能重复8次才出现疲劳，这种重量就是该训练者中上等强度的负荷量，用这一负荷进行训练，直到能举到12次后，便可增加重量，增加量以可以达到最多能举8次为准，使肌肉在每次训练中始终处于超负荷的收缩状态。

训练要遵循先练大肌肉群，后练小肌肉群，全身不同肌肉群交替进行训练的原则。人体总力量最大相关肌肉群有：脊柱的伸肌、脊柱的屈肌和髋关节周围的肌肉、腿部肌肉、双臂伸肌、胸大肌等五大肌群，在身体训练过程中，要注意在全面发展肌肉力量的基础上，还要采用专门性训练来发展这些肌肉群的力量。

（五）按力量增长规律训练的原则

举最大负荷（重量）50%以上的重量，增加重量—增加次数和组数—增加重量—再增加次数和组数—再增加重量，循环往复，坚持六周以上，每周三次。力量训练要坚持，如果停止5~7天，力量就开始消退，所以，训练者以隔天一次训练为适宜。在训练中应培养肌肉放松能力，在热身活动后，力量训练前和训练间做有关肌肉群、关节和韧带的伸展活动，可使肌肉尽量放松，消除疲劳；同时可提高训练效果，使肌肉变得更有弹性，增加肌力、减少受伤。增强体质与防病治病密切相关，所以身体训练必须与身体健康相结合，就是说：增进健康，除坚持训练外，必须遵守严格的生活作息制度，养成良好的卫生习惯，有规律地生活作息，保证充足的睡眠和必要的休息，合理的营养和饮食都将对促进身体健康有良好的作用。

身体训练要讲究实效，从个人实际出发，并持之以恒，才能收到良好效果，但必须注意身体全面发展，人体是一个有机的整体，各个器官系统相互影响、相互促进，人体各个器官系统的活动机能需要一个逐步提高、逐步适应的过程，如违反这一规律，不仅不能很好地增强体质，而且会损害健康。

何时为锻炼身体的最佳时间？多年来，人们习惯上认为锻炼身体以早晨为最佳，其次是黄昏，因为早晨的空气最新鲜。但是由于城市空气污染的缘故，最佳锻炼时间也发生了变化。研究证明，在一般情况下空气污染每天有两个高峰期，一个为日出前，一个为傍晚。特别是冬季，早晨和傍晚在冷高压的影响下往往会有气温逆增现象，即上层气温高，而地表气温低，大气对流近乎停止。因此地面上的有害污染物不能向大气上层扩散，停留在下层呼吸带。在工业集中或高楼林立的居民区及汽车飞驰而过的道路两旁，这种现象尤为典型。这时，有害气体要高出正常情况下的2~3倍。一个健康的成年人每 min呼吸16~20次，一天吸入空气约10 m^3。而锻炼时，由于代谢的需要，吸入的空气往往是正常状态下的2~3倍。所以锻炼时环境与时间的选择显得尤为重要。什么时间的空气最洁净？实验研究证明，每天上午10点与下午3点左右相对最佳。由于每个人生活、工作的环境空气质量不同，因此在户外锻炼时还要注意大气污染指数的变化。如果一段时间内或某一地段里大气污染指数过高，就应该调整锻炼地点。

四、各种收缩方式力量练习效果的评价

基本的力量训练方法主要分两大类，在训练时关节不动的静力性练习和关节运动的动力性练习；动力性练习又分两类，肌肉在发力时长度缩短的向心练习和肌肉在发力时长度被拉长的离心练习；而向心练习还分两种，在关节运动的整个过程中肌肉发力大小都不变的等张练习和在关节运动的整个过程中运动速度不变的等速运动。

（一）静力性练习方法的主要优点和缺点

1. 优点

（1）可以很好地增强肌肉的耐力和提高肌肉的力量。

（2）可以让肌肉长时间最大用力，从而可对许多肌群都产生训练作用。

（3）可以有选择地训练某些肌肉，当一些肌肉处于静力紧张状态时，可以准确地体会肌肉发力的感觉。

（4）省时、省地方，且所需器械及方法简单，可在较短的时间内耗尽体能。

2. 缺点

（1）力量增长只局限于训练所采用的角度上，不能使肌肉和关节达到最大幅度的运动，对动作速度有所影响。

（2）对改善神经肌肉的协调性效果不明显。

（3）在大强度静力训练中，由于血液循环条件不良和憋气等，容易引起血压升高，可能出现危险。

（二）等张性练习方法的主要优点和缺点

1. 优点

（1）能很好地增强动力性力量。

（2）能更好地发展神经肌肉的协调性。

（3）能更好地增强力量和增大肌肉体积。

（4）可使全身各部位的动作幅度达到最大，有利于提高肌肉的收缩速度。

（5）能产生混合训练效果。

（6）能使更多的肌群得到锻炼，并能产生良好的心理效应。

2. 缺点

（1）不能在整个动作过程中保证肌肉每一次收缩的负荷都相等，因此肌肉只能在活动过程中的某个阶段承受最大负荷。

（2）只能按力量最弱的关节角度来安排负荷，容易造成某些角度上肌肉负荷不足，因而解决不了肌肉全范围训练这一关键问题。

（3）在运用极限重量或快速进行等张性练习时，容易受伤。

（三）等速练习的优点和缺点

1. 优点

（1）可使肌肉在动作的全过程中承受适宜的负荷量，并能使肌肉在整个运动范围都受到最大阻力，因此可使肌肉进行全范围训练，这样可取得其他力量练习方法达不到的训练效果。

（2）可使动作速度在很大范围内变化，这样有助于增加参与工作的肌纤维数量，也能控制动作时的速度。

（3）能在较短的时期内明显提高肌肉力量，缩短练习时间。

（4）不易出现肌膜炎和受伤的可能。

（5）进行等动练习时，可明显降低肌肉疼痛的感觉。

2. 缺点

（1）由于等速练习的速度受到控制，因此限制了爆发力量的增长。

（2）肌肉只能在向心收缩的状态完成动作，因此一般等速练习器上不能进行离心练习。

（3）关节运动的起点、终点无阻力，导致起点、终点位置时的肌肉不能达到最大负荷。

（4）大多数动作特征受到限制。

（5）不能使关节灵活性达到很高的水平。

（6）经费不足的单位难以购置等速练习器。

（四）离心练习的优点和缺点

1. 优点

（1）离心练习能使运动员较多地动用体能。

（2）由于刺激时间长、强度大，因而对神经肌肉系统产生超量负荷，使肌肉力量特别是最大力量得到明显增长。

2. 缺点

（1）强度很大容易出现损伤。

（2）与等张性和静力性练习相比，强度大的退让性练习会导致肌肉疼痛的持续时间更长。

每种训练方法都有它的优缺点，使用不同的组合，不断地调整才能达到更好的训练效果，比如在刚开始练习的时候，可以更多地用静力性练习来寻找肌肉发力的感觉和肌肉耐力，之后可以用动力性的练习更快地增长肌肉力量和肌肉体积。要灵活地训练，找准自己需要什么，不断调整训练方法，切勿盲目练习。

第三节　青少年力量素质训练内容设计

青少年力量训练是体能各维度的重点，本部分基于青少年体能训练目标进行分析。总体来看，当前对青少年力量训练的研究和讨论热度较高，如青少年是否真的需要力量训练，力量训练是否会影响骨骼发育，进行力量训练是否安全，能够承受多大强度的力量训练，等等。这不仅是学术研究的焦点，也是实践领域得到的不同反馈，反映出青少年对力量练习缺乏相应的理解。无疑青少年进行正确的力量训练带来的益处是多方面的，能够增加青少年的骨密度、力量、爆发力，甚至是提高自尊心和自信心，同时还有降低体脂百分比的效果。在训练的安全性方面，力量训练能够起到运动伤病预防的作用。此外，力量训练在提高运动表现方面也有较大优势，也能使青少年有一个积极的生活态度，预防心理亚健康。

一、力量素质发展访谈调查结果及分析

从传统训练学角度将力量进行分类，认为青少年力量训练的侧重点依次为力量耐力、快速力量、反应力量、最大力量等。有研究表明，青少年力量类型随着年龄发展呈不同偏重，力量耐力所占比重随着年龄逐渐减小，中小负荷的力量训练对第一部分的身体姿态有一定的影响作用，而快速力量和爆发力逐渐成为适应发展的维度，顺应了力量发展规律，也符合青少年身体发育特征和运动素质敏感期要求。

二、力量素质训练内容分类构建

对青少年力量素质进行详细分析，认为力量作为一项最基础的身体素质，是以骨骼和神经肌肉为生理学基础，在收缩时克服、对抗不同阻力的能力。青少年力量所对抗的多数阻力来源于自身体重，阻力练习器械等。为了使训练的目的性更强，就训练目的、实践情况来分，青少年的力量素质可以分为反应力量、快速力量、力量耐力、最大力量、相对力量；按照练习阶段和练习目的可以分为基础力量（或一般性力量）、应用性力量（或专项力量）。随着体能训练、功能性训练等训练学科的发展，提出了应该在力量训练中适当遵循类似功能性金字塔的方法。特别是对于青少年来说，完成大负荷的前提一定是该关节有一定的基础力量、功能性力量作为支撑。如在完成篮球胸前传球的动作之前，双臂在胸前“推”和“拉”的动作一定是适合关节的解剖学功能的，而且应该是有一定的基础力量将球传出去，这才保证能有一定的速度且不易受伤。因此，从力量练习阶段和练习目的来看，青少年不同类型力量的增长，都是以关节解剖功能动作的顺利完成，以及一定负荷的承受能力为支撑的。

在多种力量类型中，青少年最大力量训练尚存在较多争议。较为典型的矛盾点是最大力量练习是否会影响青少年身体发育，特别是对身高的影响，国内普遍认为18岁以下青少年应减少或不适用最大力量练习，然而也有研究表明喜欢大力量以及次最大力量练习对身高等形态学指标发育并没有影响，但在训练中需要对练习动作和负荷进行严格控制，比如在额状面上的发力动作，力线尽可能垂直于地面，防止骨骼和关节受力不均造成的形态变化，防止动作错误而造成的伤病。

同样力量的青少年，体重更轻的相对力量更好。作为一项重要的力量素质，相对力量早已是某些项目（如体操）的选材标准，但对普通青少年提及不多，一方面是由于相对力量已经融入其他内容中；另一方面是相对力量要求较高，在保持体重或者较低幅度的增长的瘦体重的要求方面也不符合青少年发育的规律。

快速力量中的动作完成速度和负荷之间不同的比例结合，使力量训练得出不同效果，人体在接收反射信号时，依据大脑和外周神经系统的判断和快速传递，发射神经冲动，募集肌纤维完成动作。在传统力量训练中，快速力量无论承载的负荷大或者小，都要求完成动作的速度绝对快，保证动作迅速的情况下，还达到一定的功率。由于青少年处于神经和肌肉的协调发育敏感期，也让快速力量在青少年阶段作为一种典型的力量素质存在。快速力量在身体素质和运动

项目中多体现在启动、变速的时间上，为快速完成动作提供了支持。因此，在青少年快速力量练习时需要首先保证快速完成动作的能力，而非更大的负荷。

青少年力量耐力是目前较为普遍使用的训练内容，中低负荷及较多的重复次数是较多使用的负荷区间，例如自身体重深蹲练习直至力竭。而这种力量耐力训练的主观感受较强，对青少年的神经肌肉系统都有一定程度的刺激，同时力量耐力也是最为基础的训练手段，对建立动作模式和发展基础耐力都有很大益处。

近来随着运动康复手段在体能中的运用，养护性力量或养护性训练在竞技领域被提出。他不同于基础力量练习，主要作用是维护关节稳定性力量，提升小肌肉群力量来达到完成动作时的姿势稳定度。青少年参与力量训练的伤病率较高，一部分是由于过重的负荷对正在发育期的肌肉和骨骼造成的拉力，另外在学习和练习动作时，青少年没有通过力量训练形成良好的技术动作，并且像成人那样充分激活身体的肌肉群来保护机体，最具有典型性的伤病如肩袖部位肌肉的不稳定造成扔、推、拉等动作的伤病。

综上，青少年身体快速发育且基础力量不足，无法实现一定负荷的关节功能，受个体身形姿态因素的影响，如过胖和偏瘦，使力量显得捉襟见肘。爆发力作为高质量的力量要素，在基础不牢固的情况下，也难以有更好的运动表现。因此，单从力量素质来说，青少年在训练中应该是从小强度多次数逐渐到中小强度中等次数进行转变，依次发展力量耐力，快速力量，以及低、中强度的快速伸缩能力。

三、力量训练内容、特征及注意事项

（一）力量训练的内容、特征

在青春期以前及青春期前期，受运动系统及内分泌系统等生理因素的影响，青少年的力量水平较低，力量发展变化并不明显。随着年龄的增长，进入力量素质敏感期，适应青少年力量发展的生理系统逐步被唤醒，有研究提出相应的力量训练能够提高某项力量指标，力量训练原则的适用度也逐步提高。

青少年力量训练负荷随着年龄增长呈现出渐进式变化，总体上为负荷强度的逐步提升和训练量的稳步下降，这是由不同年龄段相应的训练目的和生理特征决定的。

第一阶段，11~12岁。这是研究力量训练的起始点，青少年在这一时期生理和心理都处于转变期，主要受到青春期和青春期前期的影响，生理上的突增期使这一阶段的力量训练至关重要，功能性力量和基础力量将维持关节的基本功能，以增强肌肉的有氧代谢能力为主要目的，为后续力量训练打下基础。这一阶段的训练通过讲解和游戏的手段，使青少年初步认识力量和力量训练。训练负荷建议采用低强度、低或中等负荷，这不仅是遵从身体发育特征，也是为了更加准确地学习基础训练动作，在保证质量的同时，提高青少年的训练兴趣，避免出现练习后的恐惧心理和排斥心理。

第二阶段，13~14岁。青少年进入青春期后，力量训练目标在原来的基础上加入小负荷的力量速度练习，即在完成一定负荷的情况下提高完成速度，由于青少年具有了一定的力量训练基础，在关节功能完善的情况下能够承担一定负荷，在适应性原则的指导下，应逐步增加负荷，但仍以负荷量为主线，穿插一定中等强度的练习，一方面刺激神经肌肉系统的协调发展，另一方面也为下一阶段的快速力量奠定基础。

第三阶段，15~16岁。从生物学发育特征来看，该阶段较前两个阶段开始有质的提升，和力量相关的激素，如睾酮等都有了较为明显的提升。在采用小负荷和自身重量练习之后，杠铃等器械就可以加入训练计划中，但安全要素仍然是重中之重。负荷以中等重量为主，负荷量逐渐提高。

第四阶段，17~18岁。该阶段力量发展水平逐渐接近成人，在竞技体育领域的青少年运动员已经接受次最大力量和最大力量训练。该阶段是青少年与成人对接的重要时期，在前三个阶段的基础上，可以通过周期理论来指导力量训练，然而从目前现状来看，这一阶段的青少年处于升学时期，环境因素使他们可能无法进行相应训练，因此在体能训练中应采用更加易行的途径实施。

需要指出的是，目前18岁以上运动员力量的训练原则是采用源于20世纪60年代Bompa基于人体的生物适应规律提出不同类型力量的发展模型，该模型认为不同类型的力量是遵循一定的顺序的，即神经肌肉的解剖学适应、肌肉维度的肥大、最大力量的提高、爆发力或耐力的转换、最佳运动表现期、过渡或下降期等。力量训练的标准应以不同时期的肌肉特性进行规划。但是由于评测手段差异及生长发育要求的力量类型不同，力量训练指导思想对不同类型训练的训练目标也不尽相同，在这一年龄段提升肌肉耐力、肌肉维度、爆发力等力量的训练思路值得思考。而较为普遍的方法有最大力量（次最大力量）训练法、极限次数训练法、金字塔训练法等。从青少年力量训练长期发展来看，传统训练学认为少儿应避免大强度训练，以克服自身体重的力量耐力训练为主，改善肌肉的毛细血管和肌红蛋白提升运输氧的能力。也有将青少年力量训练以训练部位进行区分，进行上下肢、躯干力量训练；从具体年龄和生长发育状况来看，目前研究并没有进行具体划分。因此，研究认为青少年处于基础训练阶段，在青少年运动员力量训练安排中，应强调前期力量的培养，避免过早出现力量主导的运动表现，从而造成了其他素质的忽略。

（二）力量训练的注意事项

1. 动作完成质量优先于力量发展水平

青少年进行力量训练使用过大、过频的负荷进行刺激，极易造成运动损伤，这就给力量训练的大范围推广带来了一定的困难，在实践中使训练负荷始终处于过大或过小的极端。虽然不同阶段的训练负荷已经探讨过，但是训练的控制性及动作的完成度是青少年力量训练更容易操作的部分。

2. 核心区与四肢力量相结合

青少年的肌肉发育特征决定了力量表现的独特性，由于人体不同部位的肌肉发育并不是同步进行的，呈现出躯干肌群先于四肢肌群，屈曲肌群先于伸展肌群，上肢先于下肢，大肌肉群先于小肌肉群的特征。在力量训练的安排中，训练内容的选择须依据相关原则进行筛选，不同年龄段的训练内容尽量符合身体各部位的发育顺序。如核心区力量训练可以早于蹲举力量练习；关节的屈曲力量练习先于伸展力量练习；提拉推抱等动作相关力量的练习优于跑跳踢蹬等动作力量的练习，等等。此外，从目前多数研究来看，本应处于优先发展的肌肉并没有按规律进行，造成相应力量的缺失，在相关训练中应据实进行纠正性和促进性训练。

3. 优势、弱势侧肌肉力量平衡

肌肉力量平衡是维持健康形态的基础，也是动作准确性的保障，同时具有预防运动损伤的效果。从维持健康形态的角度看，在当前青少年群体中，含胸、驼背、脊柱侧弯等问题的出现，其根本原因则是不同侧肌肉力量不均造成的，对健康身体形态的维持需要进行相应的弱势侧力量训练，如有含胸症状的青少年需要背部稳定性肌群的力量训练；在动作准确性练习中，主动肌、拮抗肌和中和肌之间的力量协调发展是关键，如在跑步练习中，屈髋肌群过于强大，很可能会造成伸髋肌群的运动损伤，需要一定的针对性练习。

（三）肌肉的单一功能和多功能相结合

功能性力量训练作为体能训练的重要部分，不仅能够提升运动表现，对机体基本活动功能的提升也具有较大作用。虽然在青少年力量练习中很少会出现单关节运动，但是练习动作之间的不连贯现象仍然会使得力量表现出现不协调，如助跑与起跳之间的力量转换，使得速度力量在较高速度下无法转化为纵向爆发力。由于青少年动作储备较少，缺失多关节的力量练习而只采用较为单一的力量练习，如下肢的伸膝力量训练，通过蹬踏的反作用力能够短期提高运动表现，但是动作的不协调和功能之间缺乏衔接，对体能的长期发展是极为不利的。综上所述，由于青少年生理及心理发育等特征，青少年力量训练以基础力量、稳定性力量、力量耐力为主，发展快速力量和爆发力，避免不适合该阶段的最大力量，重点在于发力顺序及神经肌肉系统的训练，目标是提升基础力量、稳定性力量。

四、力量训练项目和手段

（一）力量训练模块

青少年力量训练手段分为提升关节基础力量及力量耐力的训练模块，提高快速力量和爆发力的训练模块，前者以基础力量和功能性力量为主，为后期训练奠定基础，见表3-1。

表3-1　力量训练

训练模块	训练动作
提升关节基础力量及力量耐力的训练模块	基础关节力量训练：下肢膝关节屈伸对抗不同阻力练习，下肢踝关节屈伸对抗不同阻力练习等
	静态、动态核心区力量练习：俯桥、背桥、侧桥支撑等
	核心稳态、非稳态力量练习：稳态（非稳态）背桥支撑、屈伸等
	卧姿髋关节屈伸、展收力量练习等
	功能性力量：肩关节内收外展，前推后拉动作练习，肘关节、腕关节屈伸力量练习，手指屈伸抓握力量练习等
提高快速力量和爆发力的训练模块	不同负荷的快速伸缩复合练习：站姿前倾快速推墙练习，前（后）跨步剪蹲快速回撤、小负荷快速跨步剪蹲跳、固定时间扶墙高抬腿、弹力带快速伸（屈）髋，适宜高度跳深练习，仰卧双人配合传球练习，站姿（跪姿）前后、侧向传实心球练习等
	爆发力练习：实心球上抛、下摔、侧抛，哑铃（杠铃）快速提拉、高翻或抓举等

（二）力量训练方法

1. 臀部力量的训练

1）臀部力量的训练效果

（1）改善腰背痛。经常锻炼臀部肌肉，能够让腰部的力量提升，能够非常有效地改善腰背痛。

（2）改善膝盖疼。如今因为久坐，多数人都有骨盆后倾问题。骨盆后倾会导致髋关节灵活度受限，下蹲时膝关节压力变大。练臀可以改善髋关节灵活度，减轻膝关节压力。

（3）高效燃脂。臀部是人们身体中脂肪含量比较高的一个部位，所以经常进行臀部的训练也会高效地燃脂，比很多运动燃脂效果更好。

（4）改善腿型。臀部和腿部其实是不分家的，这两个部位，不论锻炼哪个部位，都会对另一个部位有一定的改善效果，如果臀部比较肥大，对于腿型的影响也很大，如果能够经常进行臀部的锻炼，也能够让不良腿型得到很大的改善。

（5）改善循环。练臀可以提高骨盆的稳定性。骨盆稳定后，周边的循环系统自然得到改善，腿脚冰凉之类的问题也会消失。循环系统好了，还可以改善和预防女性妇科问题。

2）臀部力量训练的方法

臀肌（臀大、中、小肌）的功能很多，但对于马拉松爱好者来说，臀肌发达与否直接影响下肢反作用力的传导，很多髂胫束综合征的患者总以为问题出在膝关节，殊不知他们是因为臀肌太弱导致本来应该由髂胫束吸收的作用力下降到了膝关节处，相当于膝盖成了臀肌不发达的受害者。

在训练环境及训练条件没有改变的情况下，跑到一定的距离以后容易出现臀部酸痛的问题，说明臀部肌肉已经跟不上运动强度或者训练水平，已经成为训练中各大肌肉群的短板，那么在训练中，便需要加强对它的锻炼。

以下为七个加强臀肌力量的经典锻炼无负重动作，可根据个人情况，每个动作20~25 次，动作之间休息15 s，练完七个动作为一个完整组，每次练习 4~6组。如果臀肌的力量相对较弱，可以在正常训练过程中，刻意加强臀肌力量的练习。

（1）跪撑屈膝抬腿，膝盖弯曲（左右腿交换练），如图3-1所示。

图3-1 跪撑屈膝抬腿，膝盖弯曲

（2）仰卧臀上挺，如图3-2所示。

图3-2　仰卧臀上挺

（3）跪撑屈膝抬腿，膝盖绷直（左右腿交换练），如图3-3所示。

图3-3　跪撑屈膝抬腿，膝盖绷直

（4）深蹲，如图3-4所示。

图3-4　深蹲

（5）屈膝同时向一侧外挺（左右腿交换练），如图3-5所示。

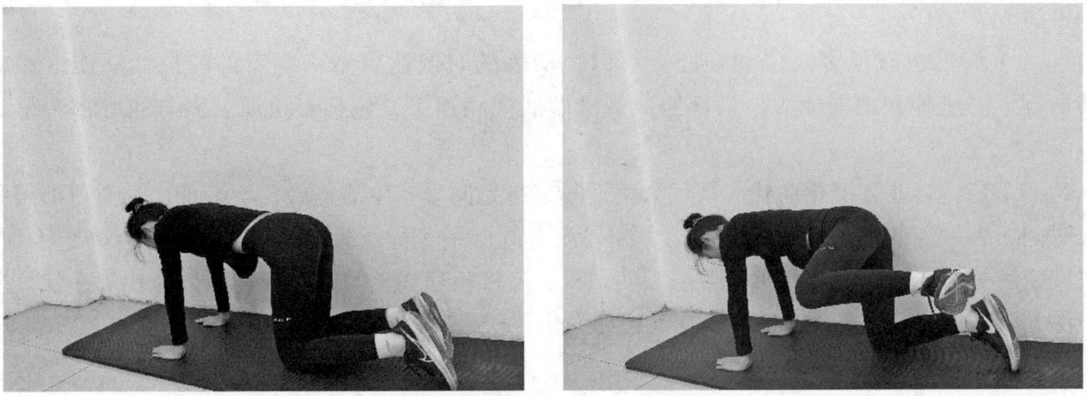

图3-5　屈膝同时向一侧外挺

（6）直腿提升稳定运动（左右腿交换练），如图3-6所示。

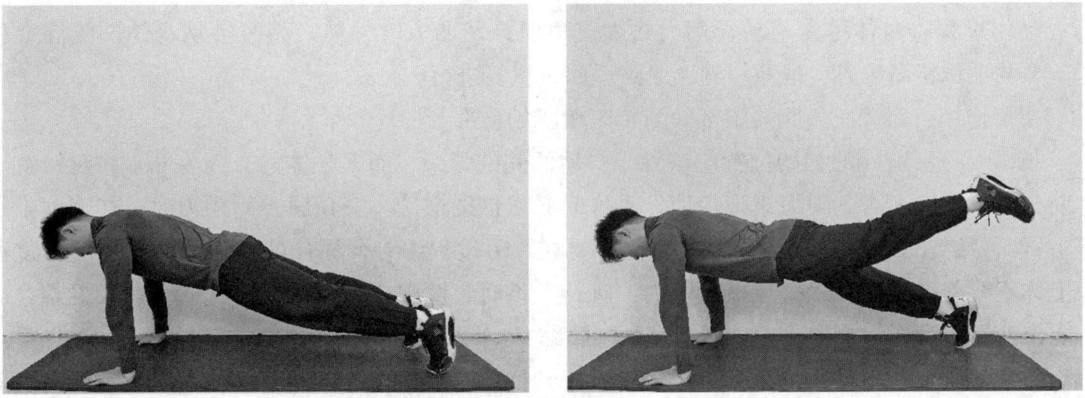

图3-6　直腿提升稳定运动

（7）侧弓步（左右腿交换练），如图3-7所示。

图3-7　侧弓步

2. 肩部力量的训练

1）肩部力量训练的效果

（1）锻炼肩部，可以使肩部肌肉增多，既能避免肩周炎，对颈部也有好处，可以防止颈椎病。

（2）肩部也有很多穴位和神经。可以在锻炼的时候适当做一些肩部的拉伸动作，如旋转肩部、外展伸和内展伸等。肩部肌肉和胸背肌肉相连接，包括三角肌、斜方肌等都会得到锻炼。

（3）避免疼痛、退化症状。现代人生活越来越趋向坐式生活方式，不论工作、学习都需要长时间、大量地使用颈部和腰部肌肉，如果没有进行颈、背部肌肉的训练，在肌肉力量不足、过度使用的情况下，将造成肌肉劳损，使颈椎、腰椎疾病找上门，出现疼痛、退化等症状，严重的甚至可能影响体态，使外观出现大幅度变化。

2）肩部力量训练的方法

（1）立式哑铃侧平举（立式飞鸟）。

起始动作：两脚平行开立，与肩同宽，上体挺胸直腰，双手各持一个哑铃，两臂微曲（大小臂之间夹角约为160°）自然下垂，置于身体两侧。

动作过程：身体尽量不动，用力收缩三角肌，使两大臂外展，将哑铃从身体两侧向上举起，至两哑铃略高于肩，稍停片刻，原路返回，重复进行。

主要作用：锻炼三角肌的中部，兼带三角肌的前部。

技术要点：哑铃的初始位置应该置于身体两侧的腿旁，而不是体前，因为如果将哑铃置于体前，对三角肌而言，阻力矩为负值，动作时必然借助惯性（三角肌开始用力时，初速度不是零）；两臂始终保持微曲，不要过曲，也不要在练习过程中有臂屈伸的动作；另外，动作过程中上体不要前俯后仰，以避免借助腰力；哑铃上举时，两腿应该保持原态，即微曲或挺直，而不能伴随屈伸动作；为了使三角肌能有顶峰收缩，应该使哑铃稍举过肩并略停片刻。

注意事项：注意使用的重量不要过重，哑铃回落时，要用力控制下落的速度，不能自由落体，以免砸伤腿部。

变化形式：哑铃侧平举动作也可用绳索或橡皮筋做阻力源代替哑铃（绳索或橡皮筋的起始点应固定在动作手的对侧下方），作用类似，如图3-8所示。

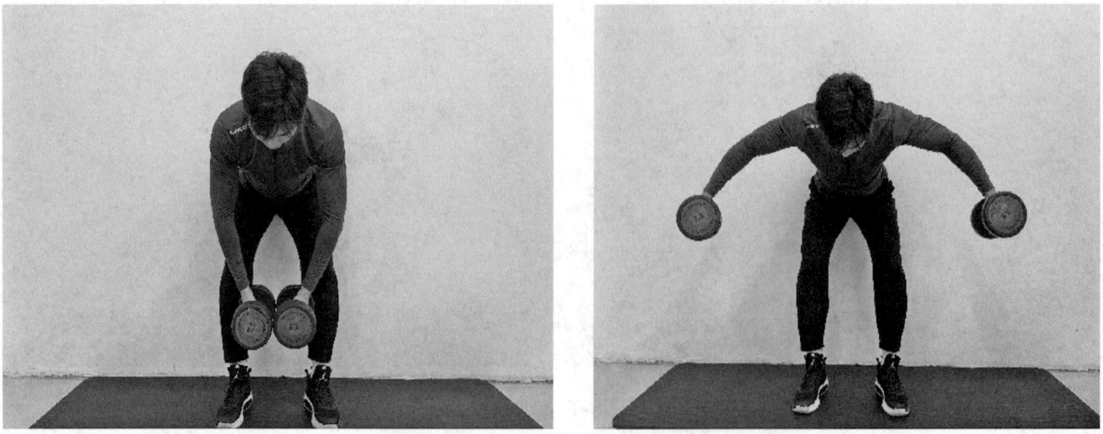

图3-8　立式哑铃侧平举

（2）屈体哑铃飞鸟（屈体飞鸟）。

起始动作：两脚平行开立，略窄于肩，上体挺胸直腰，从髋关节处前屈与地面平行，双手各持一哑铃，两臂微曲，置于两肩垂直下方。

动作过程：保持两臂微曲，将哑铃从两侧向上尽量举高，肘关节略向前上方顶起，稍停片刻，原路返回，重复进行。

主要作用：主要锻炼三角肌的后束，兼带锻炼冈下肌、小圆肌和大圆肌等。

技术要点：哑铃在初始位置时，应该置于肩关节的垂直下方，而不应该相碰，以免动作时借助惯性产生摇摆；动作过程中，上体不要上下摆动，以避免借助腰背力量；上举哑铃时，两肘应该略向前上方顶起，而不能向后上方顶起，否则背阔肌、肱三头肌等参与过多，会减弱对三角肌后束的刺激。

（3）立式哑铃交替前上举（哑铃前上举）。

起始动作：两脚平行开立，与肩同宽，上体挺胸直腰，两臂微曲，双手持哑铃与肩同宽、同高水平举在体前，如图3-9所示。

图3-9　立式哑铃交替前上举

动作过程：保持两臂微曲，一只手向上举起，同时，另一只手向下降落，上举的手臂举至肘关节水平高度超过耳朵时，两臂交替上下，重复进行。

主要作用：重点锻炼三角肌的前束，兼带练三角肌的中束等。

技术要点：动作过程中尽量保持两臂微曲不变，如动作过程中屈肘则会减小力矩，降低训练强度；尽量不要使身体晃动，以避免借力。

注意事项：动作过程中，应注意保持两哑铃的横向距离与肩同宽，不要太近，否则在哑铃交替上举过程中，容易发生碰撞，伤及手指或损坏器械。

变化形式：也可以用橡皮筋代替哑铃做此练习，作用类似。

（4）立式杠铃颈前上推（杠铃前上推）。

起始动作：两脚平行开立，与肩同宽，上体挺胸直腰，双手略窄于肩抓握杠铃，将杠铃置于体前下颌前下方，两肘向前。

动作过程：保持身体尽量不动，两臂用力将杠铃从颈前向上推起，至两臂伸直，原路返回，重复进行，如图3-10所示。

图3-10　立式杠铃颈前上推

主要作用：主要锻炼三角肌的前束，次要锻炼中束，兼带可以锻炼胸大肌上部、肱三头肌等。

技术要点：注意肘关节的起始位置应该下落在胸前下方，而不要太高，否则主要锻炼的是斜方肌；杠铃向上推时，肘关节可以不完全伸直，只要肘关节超过耳朵即可；动作过程中两腿应尽量维持原态，不要随杠铃上下做屈伸动作。

注意事项：动作过程中要控制杠铃的速度，尤其是下落时，以防砸伤下颌。

变化形式：如果在做此练习时，两肘不是向前，而是让两肘从两侧推起、落下，则主要锻炼三角肌的中束，次要锻炼前束，兼带也可锻炼胸大肌上部和肱三头肌；杠铃前上推也可采用坐式来完成，作用与立式相近。

（5）立式哑铃颈前上推（哑铃前上推）。

起始动作：两脚平行开立，与肩同宽，上体挺胸直腰，双手各持一个哑铃。手心相对置于两肩前方，两肘向前。

动作过程：两臂用力将哑铃从体前向上推起，上推过程中使小臂内旋，到最高处时原路返回，重复进行。

主要作用：与杠铃颈前上推类似。

技术要点：与杠铃颈前上推类似。

注意事项：动作过程中要注意控制哑铃的起落轨迹，保持平衡、稳定，避免发生偏斜，引起拉伤。

变化形式：如果将哑铃的起始位置分别放在两肩的旁边，使哑铃从身体两侧上推、下落，则主要锻炼三角肌的中束，次要练前束，兼带练胸大肌上部和肱三头肌；哑铃颈前上推也可采用坐式，作用、效果与立式类似。动作示范如图3-11所示。

图3-11　哑铃前上推

（6）立式单臂绳索侧上拉。

起始动作：两脚平行开立，与肩同宽，身体侧对低滑轮，远离滑轮一侧的手抓握绳索手柄，手臂随绳索自然伸直置于体前。

动作过程：身体不动，持手柄的手臂保持弯曲度不变，从体前由下向外上方用力拉引绳索，至肘关节到耳朵高度，略停片刻，原路返回，重复进行。

主要作用：主要锻炼三角肌的中束，兼带前束。

技术要点：动作过程中大小臂之间夹角尽量保持不变，避免出现臂屈伸动作，同时不要出现转体和缩肩动作。

注意事项：拉引和放回绳索时，速度要均匀、缓慢，不能猛拉、猛放，防止拉伤。

变化形式：将绳索换为橡皮筋或哑铃做此练习，作用相似。

（7）俯卧式哑铃飞鸟（俯卧飞鸟）。

起始动作：俯卧在健身长凳上，双手各持一哑铃，两臂自然下垂。

动作过程：保持两臂微曲，将哑铃从两侧向外上方同时举起，到顶峰略停片刻，原路返回，重复进行。

主要作用：重点锻炼三角肌的后束，兼带锻炼三角肌中束和斜方肌。

技术要点：动作过程中尽量保持沉肩，而不要缩肩、耸肩，否则，斜方肌参与太多，影响训练效果。

注意事项：动作之前应确认长凳周围已清理干净，没有其他哑铃或杠铃片等杂物，以免做动作时，哑铃下落过程中碰伤手指；哑铃在下落到最低点时不要互相磕碰，避免碰伤或损坏器械。

变化形式：长凳与地面的倾斜角度可根据需要进行调整，角度越大锻炼的部位越向前移，逐渐从三角肌的后束移到中束。

（8）立式杠铃前上提（立式前提拉）。

起始动作：两脚平行开立，与肩同宽，上体挺胸直腰，双手略窄于肩抓握杠铃，两臂微屈自然垂于体前。

动作过程：尽量保持身体不动，两肘关节从身体两侧向上提起，将杠铃用力从体前向上提起，至两肘略高于肩，稍停片刻，原路返回，重复进行。

主要作用：主要锻炼三角肌中束，兼带锻练三角肌前束和后束以及斜方肌、肱肌、肱桡肌等。

技术要点：杠铃的上提、下落过程中，速度要均匀、缓慢，身体尽量不要向前后晃动，避免借助腰背的力量；上提过程中，应该沉肩、避免过多借助斜方肌的力量。

注意事项：杠铃下落时，要控制速度，不要自由落体，以防拉伤肩部。

变化形式：将杠铃换为哑铃、绳索、橡皮筋等阻力源也可进行类似的练习，作用相同。

（9）立式杠铃直臂前上举（直臂前上举）。

起始动作：两脚前后开立，上体挺胸直腰，双手抓握杠铃，两臂微曲，将杠铃置于腿前。

动作过程：身体尽量不动，保持两臂微曲，用力将杠铃从体前向上举起，至两肘超过耳朵高度。略停片刻，原路返回，重复进行。

主要作用：主要锻炼三角肌前束，兼带锻炼三角肌中束、胸大肌上部和肱二头肌上端等。

技术要点：动作过程中，手臂尽量保持微曲，而不要有屈伸，避免肱肌参与过多；身体尽量不要前后晃动，以免借助身体其他部位的力量。

注意事项：注意控制杠铃下落的速度，避免砸伤腿部。

变化形式：除立式外，此动作还可采用坐式或上斜仰卧式；另外，用杠铃片、哑铃、绳索、橡皮筋等阻力源代替杠铃，效果类似。

（10）立式哑铃水平举。

起始动作：两脚平行开立，与肩同宽，上体挺胸直腰，双手各持一个哑铃，两臂微曲，水平举到体前。

动作过程：两臂保持微曲，将哑铃水平向两侧展开至尽头，原路返回，重复进行。

主要作用：主要锻炼三角肌的前、中束。

技术要点：动作过程中，尽量保持身体稳定，避免前后晃动。

注意事项：双手持哑铃水平回到体前时，不要互相碰撞，以防伤及手指或损坏器械。

变化形式将哑铃换成橡皮筋也可做此练习，作用类似。

（11）侧卧哑铃单臂侧上举（侧卧哑铃侧举）。

起始动作：侧卧在平长凳上，单臂手肘撑在凳面上，另一只手臂微曲，持哑铃置于同侧大腿上方。

动作过程：保持侧卧姿势不变，将哑铃从大腿上方用力向上举起，至哑铃接近肩关节的垂直上方，原路返回，重复进行。

主要作用：主要锻炼三角肌的中束，兼带锻炼三角肌的前、后束，如图3-12所示。

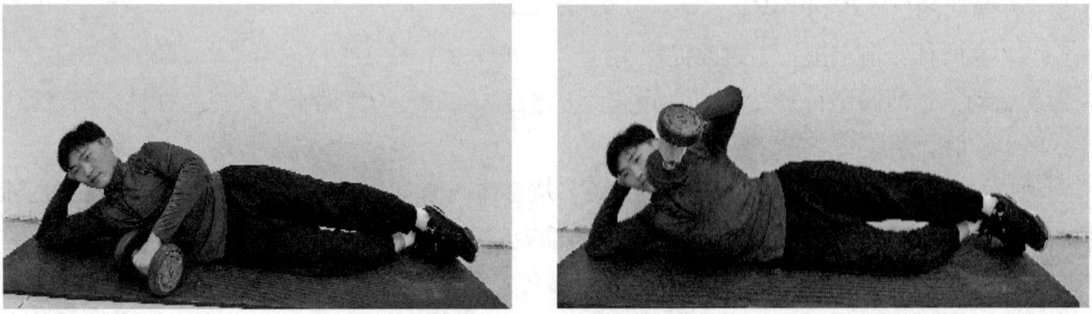

图3-12　侧卧哑铃侧举

技术要点：动作过程中，持哑铃的手臂应保持微曲，不能有屈伸变化；上举哑铃过程中，要控制哑铃的轨迹在肩关节的额状面内或略偏前，不要过于偏后，以免失去平衡。

注意事项：哑铃下落时，要注意控制速度，不可自由落体式落下，以免砸伤腿部。

变化形式：侧卧时将两脚前后分开，持哑铃的手臂的起始位置置于体前或体后，可以分别侧重锻炼三角肌的后束和前束；另外将哑铃换为橡皮筋或绳索，其作用类似。

3. 背部力量的训练

1）背部力量训练的效果

随着健身文化的广泛传播和发展，越来越多的人想要加入健身房进行健身训练，一般来讲，大多数人更重视臀肌、腹肌、胸肌的锻炼，追求背肌锻炼的人基本不到5%。但长期坚持训练背部，对人们的身材或者是身体健康来说有着非常重要的作用，比如改善驼背姿态，现在年轻人越来越容易出现驼背的现象，长期的办公、学习以及工作，导致背部肌肉过度劳损，不仅使得脊椎容易弯曲，而且还会让人们的身材更加肥胖，特别是小肚子的出现，也是由于背肌无力支撑导致的。

对于背部力量训练的益处良多，主要包括以下几个方面：

（1）长期坚持训练背部肌肉，能够缓解腰部劳损的现象，由于长期的久坐，腰背的肌肉容易流失并且失去大部分的肌肉力量，从而不能够支撑起整个上半身，就容易形成弯腰驼背的形象，所以坚持练背能够有效地改善这种情况。

（2）背部肌肉的训练能够改善含胸的不良体态，由于长期的工作和学习伏案，我们的双手一直都是放在前胸的位置，容易导致背肌向前拉伸从而含胸驼背越来越严重，想要改善这种情况就要坚持训练背部肌肉。

（3）坚持锻炼背肌能够帮助人们加快身体的燃脂速度。除了下半身的肌肉群，背部的肌肉群也属于大肌肉群，在锻炼背肌的过程中，肌肉含量的增多能够有效地提高个人的身体代谢能力，从而加快身体减肥减脂的速度。

（4）锻炼背肌能够协调全身肌肉的增长和发展，背部肌肉属于大肌肉群，训练的过程能够带动其他的小肌肉群参与到运动中来，从而促进其增长，协调上半身的肌肉增长。

（5）长期坚持锻炼背肌能够改善小肚子突出的状态，很多人都会抱怨自己为什么明明不胖却有着小肚子，就是因为体内脂肪过高，而腰腹间的肌肉以及背肌无力支撑起皮下的这层脂肪从而形成了小肚子，所以加强背肌的训练非常有必要。

（6）练背的过程也是瘦手臂的过程，能够帮助人们塑造健美的身材，比如使得手臂上的肌肉线条感更加好看。

（7）长期坚持练背的人不仅身材好，而且个人的耐力和肌肉力量都非常强大。想要练出背部肌肉并不容易，需要长期坚持。

2）背部力量训练的方法

（1）单臂哑铃划船。

这是背肌训练中必要和基本的练习，它能孤立锻炼背部两侧肌群，尤其能锻炼上背肌群，使背部厚实并拥有清晰的线条。

预备姿势：左膝和左手按放长凳上，上身与地面平行，右手抓握哑铃，右臂伸直。抬头眼前视，稍弓背。

练习：上拉哑铃，屈肘，至腕部刚好在腰下，掌心向内。在最高点停约2 s，然后慢慢伸直胳膊还原，背部绷紧。伸直胳膊时拇指向内旋转右手，使背阔肌充分伸展。

组数：左、右臂各做5组，5次/组。哑铃尽量使用较大重量，但不要勉强。

技巧：右手持铃练习时，试着从左肩看左手（左手练时相反），可防止身体在哑铃上拉和回落时形成扭曲和猛拉，并能使背阔肌受到更强的刺激，同时方便正确地评价练习的效果。

（2）宽握胸前下拉。

宽握胸前下拉能塑造宽阔的背部，这种练习方法适合大多数人。但对整个背部来说，使用多样性和均衡的练习更好，因此，也可以尝试使用窄握，它和宽握在运动范围上存在一些差异。此外，该练习对上背内侧肌群有很好的强化作用。

预备姿势：坐姿，双脚着地，调整胶辊压住膝盖，使膝盖保持稳定。掌心向内反握横杠，两手间距同肩宽。

练习：从伸展位下拉横杠到胸部，背肌收紧，肘部靠近身体。稍弓背，胸部抬高，下颏上抬，腹部和下背保持紧张。

横杠下拉到胸部上方时，两侧肩胛骨收拢夹紧挤压背阔肌，用背肌的张紧力控制横杠保持用力下拉约2 s，然后控制横杠还原，到达最高点伸直双臂时再停留约2 s。每次练习应感到双臂充分的伸展和背阔肌的拉伸。

组数：使用能做3组、8~10次/组的重量，要特别注意动作规范。伸展非常重要，它有助于上背内侧肌群和中背部肌肉块的增长。

提示：下拉时尽量避免仅用两臂的力量，要充分关注背部肌群的收缩和伸展。

（3）单臂拉力器划船。

利用背阔肌进行充分的收缩和伸展，感受背阔肌的用力，具有提高神经系统对背阔肌支配的功效。

预备姿势：使用高滑轮拉力器，右手掌心向内抓握拉把，右膝跪地，左腿屈膝支撑。

练习：向胸部下拉拉把，肘部远离身体。下拉时向身体方向旋转右手。在完全收缩位用背阔肌的张紧力控制拉把2 s，然后使拉把慢慢还原。

组数：左、右臂各做3组，10~12次/组，左手拉时左膝跪地。

技巧：单臂划船时头部转向对侧肩部效果更佳。

（4）俯立侧平举。

三角肌是肩部主要肌群，绝大多数练习者认为俯立侧平举是单纯的肩部练习，其实三角肌后束在背部比肩部占有更大的面积，因此，拥有强健、发达的三角肌后束在塑造背部方面至关重要。经验告诉我们，强化三角肌后束最好的时机是在背肌训练之后，因为在背部没有被“喂饱”之前，强壮的背阔肌可能会接管三角肌后束应该做的工作。

预备姿势：两手各握一哑铃，两脚左右开立与肩同宽，膝微屈，向前躬身使躯干与地面基本平行，两臂自然下垂，两手掌心相对。

练习：收缩三角肌后束抬起哑铃，保持肘部稍弯曲，举起哑铃时避免躯干上抬。当上臂侧抬至与肩部齐平时，停顿约2 s，然后控制性降低哑铃还原。

组数：做3组，10次/组。

技巧：提拉时确保哑铃与肩在同一垂面内，不要使哑铃退至腰部。这样能孤立地锻炼三角肌后束，并使上提更加用力。若是首次尝试该练习，则不要过多关注动作的规范和肌肉的收缩。

4. 腰部力量的训练

腰部力量的训练主要包括以下几种训练动作：

（1）普通臀桥（普拉提式臀桥）：身体平躺在垫子上，双手掌心向下平放于身体两侧，屈膝呈90°，两脚掌平踏于垫面。收紧臀部并使腰部上挺，身体呈一条直线，在最高点默数到5，再慢慢放下，记作一次动作。

（2）铃片臀桥：这是普通臀桥的升级版。即双手抱住一个能承受负荷的铃片于小腹（两髂前上脊间的小腹），保持身体平衡。完成收臀上挺身的动作，要求与普通臀桥一样。

（3）坐在地上：身后背靠平凳，双脚平放于地面，将双脚从杠铃杆下穿过，并使杠铃向上滚动到腰际处。收缩臀部并向上挺腰，使杠铃杆位于髂前上脊和小腹上，双脚向地发力，背部倚靠平凳并将肩背挫上平凳。动作完成时，臀部离地，膝关节呈直角，肩部平躺在平凳边缘，膝盖到肩部的整个身躯呈一条水平直线，此时内心默数到5，再缓慢下降身体到起始位。腰部上挺时呼气，身体下降时吸气。

腰部作为身体的中间地带，能为身体的各个部位提供力量，可以说是力量的源泉，腰部力量训练对女性想要的塑形有很大的帮助，还能锻炼柔韧性。

5. 胸部力量的训练

发展胸部力量的方法很多，有徒手练习，也有用杠铃、哑铃、拉力器等器械训练，下面介绍几种胸部力量训练方法。

（1）颈上卧推。

作用：主要发展胸大肌上部、肱三头肌以及三角肌力量。

动作要领：仰卧于卧推架上，可采用宽、中、窄三种握距，手持杠铃或哑铃，先屈臂将其放于颈根部，两肘尽量外展，将杠铃推起至两臂完全伸直，反复进行。

（2）仰卧扩胸。

作用：主要发展胸大肌、三角肌、前锯肌力量。

动作要领：仰卧在练习凳上，两手各执一哑铃做向体侧放低与上举动作。放低时可稍屈肘，充分扩胸；上举时臂伸直。可采用不同斜度练习，也可用杠铃片做此动作。

（3）直臂侧下压。

作用：主要发展胸大肌、背阔肌力量。

动作要领：两臂侧上举各握住一拉力器，然后用胸大肌和背阔肌力量做直臂下压，反复练习。也可做侧卧直臂下压。

（4）宽撑双杠。

作用：主要发展胸大肌下部、外部肌肉以及肱三头肌、三角肌、前锯肌力量。

动作要领：脸朝下收紧下颌，弓背，脚尖向前，眼视脚尖。两手宽握双杠，屈臂使身体下降，然后再伸臂把身体撑起。屈臂时尽可能使身体降低一些，不要借力，反复进行。

（5）俯卧撑推起击掌。

作用：主要发展胸大肌、肱三头肌、三角肌、前锯肌力量和上肢与躯干的协调用力。

动作要领：俯卧，两臂伸直撑地，身体保持挺直。屈臂时，胸部接近地面，然后两手快速推离地面，击掌一次，缓冲落地，反复练习。

6. 腹部力量的训练

（1）垂直举腿，这项运动主要针对下腹部。腿始终在垂直位置做提升和降落运动。

动作要领：首先，在垫子上躺下，背部放松，双手自然放在身体两侧，手掌朝下。运动过程中保持上背部紧压在地上。

然后，收缩腹部，抬起双腿，与身体呈90°，轻微上抬臀部。当感觉腹部完全收缩，臀部不能继续往上抬的时候，停止运动，慢慢回到初始位置。

在抬起臀部时呼气，在返回到初始位置的过程中吸气。

注意事项：一定不要让双腿来拉动腹部，把注意力完全放在下腹部的抬高上。如果做到了这一点，并且锻炼得当，能感受到下腹部的确得到了锻炼和加强。尽量保持腿部垂直方向上顶举，否则对腹肌锻炼减弱。因为都是锻炼下腹，可以结合仰卧抬腿一起进行，也可单独进行。

（2）双杠抬腿。在提高腹部力量的同时加深腹部肌肉线条的分离程度，使腹肌达到最完美效果。前提必须是要对自己的腹肌有信心，因为这个动作要求更高，当然刺激更深。

动作要领：双手握住双杠撑起身体，脚尖绷直，双腿并拢，使身体呈一条直线垂直地面，眼睛平视，肩部放松，不让斜方肌参与运动，然后深吸气，呼气时腹部收紧，双腿向身体前方抬起，双膝和脚踝不要弯曲，始终保持伸直状态，注意双腿自身不要用力，保持肌肉收紧即可。

当双腿抬到与地面平行的时候停下，保持1~2 s，充分感受腹部肌肉收紧的感觉，然后双腿慢慢下落还原，始终保证双腿并拢，不要分开，然后腹肌再次发力，反复进行练习即可。

注意事项：

①该动作较难，综合素质要求高，所以应该把双杠抬腿放在腹部练习第一个动作。

②该动作需要强壮的手臂支撑双杠，否则无力支撑时，腹部根本没有机会得到锻炼。所以应该首先将臂力提高到一定水平，否则无法进行练习。

③动作时身体不要前后摆动，这样会影响腹肌的锻炼效果。所以身体的协调性和身体各肌肉共同协作能力的保证是前提条件。

④抬腿时双腿不要分开、绷直，否则会觉得很省力，这样也就影响了锻炼效果。

⑤凡是高难度的练习动作，对呼吸的要求也是很高的。双腿抬起时呼气、双腿下落时吸气的节奏要保持住。这样有合理呼吸的练习动作会比不注意呼吸的练习动作的次数多很多次。锻炼效果也就更加明显。

（3）悬垂抬腿，相对仰卧抬腿要求有一定手臂、肩的力量才能保持身体必要的稳定性，才能锻炼到下腹。

动作要领：采用正握宽握距悬垂在单杠上，脚尖指向地面。保持双腿伸直，收缩腹肌，向上抬起双腿，直到大腿与地面平行，与上身呈90°。保持几秒，然后返回初始位置，要避免摇晃。

注意事项：因为要集中精力锻炼下腹，抬腿时大腿与地面平行即可，也有人继续向上抬腿直到脚尖指向横杠，这样不仅锻炼整个腹直肌，甚至背部肌群、臀部肌群，但弱化了下腹的锻炼效果。

保持腿伸直，如果腿不伸直，称为抬膝，对下腹的刺激远不如抬腿的效果。

（4）罗马椅抬腿。其实是比较稳定的一种悬垂举腿。对于手臂肩力量不够的人来说，是更有效的锻炼下腹的方法。

动作要领：将身体非常稳定地固定在悬垂举腿的器械上。要求双手握紧握把，上身紧贴在靠背上，眼睛平视前方，收腹挺胸，双腿并拢垂直向下，脚面绷直。将双腿迅速抬起到与地面水平的位置，停留一两秒后，缓慢地放下，直到原来的位置上，注意一定要快起慢回，使腹肌始终保持在紧张的状态，锻炼效果更佳。然后再反复进行。每次可以进行3~4组，每组必须达到力竭。开始时每周练习三次，练习两个月后，可以增加到每周五次，锻炼效果会更好。

注意事项：动作过程中注意呼吸，深吸一口气，抬腿时呼气，整口气要在动作结束时正好呼尽。双腿下落还原时吸气，当动作还原到起始位置的时候，整口气要吸满，然后再进行下一个动作的练习。动作过程中不要将上半身离开靠背，否则背部肌群会借力，特别是腰部的竖脊肌，说明此时后背部肌群也在参与整个抬腿的动作，从而减少腹肌的承受压力。这样也就大大影响了锻炼腹肌的效果。所以越是感觉腹肌没有力气的时候越是要保证动作的标准。哪怕一次只能起几个，也不要靠其他部位借力来运动。

罗马椅抬腿的动作主要是针对下腹的锻炼，如果在练习一段时间后，双腿抬得更高些，甚至可以触到胸部，这时整个腹肌都会参与运动，上腹也会得到很好的锻炼效果。

（5）仰卧抬腿。对于上肢力量薄弱的人，抬腿动作放在平板上就比较容易控制。稍微增加难度可以躺在斜板上进行上斜仰卧抬腿。

动作要领：平躺在垫子上或者长平凳上（但双手要能抓住凳保持稳定）。动作过程中，上背、臂、手都保持固定。并拢和绷直双腿，抬起双腿，直到大腿垂直地面；停顿一下后，复原到起始位置，重复动作。

注意事项：动作过程中并拢和绷直双腿，抬起双腿最多也不要超过垂直位置，下背部不要离开长平凳，否则背部开始参与用力。复原下放双腿时，不要将其使其触及地面，以保持腹肌持续紧张。不要利用惯性完成动作，放慢速度倚靠腹肌力量来控制。增大难度可以双腿夹哑铃或者在抬腿至垂直位置后，进一步垂直向上做举腿的动作。

7. 腿部力量的训练

武术界有句名言——练腿为本。腿部训练是力量训练的核心和根本。

从实用价值来说，腿部力量远超上身。绝大多数情况下，人都是在站立状态下发力，而腿部距离人体支撑点——双脚最近，因此发力效率是最高的，通常是作为发力的起点。武术上讲，力起于脚，发于腿，就是这个道理。力量项目也一样，不管是蹲、拉、扛、抬，肯定是腿部先发力。而人是直立行走的动物，长期的进化让腿部力量潜力远超上体，腿部力量潜力约是上体的10倍。因此腿部在发力时是真正的主帅。

例如，举重训练最讲究利用腿力。抓挺举时运动员总是反复下蹲，把举转化为蹲。其实这种技巧随处可见，比如搬沙包或者搬箱子，只要蹲下去，借助蹬腿的力量起，就能搬动很大的重量。西方力量界认为，人体力量的大小，主要取决于腿部力量，因此，力量举、举重、投掷运动员，通常会把50%以上的精力用于腿部训练，有的甚至达到80%。

各项运动都需要良好的跑、跳能力，而良好的跑、跳能力都需要强大的腿部力量。由于人们容易从感官角度看问题，很容易夸大上肢作用，忽视腿部训练。一般人显示强壮的时候都愿意展示胳膊或者露出上身，很少展示腿部。由于这个原因，健美运动员对于腿部的训练通常都是不足的，远达不到力量的需要，这就是为什么顶级健美运动员成不了顶级大力士的原因。

怎样才是适当的腿部力量训练呢？首先，腿部力量训练要在整个训练中占足够的比例，至少要占50%，这是最低限度。如果以2天为一个循环，可以上体一天，腿部一天。如果以4天为一个循环，可以深蹲和股四头肌锻炼1天、硬拉和股二头肌锻炼1天、卧推和肱三头肌锻炼1天、背部和肱二头肌锻炼1天。其次，臀部、股四头肌、股二头肌、小腿力量都要认真练，绝对不能只练一个深蹲。再次，腿部力量要上大重量。腿部力量的潜力比上体大得多，耐力也大得多。同样是75%的重量，上体一般只能做6~8次，腿部就能做12~15次。所以，腿部训练一定要加大重量，而且尽量练到力竭。最后，要经常进行跑跳能力训练。

能锻炼腿部力量的方法有深蹲、箭步蹲、靠墙静蹲、跳绳、蛙跳等。

（1）深蹲。深蹲是一种体育锻炼方式，深蹲的标准，腰背保持直线，髋关节低于膝关节。不正确的技术动作反而会使膝关节受损。

众所周知，深蹲是练大腿肌肉的王牌动作。而深蹲恰好是最需要大肺活量和强健心脏的动作。另外坚持做还会起到减肥的作用。在力量练习中，深蹲是复合的、全身性的练习动作，它可以训练到大腿、臀部、大腿后肌，同时可以增强骨头、韧带和横贯下半身的肌腱。

深蹲被认为是增长腿部和臀部力量和围度，以及发展核心力量（core strength）必不可少的练习。在等长收缩中，在以正确的方式深蹲时，下背部、上背部、腹部、躯干肌肉、肋间肌肉以及肩部和手臂对于这个练习都是必不可少的。

（2）箭步蹲。箭步蹲是最重要的力量训练动作之一，也是举重运动的重要辅助训练项目。箭步蹲是少见的几个双腿位置和发力不对称的训练项目之一。人在移动和大量的站立情况下双腿都是不对称发力的，因此它具有极高的训练价值。箭步蹲是锻炼腿部不能少的动作，不喜欢深蹲的建议练习这个动作。也可以双手都拿哑铃负重进行。

（3）靠墙静蹲。静蹲，主要是锻炼股四头肌肌肉力量。可以增加腿部力量养护膝关节，背靠墙，大腿和小腿之间最好保持在90°，背部贴紧墙，不要弯腰驼背，坚持到力竭。

（4）跳绳。跳绳对身体的灵敏性、身体姿态、平衡能力、协调性和柔韧性都有奇妙的促进作用。能使力量得到发展，尤其是下肢力量。跳绳能让小腿肌肉变得有爆发力，使大腿和臀部肌肉纤维更结实。跳绳是最有效、最经济的燃脂方法。

（5）蛙跳。蛙跳是发展大腿肌肉和髋关节力量的一种练习。练习一组15~20次，每次练习15~20组，每组间歇60~90 s。做完后要有放松活动。蛙跳可以很好地增强腿部力量，但是与长高没有任何关系。蛙跳是发展大腿肌肉和髋关节力量的练习。如果你还没有成年或者还正在长身体，应谨慎进行这项运动，因为其很有可能影响骨骼的发育。

注意事项：

①冬季进行健身锻炼时热身活动要充分，尤其在室外时，首先要做好充分的热身准备再进行较大强度的健身运动。

②衣着厚薄要适宜。冬季进行健身活动要注意头、背、脚部的保暖。在室外进行健身锻炼更要注意保暖，锻炼完后切不可站在风大的地方吹风，而应尽快回到室内，擦干汗水，换上干

净衣服。

③环境要清洁舒适。在室内进行锻炼时，一定要保持空气流通、新鲜。

④锻炼方法得当。冬季健身要提高锻炼的强度和力度，增加动作的组数和次数，同时增加有氧锻炼的内容，相应延长锻炼时间，用以改善机能，发展专项素质，消耗体脂，防止脂肪过多堆积。

⑤应根据个人体质加以变换和调节，对心血管病患者，应禁止做急剧运动，运动量要循序渐进。患有呼吸系统疾病的中老年人，如老慢支、肺气肿、哮喘、肺心病、低血压等，应避免静止的肌肉用力。

8. 全身力量的训练

力量训练是指通过多次数、多组数、有节奏的负重练习，达到改善肌肉群力量、耐力和形状的运动方式。力量训练主要是无氧运动，如负重深蹲、俯卧撑、杠铃划船等练习动作。我们可以通过轻重量、多次数、多组数的循环练习方式，使之兼具有氧运动的优点，可将无氧代谢产生的乳酸再次分解利用，减少肌肉不适感。不同的练习次数、练习组数，以及负重量都会产生不同的效果。例如，为了提高肌肉耐力，增加肌肉弹性，应采用负重小、次数多的训练方法。

在进行全身力量练习时，可选择多关节和肌肉群参与复合动作的练习，最常见的复合动作包括推、拉、深蹲、硬拉，弓步，由此可以演变数十种不同的动作。力量训练频率以一周进行3~4天的训练为宜，既可以获得很好的效果，同时应避免训练过度，使身体得到更好的恢复。

全身力量训练的具体方法及注意事项如下：

①深蹲。被誉为动作之王的深蹲的好处数不胜数，因为深蹲几乎能刺激全身肌肉，同时让身体释放睾丸酮，加快肌肉生长。

注意事项：膝盖不要过分超越脚趾；尽量保持上身挺直，否则腰部会承受大量压力；收紧腰部，保持腰部挺直；利用脚跟底发力，除了可保持重心外，还可减轻膝关节压力。

②卧推。卧推可以锻炼到上肢各部位肌肉，但训练时需要注意动作要点。

注意事项：在卧推床上先稳定身躯，如果左摇右摆，表示重量太大，核心肌群力量过少；肩胛骨向后收，即锁背；收紧腹部及臀部；在肩关节没有过分拉扯感的情况下，尽量保持最大的运动幅度。

③肩上推举。这是较受人忽视的动作，但其重要性不亚于卧推，因为肩上推举能同时训练整片三角肌、斜方肌、菱形肌、三头肌以及前锯肌。

注意事项：先用较轻的重量找出让肩关节最顺畅地进行推举动作的角度；切勿完全伸直手臂，因为会对肘关节带来很大的负荷；收紧腹部，保持上身稳定；避免和深蹲、硬拉等让腰部受压的动作同时进行。

④双杠屈臂。有人称双杠屈臂为上半身的深蹲，同样是一个有效提升体能、训练胸肌及三头肌的动作。

注意事项：收紧腹部，若上身不稳定会增加受伤风险；上半身前倾可练胸大肌；上半身保持笔直练三头肌；手、肘部向外扩可练胸大肌，手、肘部向后收可练三头肌；注意肩关节的拉扯感，下降幅度过大可带来严重损伤。

第四节　核心力量训练理论与实践

一、核心力量训练概述

核心力量训练指的是力量训练的一种形式。所谓“核心”是人体的中间环节，就是肩关节以下、髋关节以上包括骨盆在内的区域，是由腰、骨盆、髋关节形成的一个整体，包含29块肌肉。核心肌肉群担负着稳定重心、传导力量等作用，是整体发力的主要环节，对上下肢的活动、用力起着承上启下的枢纽作用。强有力的核心肌肉群对运动中的身体姿势、运动技能和专项技术动作起着稳定和支持作用。所以，凡是姿态优美挺拔、身体控制力和平衡力强的人，核心肌肉群大都受过很好的训练。

核心肌肉是指环绕在躯干周围的肌肉，包括腹部、髋部肌群，与脊椎、骨盆连结的肌肉。当手和腿活动的时候，这些核心肌肉会帮助身体保持稳定，也可以使身体保持正直。也有人称这些肌肉为“能量来源”。因为整个人体排列就像一个运动链，而核心部位连接了人体的上下两个部分，就像是一座桥。如果这座“桥”出现了问题，很有可能会导致上/下半身乃至整个运动链出现问题。在核心肌肉当中有两部分肌肉需要特别关注：

（1）腹横肌。它是腹肌中最深层的肌肉，肌肉纤维是横向的，所以当它收缩时，就像腰带一样，压缩内脏，给背部以支持。强有力的腹横肌对于预防腰背损伤和提高运动表现有非常重要的作用。当人们大笑时，下腹部向内收缩震动的部位就是腹横肌。收缩腹横肌，可以想象将肚脐用力靠向脊椎，用力向内收。

（2）骨盆底部肌肉。这些肌肉联结在骨盆底部，由多层肌肉交错构成，收紧这些肌肉时，可以增大腹内的压力以及协助收缩腹横肌，从而起到稳定身体的作用。可以想象骨盆底部肌肉是一部电梯，从一楼升到二楼再升到三楼，然后慢慢一层层下降，回到一楼。通过这样的想象，可以有效地练习和收紧这些肌肉。

二、核心力量的作用

核心力量是一种能力，是由附着在腰椎、髋部和骨盆周围的肌肉和韧带产生的力量。它在大多数竞技运动项目中都起着重要的作用，不仅能够维持身体平衡，保证专项技术动作的稳定发挥，而且也是运动员发力的主要环节，是上下肢协同用力的枢纽，在力量传递的过程中起承上启下的作用。良好的核心力量能够预防腰背痛。研究发现慢性腰背痛的患者普遍存在核心稳定肌肉活跃性下降的问题；良好的核心稳定性能够提高动作效率。人体任何动作的产生都离不开核心稳定，从婴儿学习动作的过程就可证明，从最初的翻身到坐立，直到站立及行走，正是核心力量逐步形成的过程。同时人体自上而下及自下而上的力量传导都离不开核心部位这一枢纽，核心力量的好坏直接决定了力量的传导效果。良好的核心力量能够避免在日常及运动中受到伤害，由于不良的生活习惯及错误的训练观念导致人体核心力量下降，较弱的核心力量导致人体出现过多的代偿及肌肉失衡。核心是力量的源泉，核心训练是功能性训练的基础。其主要作用如下：

（1）当核心肌群力量充足时，不仅能保护腰椎稳定，帮助身体寻回重心，改善姿势，还可收紧腹部肌肉线条，塑造想要的美态。

（2）强大的核心力量的训练使得腰腹多余脂肪消失。核心肌肉力量增强了，就像穿上了隐形“腹部马甲”，小腹和腰间赘肉变得更不明显。

（3）随着核心力量的训练，马甲线、川字腹更容易练就。运动有如神助，效率大增200%。

（4）做任何动作时首先启动的是核心。核心越强，运动征用的肌肉纤维越多，动作越灵敏，且力量越强，需要燃烧更多脂肪提供能量，塑形效率大增。

（5）保持身体的中立位和改善体态。核心弱的人，因脊椎少了支撑保护。易驼背、姿势歪斜，也更容易腰酸背痛。然而核心强大的人，走路不驼背，姿态更优美。

（6）因为核心肌肉量增加，腹压也增加，一有便意马上就畅通，便秘问题自然远离。腹部有一圈深、浅肌群包围着，效果就像塑身衣，食量慢慢减少。

（7）通过核心力量的训练，增加自然的运动活动幅度和灵活性，平衡拮抗肌群之间的肌肉长度，强化较松弛的肌肉，舒缓较紧张的肌肉。

三、核心力量训练的方法

核心力量训练是指针对身体核心肌群及其深层小肌肉进行的力量、稳定、平衡等能力的训练，这种训练的理论假设是通过特定设计的动作使身体核心肌群得到加强，固定脊柱、骨盆的肌肉得到强化。核心力量训练动作根据难易程度，可划分为如下训练方法。

（一）稳定状态下的徒手练习

此类练习适用于核心力量练习初始阶段，目的在于使运动员深刻体会核心肌群的用力和有效地控制身体，是最基础的核心力量练习手段。可分为静力性和动力性练习两类。英国朴次茅斯大学对大学生运动员进行了6周静力性和动力性核心力量训练对比研究，发现动力性练习对提高运动员的核心部位关节稳定性效果更显著，但两种练习对提高受试者动态表现效果都不显著，建议采用动力性核心力量训练时要提高动作速度。

（二）非稳定状态下的练习

这种练习需要借助一些器械来制造不稳定的状态，例如瑞士球、平衡板、悬吊绳、海绵垫、气枕等，例如利用瑞士球进行练习的动作：前脚踩在上的前弓步、双腿跪在球上或站在球上、双脚撑球左右旋髋拉球、仰卧双脚拉球挺髋等；利用悬吊绳进行练习；侧卧挺髋、仰桥、双脚固定的俯桥、收腿屈髋等。在借助器械制造不稳定的状态进行核心力量训练时，要注意动作的安全性，虽然设计的动作是发展某部位的肌肉，但在运动过程中，人体出于保护的本能，可能调用更多的肌群参与动作，此时运动员要顺从这种保护本能，避免运动损伤。核心肌群是许多肌群的集合，在实际训练中很难将某部位肌肉单独分离出来。

（三）与专项相结合的核心力量训练

核心力量训练存在的最大难题就是如何将核心训练的效果转化为专项运动表现，因此在核心训练达到一定水平后，所设计的核心训练方法一定要与专项技术动作相结合，这样才能把核心力量训练的效果通过运动员的技术动作、运动成绩表现出来。这个阶段所采用的核心力量训练动作要与专项动作有相似性，注意动作的速度及爆发力训练，在进行核心力量训练设计时，要明确其产生效果的主要生理学机理如下：

（1）核心力量训练是一种非平衡性力量训练。它通过自身神经—肌肉系统积极调整不稳定的身体状态，达到训练神经肌肉系统的平衡和控制能力，强化本体感受器的感知能力的目的。

（2）核心力量训练涉及整个躯干和骨盆部位的肌肉。特别注重位于深层小肌肉群的训练，有效地动员躯干部深层肌肉参与收缩，维持机体平衡。

（3）核心力量训练使下背部和腹部肌肉在非平衡条件下同时做功，使整个核心区域神经—肌肉系统之间高效协调，确保躯干的稳定和能量的高效传递。

（4）核心力量训练过程中使用的负荷相对较小，肌肉群肌肉收缩力量得到加强，进而使部分关节的稳定性得到加强，有效地预防运动损伤。

（5）核心力量训练中涉及“意”，即在非平衡条件下，须时刻“注意”核心区域的稳定，也就是要做到“意到力到”，类似于练习太极拳时讲的“神意合一”，长期练习可达到“意到气到力到”。而已有研究证实想象训练对增加运动员的肌肉力量有明显效果。核心力量训练是一个循序渐进的过程，前期以增强核心部位关节稳定性为主要目的，后期要与专项技术动作相结合。核心力量训练并不能取代传统的力量训练，传统力量训练的原则也同样适用于核心力量训练，例如，针对性原则、技能迁移原则，另外进行核心力量训练时切忌对脊柱进行持续的、大角度的牵拉，其具体从以下几点出发：

①平衡垫站立。单足站立于平衡垫或软垫上，保持身体稳定。还可以进一步将眼睛闭上，这样对于本体感受神经的刺激会更为强烈，会给核心稳定带来更多的挑战。

②单腿蹲。单腿站立，屈髋向下蹲，保证支撑脚全脚掌着地。再增加难度，可以站在平衡垫或软垫上完成下蹲动作。

③健身球俯卧撑。两手打开放在健身球上，手在肩的下方（注意让球上的横纹与手的方向相反：可以增大摩擦力，降低手滑脱的风险）。初学者可以采用手肘放在球上的方式降低难度，或者可以两脚分开一些。向下落的时候，不要让胸部碰到球。起来的时候，肘关节不必伸直，保持身体从头到脚是一条直线，腹部收紧，不要塌腰。

④平衡垫平衡式。坐在平衡垫或软垫上，以尾骨支撑保持平衡。双手撑在身体后侧，腰腹肌肉收紧，慢慢抬起一条腿，再抬起另外一条腿，两手离开地面，腰背要伸直，保持平衡。

⑤双腿置于平衡球上的支撑练习。将两腿并拢置于平衡球上，两手撑地，手臂与身体呈90°；脊柱保持正常位置，与地面平行；控制身体不改变任何夹角；保持均匀的呼吸，不要憋气。进一步加强动作难度，可以采用单手支撑。

⑥平衡垫俯卧撑。将平衡垫放在地上与肩同宽的位置，两手放在平衡垫中心，进行俯卧撑的动作。身体从头到脚保持一条直线，下落到肘关节呈90°。起来时注意肘关节不要超伸。

⑦跪球平衡。腹部收紧，用手扶好球，控制身体稳定，跪上球，同时夹紧大腿，两手交叉放于胸前，保持平衡。

⑧健身球反向划船。双脚放在健身球上，两腿分开与髋同宽。仰卧躺在杠铃杆下方，握住杠铃略宽于肩。腹部收紧，拉动身体向上直到肘关节呈90°，整个身体始终保持一条直线，肩带下压缩回，向上时胸部不要碰到杠铃杆。身体有控制地下落还原。

⑨平衡垫平衡式。坐在平衡垫上，以尾骨支撑保持平衡。双手撑在身体后侧，核心肌肉收

紧，慢慢抬起一条腿，再抬起另外一条腿，双手离开地面。腰背要伸直。保持平衡。

四、核心力量的评价

对运动员核心力量的评价是制订核心力量训练计划、进行技术诊断的前提，目前国内对核心力量的评价研究很少，这样会导致核心力量训练的盲目性，因此寻找合适的评价方法是核心力量训练的关键。对核心力量的评价可分为两类：

（一）表面肌电图法

表面肌电图法是在实验室通过表面肌电测试仪测试核心部位肌肉做功情况，来反映核心群的状态，A.E.Hobbs 等提出了用改良的峰值肌电图和均值肌电图能更好地反映核心肌群的做功情况，但用表面肌电测试仪进行核心力量的评定，受制于实验室条件，并不能广泛应用在各级竞技训练中。

（二）运动学评价方法

采用运动学评价方法对核心肌群进行评价更为直观实用，可根据不同部位肌群设计相应的评价方法，下面以脊柱稳定性评价为例说明对该部位核心肌群的评价：

（1）耐力测试：躯干伸肌测试（受试者俯卧，固定下肢，躯干悬空，保持身体平直）、躯干屈肌测试（受试者髋、膝呈90°，双手放在胸前。测试人员按住双脚。后背无支撑保持姿态）、侧桥（受试者侧卧。用肘关节支撑，双脚触地，上面的脚在前，保持身体平直）

（2）平衡能力测试：单腿站立平衡能力测试（受试者单腿站立，另一条腿屈髋屈膝提起，测试受试者是否能闭眼站立30 s）。

（3）髋部柔韧性测试：俯卧举腿（受试者俯卧位，单腿伸直向上举）；侧卧举腿（受试者侧卧位，下侧的腿保持弯曲，上侧的腿伸直上举）。

脊柱稳定性核心肌群的测试方法为其他部位核心肌群的评价提供了参考，在实际运用过程中，应结合不同运动项目的技术特点、体能要求设计具有专项针对性的核心力量测试方法，同时根据运动员的不同水平制订评价标准。

五、核心力量训练的安排及注意事项

（一）核心力量训练安排

力量训练的好处：随着年龄的不断增长，人体肌肉会自然发生萎缩。如果不采取措施来弥补所损失的肌肉，脂肪便会乘虚而入，占领肌肉原先存在的位置，久而久之人体就变得“发福”起来。力量练习不但能够保存肌肉群，而且还能发展肌肉群，这与年龄没有任何关系，也就是说，任何人都可以做力量训练。力量训练会给身体带来以下变化：

（1）打造出强壮的骨骼。力量训练能够给骨骼增加压力，从而增加骨密度，降低发生骨质疏松症危险。如果已经患了骨质疏松症，力量训练能够减轻病情。

（2）控制身体脂肪。随着肌肉的流失，身体燃烧热量的效率会随之下降，其结果是导致体重增加。因此，肌肉越强壮，就越容易控制体重。

（3）减少受伤的危险。强壮的肌肉有助于保护关节不受损伤，并且还能够维持身体的灵活性与平衡能力，这样即使随着年龄不断增长，也可以保持自理能力。

（4）提高精力。随着身体的不断强壮，训练时就不容易感到疲劳。

（5）改善自我感觉。力量训练能够增强自信心，改善自身形象，并能够减少患抑郁症的危险。

（6）提高睡眠质量。研究表明，凡是经常参加力量训练的人，睡眠质量大大提高，从而降低了失眠的概率。

（二）注意事项

1. 合理选择训练方法

增强肌力的效果与选择的训练方法直接有关。训练前应先评估训练部位的关节活动范围和肌力情况，根据评估结果选择训练方法。

2. 合理调整运动强度

运动强度包括重量和重复频率。锻炼时的最大抗阻重量应该适当小于运动者的最大收缩力，施加的重量或阻力应恒定。避免突然的爆发力或阻力增加。若不能完成全范围关节运动、运动肢体疼痛、肌肉震颤或出现代偿性运动时，应降低负荷或阻力。

小　结

1.力量素质是指人体肌肉工作时，克服或对抗阻力的能力。在运动素质中，力量素质是许多素质的基础，力量素质的提高与改善会对某些运动素质有促进作用。在体育运动中，力量素质是完成技术动作的基础，运动员具有良好的力量素质，能够帮助其克服在运动过程中或动作过程中外界和自身的阻力，更好地、更流畅地完成技术动作。

2.力量素质分为静力性力量、动力性力量、绝对力量、相对力量、最大力量、速度力量和力量耐力。由于不同类型的力量素质在运动中的表现不同，所以在力量素质训练中要根据不同类型的力量素质选择相应的训练方法。

3.青少年在进行力量训练和选择训练手段时必须遵循身体发育的一般规律，循序渐进地增加训练负荷与强度。一般情况下，青少年力量训练多以力量耐力、快速力量和中低强度的快速伸缩能力训练为主。此外，青少年力量训练还要遵循动作完成质量优先于力量发展水平、核心区与四肢力量相结合、优势和弱势侧肌肉力量平衡以及肌肉的单一功能和多功能相结合的基本原则。

4.核心力量在力量素质训练中以及运动中具有重要作用，它不仅能够维持身体平衡，保证专项技术动作的稳定发挥，还是运动员在发力时，将下肢力量传递到上肢的重要枢纽。

第四章 速度素质训练

学习目标

- 了解速度素质的基本概念，加深对相关理论的理解，提高实际动手能力和分析能力。
- 掌握速度素质训练的方法，并在后续训练中有针对性地练习，从而提高运动能力和运动成绩。
- 学习速度训练的技术动作，要靠正确的配合，靠有效的训练，才能转化为正确的动作节奏。身体的不同部位，采用不同的训练方法，才能达到最好的效果。

第一节　速度素质概述

速度素质是人体的基本身体素质之一，在身体训练中占有重要的地位和作用。训练专家D·哈雷在《速度及速度训练理论》一文中说：在田径的短跑和跳跃以及短距离自行车等项目中，速度对成绩起决定作用。此外，速度还是短时间耐力项目和大多数球类运动的重要基础。曾培养过一批世界级优秀运动员的加拿大图多·博姆帕在《运动训练理论与方法》一书中指出：体育运动中最重要的生物运动能力之一是速度。在短跑、拳击、击剑、冰球、球类运动等多种运动项目中，速度都起着重要的作用。在不以速度为主的运动项目中也可以将速度训练作为提高训练强度的手段。因此，速度训练几乎与所有运动项目有关。我国田麦久在《运动训练科学化探索》一书中提道："在现代体育运动中速度的作用更为突出，如短跑强调不充分后蹬的快速摆动，长跑多采用高步频技术，跳跃从'可控速度助跑'变成以最快速度助跑，投掷则要求最后出手速度尽量快"。"中国排球各种各样的快攻战术有力地推动排球运动的发展，体操中空翻周数与转体度数越来越多，要求动作越来越快。可以说，所有竞技体育项目的运动员训练都应结合专项特点及技术变化，高度重视快速能力的训练"。

一、速度素质是决定运动成绩的重要因素

在体育比赛中，有些项目比赛的成绩直接受到速度素质的制约，如田径中的短跑、短距离游泳、划船、自行车、滑冰、滑雪等项目本身就是比运动员快速运动的能力，通过一定距离所用速度的快慢来决定胜负。有一些项目虽然本身不是速度，但速度素质的好坏对运动成绩起着直接的影响，如跳远，首先要有快速的助跑产生良好的水平速度，然后要在0.1 s左右的时间内完成起跳，将身体抛出8 m多远的距离。跳高运动员要在0.2 s内完成起跳，将身体腾起2 m多高。

铅球运动员要在0.2 s左右的时间内发挥全身力量，将7.26 kg的铅球推出20 m以外。这说明动作的初速度决定了这些项目的运动成绩。又如拳击、击剑等项目，要在不停的运动中，伺机快速出击，既要击中对方，又要防止被对方击中，这要求快速及敏捷的动作速度。球类运动中的快攻与快防，突然启动，快速改变方向，及时堵、截、抢、断等都要求速度领先一步，方能取得主动。

随着现代运动技术的发展，时间因素越来越起着重要作用。在研究构成技术诸因素中，也更重视时间因素的研究。

一方面研究在完成各种复杂的技术中，如何缩短动作的时间，提高完成动作的速度；另一方面在创新技术的研究中，力求完成技术动作的迅速性、动作技术的突然性，能出其不意，从而取得胜利。

与此同时，在现代训练中教练员们也以提高速度来增大训练的难度与强度，提高专项能力，适应当今激烈竞赛的要求。所以速度素质的培养是各个运动项目竞技能力的重要内容，直接决定或是影响运动员技、战术水平的发挥，是竞争能力的强弱与比赛胜负的重要因素。

（1）速度素质是重要的身体素质之一，它是衡量身体训练水平、竞技能力高低的客观依据。速度素质直接反映运动过程中的效果，提供改进技术、提高运动成绩的客观数据。竞技体育技术动作大多要求快速完成，良好的速度素质有助于运动员更好地掌握合理而有效的运动技巧。

（2）速度素质练习不仅能提高人体的快速运动能力，而且能提高人体中枢神经过程灵活性及兴奋与抑制的转换能力，提高人体三磷酸腺苷（ATP）和磷酸肌酸（CP）的储存量，促进供能能力的提高及改善代谢过程。

（3）速度素质不但是某些运动项目作为选材的客观依据之一，而且良好的速度素质对其他身体素质发展有着积极的影响。肌肉快速收缩能够产生更大的力量，高度发展的速度素质又能为耐力的发展提供更大的空间。

二、速度的概念

速度素质是指人体或人体某部位快速运动的能力。也就是人体或人体某一部位快速做出运动反应、快速完成动作、快速移动的能力。对于速度素质的内涵过去有着不同认识，不少人认为就是“跑得快、游得快，速度是指尽快向前运动的能力”。苏联的普拉诺夫认为“速度是指运动员保证在最短时间内完成动作的综合功能”。德国的盖・施莫林斯基提出“所谓速度是指在神经系统和肌肉组织运动过程的可变性的基础上，以一定的速度来完成动作的能力”。图多・博姆帕将速度的内涵定得更为简明：“速度是人体快速运动的能力”。我国过家兴教授提出“速度素质是人体快速完成动作的能力和动作反应时间的总称，也可理解为人体（或身体的某部分）进行快速运动的能力”。董国珍教授指出“速度素质是指人体快速运动的能力。这里包括人体快速完成动作的能力和对外界信号刺激快速反应的能力”。

上述专家学者对速度内涵所表达的语言文字虽有差异，但其含义基本一致，速度素质包括三个方面，即运动时人体对各种信号刺激的快速反应能力、快速完成动作的能力、快速通过一定距离的能力。

三、速度的分类

（一）反应速度

反应速度是指人体对各种信号刺激（声、光、触等）快速应答的能力。由于运动员对不同类型信号的反应时（指机体从接受刺激到做出反应动作所需的时间）是不同的，训练中往往根据不同项目的特点测定运动员对特定信号的反应时。反应速度主要取决于人的感受器（视觉、听觉）和其他的特征以及中枢神经系统与神经肌肉之间的协调关系。反应速度素质受遗传效应影响较大。应根据不同项目的特点测定运动员对特定信号的反应速度。如短跑、游泳等竞速项目，运动员主要接收听觉信号而开始竞技，而乒乓球选手则主要接收视觉信号而做出技战术反应。对反应时的评定，可以通过实验室的测试进行评定，也可用简易的方法进行测量与评定。

（二）动作速度

动作速度是指人体或人体某一部分快速完成动作的能力。动作速度是技术动作不可缺少的要素，表现为人体完成某一技术动作时的挥摆速度、击打速度、蹬伸速度、踢踹速度等，此外还包含在单位时间内连续完成单个动作时重复的次数（即动作频率）。运动员机体任何部位动作速度的快慢，主要取决于中枢神经系统的功能、引起该部位运动的肌肉力量大小，以及技术动作的合理性。因为动作速度寓于某一个技术动作之中，如抓举的动作速度、跳跃起跳的动作速度、游泳转身的动作速度等，所以动作速度的测量是与技术参数测定联系在一起的，像出手速度、起跳速度、角速度、加速度等。此外，可以通过对连续反复多次完成同一动作计时，求出平均的动作速度。

（三）移动速度

移动速度是指人体在特定方向上位移的速度。以单位时间内机体移动的距离为评定指标。从运动学上讲，是距离与通过该距离所用的时间之比。在体育运动中，常常是以人体通过固定距离所用的时间来表示，如男子100 m跑10 s，100 m自由泳50 s等。

移动速度的主要影响因素是步长和步频。移动速度主要取决于动作频率，即单位时间内完成的动作周期数和每一个动作周期在特定运动方向上的位移幅度。这两个因素状况的改善以及它们之间的合理组合是提高移动速度的关键。测定移动速度常常用短距离跑。

测试要求：

（1）运动员全力加速。

（2）根据不同测试目的选定跑动距离：10 m、30 m、60 m、100 m、120 m。

（3）在运动员不疲劳、神经兴奋性高的状态下测验。

（4）充分的准备活动。

（5）除了时间参数外，步数、步频和单腿蹬地时间也是重要的评价参数。

四、影响反应速度提高的主要因素

速度素质包括反应速度、动作速度与位移速度。三者之间既有联系又有区别，特别是在内部机制方面，反应速度和动作速度、位移速度具有较大的差异，反应速度着重表现在神经活动方面，而后两者则着重表现在肌肉活动方面。

反应时是决定反应速度快慢的基础。反应时的存在涉及以下过程：①某些感觉器官被刺激而唤起兴奋；②兴奋沿传入神经传到中枢；③一旦兴奋冲动传到大脑中枢，就要根据过去的经验进行分析，刺激方式越复杂，在中枢分析的时间就越长；④沿着传出神经，把中枢所发出的冲动传到相应的肌肉群；⑤肌肉根据刺激的特点与要求，作出相应的回答。整个过程都有时间延迟，其中以在大脑皮层内延迟的时间最长。

反应时的长短主要取决于以下因素：

（1）感受器（视、听、触觉等）的敏感程度。感受器越敏感，越能缩短对各种信号刺激的感受时间。感受器的敏感程度在相当程度上受到注意力集中程度与指向，以及感受器疲劳程度的制约。如射击运动员长时间地进行瞄准练习后产生视觉疲劳，反应时就会延长。

（2）中枢神经系统机能。在中枢的时间延迟是大脑中枢对刺激信号分析的结果。刺激信号的选择性越大，反射活动就越复杂，历经的突触也越多，分析的时间也就越长。中枢对刺激信号的分析时间主要和两个因素有关；其一是中枢神经系统的兴奋性；其二是条件反射建立的巩固程度。例如，中枢神经系统兴奋性高时反应时就缩短，疲劳时反应时则延长。又如，随着动作技能的日益成熟，反应时就会明显缩短。简单反应时平均可以缩短11%~18%，而复杂反应时则平均可以缩短15%~20%，并且反应的稳定性也有很大程度的提高。

（3）效应器（肌纤维）的兴奋性。有材料表明，肌肉紧张时比放松时反应时要缩短 7%左右，另外，肌肉疲劳时反应时间明显延长。

根据以上分析，注意力的集中程度与指向，疲劳程度与反应过程的巩固程度对反应速度有相当大的影响，在反应速度的教学与训练中要引起充分重视。

五、影响动作速度、位移速度的因素分析

动作速度与位移速度的主要特点都是通过肌肉系统最大限度的快速活动形式，在最短的单位时间内完成动作。由于人体肌肉活动的形式与质量受到形态、生理、心理、力学、技术等方面的影响，故影响动作速度、位移速度的因素也表现为多方面。

（一）人体形态

人体形态对速度的影响主要在于四肢的长度。在其他条件相等的情况下，上、下肢的长度与该部位的运动速度成正比。上下肢的长度越长，该部位的运动速度就越快。人体四肢的运动形式是肢体绕关节轴的转动，效应部位（手或脚）离轴心的距离越远，运动速度就越大。拳击和击剑运动员手臂越长，出拳与出剑的速度就越快，径赛运动员下肢的长度也是影响运动成绩的重要因素。所以，对运动速度要求较高的体育竞技项目，都把人体形态作为一个重要的选材指标。

（二）神经活动过程的灵活性

神经活动过程的灵活性主要指运动神经中枢兴奋与抑制之间快速的转换能力以及神经与肌肉之间的协调能力。人体部位各种形式的快速运动，都是神经中枢活动高度协调的表现。

只有这种高度协调，才能保证在快速运动时，迅速地调动所有必要的肌肉协作参与活动，

并抑制对抗肌的消极影响，发挥出最高速度。另外，神经活动过程的灵活性不仅能影响肌肉的猛烈收缩，而且对肌肉随意放松的能力也有直接的作用。随意放松肌肉是神经中枢合适的抑制状态造成的。运动员在发展位移速度时，如果能充分放松肌肉，就能较长时间维持高速运动。中枢神经系统兴奋与抑制转换的持续时间，与转换速度的快慢有关，转换速度越快，转换持续时间越短。在进行高速度活动时，中枢神经很快就会疲劳，从而降低运动速度，甚至会使运动完全停止。所以，发展最高速度时，要考虑中枢神经系统的特点，时间不能过长，否则适得其反。

（三）力量发展水平与技术

在许多运动项目中，力量的发展水平与技术因素是影响动作速度和位移速度的重要因素。从力学公式中可以知道，力量等于人体质量与加速度的乘积，力量是引起人体加速度的原因，力量越大则加速度也越大，加速度越大，人体运动速度就越快。由于人体质量与人体加速度成反比，故要最大限度地提高人体加速度，对力量的要求是偏重相对力量。相对力量越大，肌肉就越容易在运动中克服内、外部阻力，产生快速的收缩速度。另外，动作速度和位移速度往往也要受到技术的影响，运动员的快速能力在很大程度上取决于完善的运动技术。动作的幅度与半径大小，工作距离的长短，时间，动作的方向、角度及部位等均与速度的快慢有密切关系。合理、有效的技术可以通过缩短运动杠杆，正确摆正重心，有效地使用能量，从而快速完成动作，并能使动作完成得更省力、更协调。

（四）肌肉用力的协调性

肌肉的快速收缩是速度素质的基础。快肌纤维主要靠糖酵解供能，并具有较高的脂肪、三磷酸腺苷（ATP）、磷酸肌酸（CP）含量，但活动时容易疲劳。不同的人体内，快、慢肌纤维占的百分比是不同的，这种百分比受遗传影响，后天不可能相互转化，只能通过中间型肌纤维的作用进行功能上的代偿。人体肌肉快肌纤维百分比越高，快速运动的能力也越强。例如，速度性项目优秀运动员的快肌纤维比耐力性项目运动员多得多。世界大赛短跑项目的前几名基本上都是黑种人，原因也是黑种人的快肌纤维比其他人种多的缘故。另外，良好的肌肉弹性以及主动肌和对抗肌之间的协调交替能力也是实现快速运动、准确完成动作技术的重要保证。关节的柔韧性对大幅度完成动作（如步幅）的作用十分明显，这对要求快速奔跑的项目十分重要。因此，在发展速度（特别是位移速度）的过程中，安排适量的柔韧练习，对速度素质的提高有积极意义。

（五）肌肉中能量物质的储备与能量物质分解以及再合成的速度

肌肉收缩的速度首先决定于肌纤维中动用化学能的速度与强度以及化学能转变为收缩机械能的速度与强度。这在很大程度上取决于兴奋从神经向肌肉传导的速度与强度，以及取决于释放和分解三磷酸腺苷（ATP）的数量和速度。所以，速度与肌肉中三磷酸腺苷的含量有关，与神经冲动传入肌肉时三磷酸腺苷的分解速度有关。其次，快速能力是以肌肉收缩和舒张的迅速转换为前提的。要使肌肉舒张，并能进行下一次收缩，必须使它收缩时消耗的三磷酸腺苷有比较完全的恢复和再合成。如果三磷酸腺苷完全耗尽，肌肉就不能继续工作。因此，速度又取决于肌肉收缩的间歇中三磷酸腺苷再合成的速度。肌肉快速收缩中，三磷酸腺苷的再合成是靠肌肉中磷酸肌酸（CP）分解释放出能量来完成的。磷酸肌酸也是速度素质的物质基础。人体快速运动的能力越强，其肌肉中磷酸肌酸的含量就越高，同时肌肉中糖酵解的活动能力也越强。同样，速度训练除了能增大三磷酸腺苷的再合成能力外，还能增加肌肉中能量物质的储备和能量物质迅速被利用的能力。

（六）注意力的集中程度

动作速度、位移速度除受以上所述因素影响之外，还和运动员注意力的集中程度有很大关系。注意力的集中程度实际上是一种心理定向能力。这种能力不仅能影响中枢神经系统兴奋与抑制快速转换的速度，而且对肌肉纤维的紧张程度与收缩效果有重大作用。另外，注意力集中程度的作用还表现在人体对快速随意运动的感觉与控制，这对发展人体快速能力是十分重要的。因此，在发展速度素质练习中，对运动员注意力的要求千万不能忽视。此外，运动员是否有勇敢坚强的精神，是否有坚定不移的信心与意志以及果断的性格，能否保持适度的兴奋和稳定的情绪等，都是影响运动员速度素质的提高和发展的重要因素。除上述影响速度素质的内在因素外，速度素质的提高还受到一些外部因素的影响，如气候、温度、环境等。这一切在发展速度素质的过程中都应引起充分的重视。

六、速度训练的基本要求

速度，是指人体快速运动的能力。为了击中目标或避开对手的击打，就必须具有迅速完成各种动作的速度，这也是在实战中能否击败对手的重要条件。

（一）速度训练的主要内容

1. 位移速度

位移速度是动作中突然改变方向的能力指标，包括平衡和对惯性的控制，如步法、身法的移动等。

2. 肌肉速度

肌肉速度是以正确快速的动作克敌制胜的能力指标，主要是肌肉收缩的速度。

3. 心灵速度

心灵速度是用灵活敏捷的思维，思考如何挫败对手、反击对手的能力指标。

4. 动作速度

动作速度是由正确的状态、正确的姿势，以技术动作攻击的能力指标。

5. 视觉速度

视觉速度是眼睛能否在对手运动或静止时迅速地发现其破绽的能力指标。

（二）具体训练方法

1. 练习 30 m 跑

身体素质训练采用30 m速度跑即可，如30 m快速跑、30 m变向跑、30 m加速跑、30 m侧向跑。该距离能发挥速度、提高下肢力量，还能提高协调性。在跑步过程中改变条件还能培养受训者精神集中能力和应变能力。

2. 练习反应速度

一方进攻，一方防守。要求防守者在对手进攻之前发现其动作，并准确做出防守动作。

3. 快速跳绳

半分钟跳绳，计次数。一是双脚跳一次，绳绕一周；二是双脚跳一次，绳绕两周。

4. 打靶练习

一是按照预定的顺序，击打拳靶，评定完成规定动作数量所需的时间；二是规定30 s时间，按预定顺序反复击打拳靶。

5. 负重练习

如马步推砖、戴重拳套和腿系沙袋空击或击打吊袋等。

（三）在速度训练中应注意的问题

（1）要以最快的速度完成训练动作，采用的动作是受训者已熟练掌握的正确动作。

（2）击打动作练习持续时间一般不应超过20 s。

（3）专门性的动作速度练习应与实战对抗动作相一致。

（4）训练时要掌握好练习的间歇时间。

第二节　速度训练的方法

一、反应速度的训练

（一）反应性游戏

（1）两人拍击。两人面向开立，听到开始口令后，设法拍击对方背部，而又不被对方击中自己，在规定时间内（每次1 min左右），拍中对手多者为胜。

（2）反应起跳。练习者围圈而向圈内站立，圈内1~2人，站在圆心附近手持小树枝或小竹竿（竿长超过圈半径）。游戏开始，持竿者将竹竿绕过站圈人脚下划圆。竿经谁脚下即起跳，不让竿打中脚，被打即失败，进圈换持竿者，持竿者可突变划圈方向，训练其反应。

（3）“猎人”与“野鸭”。把游戏者分成“猎人”和“野鸭”两队。“猎人”站成一个圆圈，互相间隔两臂长。“猎人”脚前画一个大圆圈（圈的大小根据人数的多少）。“野鸭”站圈内，1~2名“猎人”手持排球。“猎人”在圈外用球掷“野鸭”，被击中的“野鸭”退出游戏，“野鸭”在圈内闪避来球。“猎人”可以用传球袭击“野鸭”，直至“野鸭”打尽。互换角色。规则：“猎人”不能进圈，不能击打“野鸭”头部。

（4）找伙伴组合。练习者绕圈跑，听教练口令，几人组合，练习者即几人成组，不符合组合人数者为失败，失败者罚做俯卧撑、高拍腿等练习或表演节目。

（5）追逐游戏。两队相距2 m面向站立，根据教练规定哪队是单数哪队是双数（或其他信号），听教练口令发出是单数还是双数（教练叫一个数字），按事先的规定（叫到单数，单数跑或追），一队跑一队追，在15~20 m左右距离内追上为胜，追不上为败。

（6）起动追拍。两人一组前后相距2~3 m慢跑，听到信号开始加速跑，后者追前者，追上并拍击他背部就停止，要求在20 m内追上有效。也可在追赶时，教练发出第二个信号，让其后转身互换追赶。

（7）抢球游戏。用实心球围成一个圆圈，球数比练习人数少，游戏开始，练习者绕球圈外慢跑，听到信号后每个人就近抢球，谁没有抢到即被淘汰，并去掉一球继续进行，其余练习者各得一分，依此类推继续进行抢球，最终得分多者获胜。

（二）反应练习

（1）听口令做对应的相反动作。听教练叫“立正”，练习者做稍息；叫“向左转”、练习者做向右转，等等。

（2）听信号起动。加速跑、慢跑中听信号后突然加速冲跑10 m。反复进行。

（3）小步跑、高抬腿跑接起动加速跑。做原地或行进间的小步跑或高拍腿跑。听到信号后突然加速冲跑10~20 m。反复练习。

（4）俯撑起跑。从俯撑开始，听信号后迅速收腿起跑10~20 m。

（5）转身起跑。背对前进方向站立，听信号后迅速转体180°，起动加速跑20 m。以上练习一般每组练习2~3组，重复2~3组，组间休息5~7 min。

（6）听枪声及口令起跑。蹲踞式或站立式起跑20 m。组数及每组次数根据运动员水平而定，组间休息5~8 min。

（7）听信号变速快跑。在慢跑或其他移动中，听口令或看信号即起动快跑10~20 m。练习组数、次数及休息同前（1）~（5）。

（8）反应突变练习。练习者听各种信号做滑步、上步、交叉步等移动、转身、急停、接球、上步垫球等模仿练习。

（9）听信号做不同的专门练习，听号数做不同的练习。

（10）接传不同方向的来球。几人从不同方向给一人供传球，一人接不同方向的来球。

（11）抢接球练习。几人成一排，教练身后向前抛球，练习者见球后快速起动抢接球。

（12）截断球。教练供不同方向的球，练习者随时起动断球。

（13）利用电子反应器练习。根据不同的信号灯，用手或脚按压按钮，记反应时等。

二、动作速度的训练

（1）听口令、击掌或节拍器摆臂。两脚前后开立或弓箭步，根据口令或击掌或节拍器节奏，做快速前后摆臂练习20 s左右，节奏由慢至快，快慢结合；摆臂动作正确、有力。重复2~3组，组间休息3~5 min。

（2）原地快速高抬腿或支撑高抬腿站立或前倾支撑垒木或墙壁等。听信号后做高抬腿10~30 s，大腿抬至水平，上体不后仰。可重复练习4~6次，间歇5~7 min。

（3）仰卧交替。是指仰卧两腿快速交替作高抬腿练习（动作同上），要求以大腿工作。做10~30 s，练习次数及间歇同上。这个练习也可做抗阻力练习，如拉胶皮带，将胶皮带分别固定在垒木（或树干）上和两脚踝关节处，以高抬腿拉力抗阻力，胶带固定的一端要低于垫子平面约20 cm，也可拉完胶带后再徒手练习，以提高动作速度。

（4）悬垂高抬腿。两手握单杠成悬垂，两腿快速交替做屈膝高抬腿和下蹬伸直动作，速度越快越好。每次两腿各抬20~50次，重复2~3组，组间歇3~5 min。

（5）快速小步跑。小步跑15~30 m，两腿频率越快越好。要求以大腿工作，小腿放松，膝踝关节放松，脚落地“扒地”。重复4~6次，间歇5~7 min。

（6）快速小步跑转高抬腿跑。快速小步跑5~10 m后，转高抬腿跑20 m。小步跑要放松而快，转高抬腿跑时频率不变，只是幅度加大。重复3~5次，间歇同上。

（7）快速小步跑转加速跑。快速小步跑10 m左右转入加速跑。加速跑时频率节奏不能下降，跑出20~30 m放松。重复次数及间歇同上。

（8）高抬腿跑转加速跑。快速高抬腿跑10 m左右转加速跑，频率节奏及前摆腿的高度不能下降。重复次数及间歇同上。

（9）变速高抬腿跑。行进间高抬腿跑中突然做几次最快速的高抬腿练习。动作要协调，重复4~6次，间歇5 min左右。

（10）高抬腿跑接快速车轮跑。原地快速高抬腿5~10 s，接车轮跑15 m。3~5次为一组，重复2~3组，组间歇7~10 min。

（11）前倒起跑。两脚前后开立，身体自然向前倾倒，至重心前倒失去控制时迅速起跑20~30 m。每组2~3次，重复2~3组，组间歇5~7 min。

（12）踏标记高频快跑。在跑道上画出步长标记，听信号后全速踏标记跑20~40 m。步长标记要合适（一般比正常步长稍短些）。每组2~3次，重复2~3组，组间歇5 min。

（13）利用转动跑道高频跑。利用机械控制速度的转动跑道进行高频跑，速度控制在比运动员的速度稍微快些（运动员实际是原地跑）。每次练习10~15 s，每组2~3次，重复2~3组，组间歇8~10 min。

（14）跨步跳接跑台阶。开始跨步跳台阶，听信号后变为快速跑台阶。要求逐个台阶跑，不许跨越，速度越快越好。如台阶数目固定可以计时跑。每组5~7次，重复2~3组，组间歇3~5 min。

（15）面对肋木站立，起跨腿蹬地同时，摆动腿快速前摆，同时异侧臂前摆与摆动腿的脚掌一起落在横木上。要求起跨充分向前蹬地，不能离地，强调攻摆速度。连续进行10~20次为一组，重复2~3组，组间歇5 min。

（16）扶垒木跨栏角。垒木前旋转一栏架，离木约80~100 cm，面对垒木站栏侧，手扶垒木躯干前倾。做快速提拉起跨，腿从栏角过栏。强调动作正确，提拉速度要快。连续进行15~20次为一组，重复3~5组，组间歇5 min。

（17）小步跑跨栏角。10~12 m内放置5个跨栏，在快速小步跑中摆动腿在栏侧做过栏动作，起跨腿跨过栏角过栏。频率越快越好，上下肢配合协调，每组3~4次，重复3~5组，组间歇5~7 min。

（18）高抬腿跑跨栏角。栏架及栏间距同上，在快速高抬腿跑中跨栏角过栏。动作要求与练习次数同上。

（19）连续跨栏跑。放5~6个低栏，栏间距1.5~2 m，做快速连续过栏练习。要求动作速度快，节奏清楚，过栏动作正确。每组5~7次，重复2~3组，组间歇7~10 min。每次计时跑。

（20）腾空剪腿。快速助跑3步起跳，腾空后摆动腿，大腿高摆至髋关节水平，然后积极下压，同时起跳腿向前上摆，两腿在空中快速交叉换步以摆动腿落地。要求空中动作速度越快越好。每组7~10次，重复2~3组，组间歇3 min。

（21）听节拍器或击掌助跑起跳。按节拍器或击掌的节奏快速助跑，5~7步起跳，以腾空步落地。要求助跑最后两步再加速起跳，起跳速度越快越好。每组7~10次，重复2~3组，组间歇3~5 min。

（22）加速助跑起跳。全程助跑跳远，起跳前10~20 m时加速跑，起跑后做蹲踞式跳远落地。要求全速中起跳，起跳果断。重复7~10次，间歇5 min。

（23）侧跳台阶。侧对台阶站立，两腿前交叉做侧跳台阶动作，快速连续做，上体不要摇摆。每组进行3~5次，重复2~3组，组间歇3 min。

（24）左右腿交叉跳。在一条线上站立，沿着线两腿向左、右两侧方向做交叉跳20~30 m，要求交叉跳时大腿同抬，快速转髋，动作速度越快越好。重复4~6次，每次间歇3 min。

（25）向后单足跳站立。两臂前平举，做向后快速单足跳10 m，放松走回。要求跳动时由摆动腿发力，动作频率越快越好。重复4~7次，可计时进行。

（26）上两步转身推铅球。背对投掷方向站立，右手持铅球，左腿向前迈一步，接着右腿前迈屈膝，重心移到右腿，迅速蹬转右腿，向后转体将球推出。要求转体快、出手速度快。球重2~3 kg，每组练习7~10次，重复2~3组，组间歇3 min。

（27）交叉步推铅球。侧对投掷方向，右手持铅球于肩上，右腿向左前方迈出，做快速交叉步推球。要求交叉步动作要快，推球出手速度越快越好。每组7~10次，重复2~3组，组间歇3 min。

（28）对墙掷棒球。运用掷标枪的交叉步助跑，快速挥臂将棒球向墙上掷出。要求技术正确，出手速度快，重复练习10~20次，每次间歇2 min。

（29）投掷铁球。直臂于体后；呈掷标枪的引枪姿势。向前三步将铁球快速掷出。要求出手速度及鞭打动作。铁球重0.3~0.5 kg。每组练习5~7次，重复2~3组，组间歇5 min。

（30）掷铁棒。面对投掷方向，手持铁棒，做掷铁饼的旋转动作后出手练习。要求旋转和出手速度越快越好。铁棒长40 cm，重不超过0.5 kg。连续练习一组5~10次，重复2~4组，组间歇5~7 min。

（31）快速掷铁饼。站立，左臂前举，右手持铁饼，右臂往后摆掷1次，运用掷铁饼技术将铁饼快速掷出。要求用小指到食指依次用力拨饼，速度越快越好。每组10~20次，重复2~3组，组间歇7 min。

（32）徒手或轻器械做各种投掷的原地及完成的技术练习。

（33）跳起屈体。原地分腿上跳，同时体前屈手触脚尖。连续跳5~10次。要求动作速度越快越好，可计时进行。重复3组，每组间歇5 min。

（34）纵跳转体。原地跳起转体360°，落地连续进行10~20次，可计时进行。强调转体，速度要快，不要求跳得高。重复2~3组，组间歇5 min。

（35）起跳快速转体。三步助跑起跳，摆动腿屈膝上摆，空中转体180°～270°，起跳腿落地。要求起跳、转体速度越快越好，转体时躯干保持直。连续进行3~5次为一组，重复3~5组，组间歇3 min。

（36）单杠弧形摆下。单杠上成正撑，上体后倒，做正撑弧形前摆转体180° 跳下。要求前摆转体速度越快越好。每组5~8次，重复2~3组，组间歇5 min。

（37）吊绳支撑转体。面对吊绳站立，吊绳后放置一个高跳箱，三步助跑起跳手抓吊绳，收腹举腿，脚放在跳箱上，做快速支撑转体180°。要求整套动作快速、连贯。每组5次，重复3~5组，组间歇5 min。

（38）跳抓吊绳转体。面对吊绳站立，全速助跑起跳后双手抓吊绳，做后仰收腹举腿，转体180° 跳下。要求节奏清晰，动作迅速，重复10~15次，每次间歇3 min。

（39）起跳悬垂摆体。手持撑竿，助跑七步插地起跳，迅速做悬垂体后仰举腿动作。每组5~7次，重复3~5组，组间歇3 min。

（40）快速挥臂站立。头上方悬吊重沙袋。做原地扣排球动作，快速挥臂拍卖沙袋30次，重复3~5次，每次间歇5~7 min。

（41）快速挥臂击球。把排球吊在距墙1 m左右，高度因人而异。原地站立，连续挥臂用手掌拍击碰墙反弹回来的球。要求速度越快越好，击球时做出鞭打动作。每一组20~30次，重复2~3组，组间歇7~10 min。

（42）转身起跳击球。吊球悬挂在距墙3 m处，高度因人而异，原地起跳用手击吊球后空中转体180° 落地，接着转身起跳击球，连续进行5~10次为一组，重复3~5组，组间歇5 min。

（43）扣快球。一人网前站立，按一定节奏往上抛球，另一人连续起跳扣快球练习。连续进行10~15次为一组。重复2~3组，组间歇7~10 min。

（44）起跳侧倒垫球。排球网前站立，听信号后双脚起跳摸网上高物，落地后迅速倒地，垫起教练员扔过来的低球。连续进行10次为一组，重复3~4组，组间歇7~10 min。

（45）快速挡球。两人一组，相对5 m站立，准备排球 20个。一人快速抛出各种变化球，另一人用双臂迅速将来球挡回。连续进行30~50次为一组。尽量提高抛、挡球的动作速度。重复2~3组，组间歇5 min。

（46）两侧移动。两个物体相距3 m，高1.20 m，练习者站中间，做左右两侧移动，用左手摸右侧的物体，右手摸左侧的物体。强调移动及转体速度要快，计算 30 s内转体触摸物体的次数。重复3~4次，每次间歇5~7 min。

（47）对墙踢球。距墙4~6 m站立，以脚内侧或正足背连续接踢从墙上反弹回来的球。也可两人交替踢。要求踢球速度越快越好。连续练习20~30 s，计踢球次数，重复3~5组，组间歇5~7 min。

（48）曲线带球。每人一球，在30 m内插10根旗杆，用脚内外侧快速带球依次绕过旗杆返回起点，要求带球速度越快越好，可计时进行。重复5~7次，每次间歇6 min。

（49）两脚间交替踢球。站立，两脚间放一足球，用脚内侧在两脚间不停顿地踢球前进，连续进行30 m。要求用时短而且两脚触球次数越多越好。重复4~8次，每次间歇5 min。

（50）移动打球。6人站成相距2 m的等边六边形，5人体前各持一篮球，听信号后徒手队员快速移动循环拍打站立者手中的球。每次移动打球20次，计算完成时间，依次进行。每人完成两次循环为一组，重复2~3组，组间歇3~5 min。

（51）快速移动起跳。在篮板左下角站立，跳起双手摸篮板，落地后迅速移到篮板右下角起跳摸篮板。连续移动起跳，10次为一组，重复2~3组，组间歇 5~7 min。

（52）运球绕障碍。篮球场上纵向放置5个障碍物间距2 m，听信号后做快速运球绕过障碍物往返跑，可以竞赛方式计时，不得触碰障碍物。每组往返2~3次，重复3~5组，组间歇5~7 min。

（53）移动断球。两名队员相距6 m站立，做快速不断传球。中间一名防守者在移动中断球，如得到球后将球传给传球者，连续30~50 s为一组，计算断球次数。重复2~3组，组间歇5 min。

（54）对墙单手拍球。持球对墙站立，对墙快速拍球20~30 s为一次，要求在规定时间内数拍球次数，频率越快越好。每组2~3次，重复2~3组，组间歇5~7 min。

（55）快速传接球。两人相距6 m站立，做快速胸前传接球。要求传接技术正确，传球速度越快越好。每组20~30 s，计算传球次数。重复3~5组，组间歇3~5 min。

（56）快速体侧传接球。两人相距3~4 m站立，用2~3个篮球按顺时针方向做快速体侧单手传接球练习。连续进行30 s为一组，重复3组，组间歇5 min。

（57）上步后撤步移动。在乒乓球台端线站立，根据对面教练长短球手势做上步和后撤步的步法移动，要求移动速度越快越好。移动30 s，重复3~5次，每组间歇5 min。

（58）交叉步移动。在乒乓球台端线站立，听信号后左脚迅速向右侧跨一步连做折臂打球动作，右脚迅速向左侧做同样动作。要求左右移动20 s，移动速度越快越好。重复2~3组，每组间歇4 min。

三、移动速度的训练

移动速度在某种意义上可看成一种人体综合运动和能力。移动速度的快慢不仅和动作技术水平有关，而且和力量、柔韧性、速度耐力及协调性的发展也有着十分密切的关系。从另外一个角度，也可把移动速度看成是动作速度、速度耐力与意志力的组合。所以移动速度练习可采用以下方法：

（一）力量练习

力量练习是提高位移速度的基本方法之一。常用的发展位移速度的力量练习有负重杠铃、各种单双足跳、多级跳和跳深等形式。力量水平特别是爆发力水平的提高对位移速度的提高具有相当重要的意义。不过，在力量练习中应注意以下几点：

（1）力量练习时，以提高速度力量为主，通常是强调负重力量练习的速度，力争快速完成。

（2）注意采用极限和次极限负荷强度，以提高快肌纤维的功能。练习的次数与组数不宜过多。

（3）通过力量练习提高肌肉、韧带的坚韧性，防止在速度训练中受伤。

（4）力量练习后应有2~6周的减量练习阶段，以便通过“延缓转化”把所提高的力量能力转移到速度能力上去。

（5）多做一些超等长的力量练习（如多级跳、跳深等），以提高肌肉收缩时的快速力量。

（二）重复练习

重复练习是指以一定的速度，多次重复一定距离的练习。这种方法对提高人体在快速移动中克服各种内外阻力以及速度耐力十分重要。采用重复练习时要重视以下问题。

（1）练习强度：是提高运动员快速移动能力的主导因素。位移速度属极限强度，应以高强度进行位移速度的练习，强度一般可控制在90%~95%，在此之前要安排一些中等或中上强度的练习作为适应。在高强度的练习中，运动员要高度集中注意力，最大限度地动员肌肉力量，并加大动作速度与幅度，发挥最高速度水平。

（2）练习量：移动速度练习要保证一定时间，但不宜太长。高强度练习一般持续时长20 s以内，距离50~60 m，游泳10~15 m，速滑100~200 m为宜。次数和组数的确定应根据运动员高速度出现与保持的时间，以及克服疲劳和机体恢复能力来决定。一般，极限负荷时间短，一组6~7次，重复5~6组；非极限负荷时间长，重复次数与组数减少。

（3）间歇安排：应以运动员肌体相对得到恢复为标准。运动员在下一次练习开始前，中枢神经系统再度兴奋，机体内物理化学变化在很大程度上已经中和，能保证下次练习的能量供应。间歇时间的长短主要和练习持续时间有关。一般，练习持续时间5~10 s，各次练习间休息1~2 min，组间间歇2~5 min；若练习持续时间10~15 s，各次练习间休息3~5 min，组间间歇10~20 min。

（4）肌肉的放松能力：在重复练习中，肌肉在极限强度负荷下完成最快的收缩功能，容易疲劳，恢复较慢。所以在练习中要重视提高肌肉的放松能力，也就是肌肉主动消除疲劳的能力。大量材料表明，放松能力对速度运动项目的影响越来越大。

（三）步频、步幅练习

步频和步幅是影响位移速度的两个主要因素。尤其是步频受肌纤维类型和神经活动灵活性制约，步幅受腿的长度、柔韧性、后蹬技术力量的制约。这五个因素中，只有柔韧性和后蹬技术通过训练能得到改善，其他三个因素受遗传的影响，后天改善的程度有限。因此，对有一定训练水平的运动员，主要是通过提高步幅来提高移动速度。目前，通过人为条件发展步频、步幅的手段很多，如牵引机、加吊架的领先装置、转动跑道、惯性跑道等。

（四）比赛法、游戏法练习

比赛法是速度训练中经常采用的方法。由于移动速度练习时间短，经常采用比赛法是可行的。采用比赛法能促使运动员情绪高涨，表现最大速度的可能性就会增加。通过比速度、比技术、比成绩等可以起到激励斗志，鼓舞情绪的作用。在比赛的条件下，往往能比平时更快地作出反应，完成快速移动。游戏法同比赛法作用一样，可以激起运动员高涨的情绪。同时，由于游戏过程能引起各种动作变化，还可以防止因经常安排最大速度练习而引起的“速度障碍”形成。

第三节　速度训练的技术动作

一、发展反应速度的技术动作

现代科学研究结果表明：反应速度主要受遗传的影响，运动训练并不能改变人的反应速度。训练的作用只是把受遗传因素影响所决定的最高反应速度表现和稳定下来。通过训练，最高的反应速度出现得多，就是反应速度稳定性好。例如，通过多次重复练习在实战中的一个防守动作，使得其动作速度力量、协调时间都达到了相当高的程度，缩短了其反应速度。

（一）简单动作反应速度的训练

提高简单动作反应速度，主要取决于运动员对于动作熟练的程度。如截拳道训练中的打靶练习，教练员规定好练习的动作，突然亮靶，运动员尽可能快地做出打击动作。对于初学者采用游戏和球类等活动，就可以提高简单动作的反应速度，而且可以达到良好效果。但是，如果要把截拳道中的一些简单动作反应速度提高到一定程度，就必须采用专门的训练方法和手段。

（1）重复法。要求运动员尽可能快地对突然出现的信号或突然改变的环境做出反应，回答的动作是运动员早已掌握的简单的单个与组合的练习。例如，反复完成闪躲防守左直拳，同时，反击对方腹部的动作；根据教练员手势做出相应的防守动作等。经过一段时间训练，随着反应速度的巩固和提高，再进入专门训练阶段。

（2）分解法。即分解回答反应的动作，使之处于较容易完成的条件下，通过提高分解动作的速度来提高反应速度。例如，运动员完成侧闪躲防守左直拳，而后右横扫腿击打对方腹部的动作组合，在训练中，可先练习躲闪，然后单独提高横扫腿的动作速度。

（3）变换法。即根据动作的强度和具有时间变化的信号刺激，明显改变练习形式和环境来提高简单动作反应速度。例如，采用接近比赛的条件性实战，消除运动员心理障碍等方法来提高简单动作反应速度，使最高反应速度得到进一步稳定。

（二）复杂动作反应速度的训练

复杂动作如截拳道比赛，攻防激烈、瞬息万变。这对于复杂动作反应速度有着更高的要求，而且它与技术、战术训练密不可分，因此，最主要、最有效的方法是实战、条件实战和参加比赛。对抗双方只有在实战中，特别是在比赛中，才可能暴露出问题。选择的动作是否正确、有效，只有在实战运用中才能得到检验。

复杂动作反应速度的训练方法：

对对方进攻动作作出反应和选择，包括发现进攻、判断速度和击打部位、选择动作方法、实现方案四个阶段。其中，提高运动员复杂动作反应主要是缩短观察与判断的能力。具体方法如下：

（1）提高预判能力。这种能力的培养可以采用单独的防守实战训练，如：教练员规定双方采用一至两种的进攻与防守动作，一方进攻，一方防守。要求防守运动员抢先于进攻一方之前发现其动作，抓住一切可能出现的预兆，如对方出拳、出腿动作前的预摆、面部表情、身体特点等。实践证明，如果能准确地意识到对手可能采取的进攻方式，就可能准确选择相应动作来应对，达到缩短反应时间的效果。但最重要的一点是，双方都要从实战要求出发认真练习。

（2）采用带有防守、进攻组合动作的打靶训练。

采用打靶训练提高选择反应时间。教练员持靶，在不同的位置突然示出，规定好运动员在不同位置的打靶动作组合，并要求快速完成。这一方法是建立在技术动作的熟练程度、质量以及个人特点和协调能力等基础上的，故它是一种提高技术、战术训练的有效手段，只是要求不同。

总之，要在有目的地发展复杂反应速度的专门训练中，尽可能地模拟产生复杂反应的条件和类似的形式，让运动员反复适应后使其反应时间缩短。由于复杂动作反应速度的转移范围较广，因而应采用多种形式的专门练习。

二、发展动作速度的技术动作

提高动作速度的方法有：助力或减阻练习法、预先加难练习法、变换训练法、速度控制训练法、信号刺激法等。

（一）助力或减阻练习法

训练中给予运动员以助力，帮助其快速完成动作的训练方法。具体手段如体操选手在教练员帮助下做快速的摆腿振浪练习；铅球教练员在运动员最后用力的瞬间，在其投掷臂肩后给予助力等。另外也有训练中减轻外界阻力（负重重量）的训练方法。

（二）预先加难练习法

加大难度、加大阻力进行练习后，突然将阻力或将难度恢复到正常水平，利用前面练习对神经系统及运动系统的较高要求，形成后续作用（痕迹作用）来有效提高动作速度。具体手段如跳高选手腿缚沙袋做摆腿练习，除去沙袋后接着再做相同练习，以提高起跳瞬间摆动腿的速度。

（三）变换训练法

缩小完成练习的空间时间界限（如球类小场地快速完成练习）的练习法。常常通过小场地的练习，限制活动的时间、范围和技术动作的频繁出现，进而达到提高运动员完成动作的速度的目的。如，5人制的室内足球比赛，3人制的篮球赛等。

（四）速度控制训练法

通过主动对动作速度的有效控制练习来提高运动员动作速度的感知能力，进而提高运动员的动作速度。例如，在技能主导类表现难美性项群的练习中，单个或几个最高速度的动作与整套动作之间适合速度比例的训练。

（五）信号刺激法

借助信号刺激提高动作速度的方法。如利用同步声音的伴奏，使运动员伴随着声音信号的快节奏而做出协调一致的快速动作。

三、发展移动速度的技术动作

（一）起动能力练习

起动训练包括起跑练习、负重短距离加速练习和短跑辅助技术练习。

（二）助力速度训练

助力速度训练法，又称超最大速度训练法，是指利用器材或场地突破已有的速度极限的练习方法。如短跑中的下坡疾速跑，自行车训练中定量转速（超过自行车运动员已有的）的功率自行车训练等都是以打破已有速度极限为目的的训练方法。超最大速度跑可以起到提高步频、收缩肌肉的肌电加强、蹬地反作用力加大、肌肉紧张度加大、肌肉内储存的弹性能增加、肌肉收缩效率及改善技术的作用。助力速度训练的基本方法有下坡跑、牵引练习、高速跑步机冲刺练习。

（三）阻力速度练习

为了使加速跑阶段和高速跑阶段的水平速度达到最大限度，阻力训练的目标必须放在加大伸髋肌群的力量上。阻力训练的另一个目标是减小脚每次着地时身体重心下降的幅度。短跑中脚着地阶段，身体重心不应下降过多。下肢各关节伸肌的力量越大，支撑阶段中身体重心下降的幅度越小。下肢关节的弯曲度越小，引起的伸肌伸张反射强烈，从而使每一步后蹬阶段的力量越大。

通过加大跑动的阻力提高下肢力量的速度训练方法，如上坡跑、拖重物跑（轮胎、降落伞）、沙地跑、水中跑等方法。

（四）速度耐力的练习

无氧代谢在任何练习的开始时都会出现。它为肌体提供快速的能源，直到循环系统和呼吸系统供能调整的出现。低于6 s的所有快速跑，几乎完全依赖磷酸原供能系统。快速跑约超过6 s后开始动员糖酵解系统供能。速度耐力训练的目的是提高适合不同项目的竞技需要的耐力。速度耐力训练可以预防运动员在比赛后期、长距离冲刺的后半程及较短比赛间歇的几次重复快速跑情况下速度下降。当中场队员被速度较慢的队员赶上，短跑运动员在后面的10~20 m被对手超过，还有篮球运动中抢断上篮的运动员被防守队员把球打掉等情况下，速度耐力的好坏就非常明显了。高水平速度耐力为运动员提供在每一次短距离冲刺时的充沛的动力。

速度耐力训练包含某一运动冲刺距离、间歇时间两个基本要素。重复的次数和组数应依比赛中的运动情况确定。一个足球、曲棍球的典型的训练计划涉及跑动距离逐渐地从10 m增加到50 m，重复次数从5次增加到15次，慢跑恢复和休息的间歇时间从20 s降低到5 s。速度耐力训练一般每周不超过两次，比赛期每周一次。速度耐力训练的持续时间应该在30 s甚至2~3 min，速度训练一般在5~10 s。速度耐力训练的间歇时间一般较短，一次练习后没有完全恢复时即应进入下一次练习。

小　结

1.速度素质是人体的基本身体素质之一，在身体训练和竞技比赛中占有重要的地位和作用。在体育比赛中，有些项目比赛的成绩直接受到速度素质的制约，如田径中的短跑、短距离游泳、划船、自行车、滑冰、滑雪等项目本身就是比运动员快速运动的能力，通过一定距离所用速度的快慢来决定胜负。

2.速度素质分为反应速度、动作速度、移动速度，其中反应速度能力遗传度高，发展空间较小。这是因为反应速度由神经反射通路的传导速度所决定，很大程度上取决于遗传因素，通过训练可使运动员潜在的反应速度能力更好地表现出来。而动作速度和移动速度都可以通过提高运动员的力量来改善与提高。

3.在速度素质训练中，反应速度的训练方法多以各种信号刺激和移动目标的训练方式来提高运动员对外界变化快速反应的能力；动作速度的训练方法多以力量训练和各种改变训练条件或环境的训练方式来提高运动员快速完成技术动作的能力；移动速度的训练方法多以力量训练和各种助力训练来提高运动员单位时间快速移动的能力。

4.在速度素质训练中，无论发展哪种类型的速度素质，都必须要在运动员精神饱满、情绪高涨和体力充沛的条件下进行，以达到最好的训练效果。避免将速度素质训练安排在其他训练之后，否则运动员会因为体力、注意力的下降导致受伤。

第五章

耐力素质训练

学习目标

- 学习耐力素质训练的基本概念、训练的方法以及专业的技术动作。
- 掌握耐力训练的方法和技术动作，不仅能锻炼身体的力量、协调性、敏捷性，还能改善身体状况。
- 通过特殊的训练来提升综合运动能力。

第一节　耐力素质概述

耐力素质是指机体在一定时间内保持特定强度负荷或动作质量的能力。“一定时间”是指不同专项对运动时间的规定。保持特定运动强度或动作质量是耐力水平的体现。耐力水平的提高表现为更长时间保持特定强度或动作质量，或在一定时间内承受更高强度的能力。运动员要在竞赛全过程保持特定的运动强度或动作质量，就必须具备良好的耐力素质。

一、耐力的概念

耐力是指进行某项活动的耐久能力。具体地讲，耐力是衡量做某事或某动作能坚持多久的一个指标，一般可从身体素质和意志方面来讲。人对紧张体力活动的耐久能力，是人体长时间进行持续肌肉工作的能力，即对抗疲劳的能力。耐力包括两个方面，即肌肉耐力和心血管耐力。耐力的提高不仅取决于人的发育成熟，也和负荷要求有关。合乎规律的耐力性负荷训练可使肌肉、器官、心肺、血液、免疫系统以及物质代谢调节出现适应现象。

发展耐力素质的基本途径有两个：一是增强肌肉力量、提高肌肉耐力的训练；另一途径是提高心肺的功能。可安排室外较长时间的走、跑、跳绳、爬山、游泳、滑冰、各种球类运动等。同时应注意量力而行、循序渐进，避免过度疲劳。

二、耐力的分类

按人体的生理系统分类，耐力素质可分为肌肉耐力和心血管耐力。肌肉耐力也称为力量耐力。心血管耐力又分为有氧耐力和无氧耐力。有氧耐力是指机体在氧气供应比较充足的情况下，能坚持长时间工作的能力。有氧耐力训练的目的在于提高运动员机体吸收、输送和利用氧气的能力，促进有机体的新陈代谢。无氧耐力是指机体以无氧代谢为主要供能形式，坚持较长时间工作的能力。无氧耐力又分为磷酸原供能无氧耐力和糖酵解供能无氧耐力。在无氧代谢供能的肌肉活动中，CP分解供能，不产生乳酸，称为磷酸原代谢供能，机体处在这种状态下，坚持较长时间工作的能力，称为磷酸原代谢供能的无氧耐力。在无氧代谢的肌肉活动中，糖的酵解供能，产生乳酸。机体处在这种状态下，坚持长时间工作的能力，称为糖酵解代谢供能的无氧耐力。根据肌肉工作的力学特征，可分为静力性耐力（如立姿步枪射击）及动力性耐力。依耐力素质对专项的影响，耐力素质又可分为一般耐力和专项耐力。一般耐力是指对提高专项运动成绩起间接作用的基础性耐力；专项耐力是指与提高专项运动成绩有直接关系的耐力，具体地讲是指持续完成专项动作或接近比赛动作的耐力。

三、影响耐力提高的因素

耐力与运动员其他方面的素质有着紧密的联系，它是一个多因素的能力。

（1）运动员的个性心理特征。运动员的运动动机和兴趣、对面临的运动活动的心理稳定性、努力程度、刚毅性、自持力，以及其他的意志品质都直接影响到耐力。

（2）有机体活动时能量交换和获得的机能能力。有机体活动时能量供应以及保证能量交换和获得能量这一体系的机能能力，包括对运动员有机体各种能量储备、能量交换过程的动员等，其对耐力也有很大影响。

（3）有机体机能的稳定性。有机体机能稳定性可以使有机体各个系统在疲劳发展、内环境产生变化时，机能积极性仍然保持在必要的水平上。

（4）有机体机能的节省化，身体协调的完善，力量的合理分配。机能的节省化主要反映在随着训练水平的提高，单位工作时间中能量消耗的减少；身体协调的完善可以减少不必要的能量消耗；力量的合理分配则可提高能量的利用程度和效率。这些都直接决定了有机体能量储备的利用率。

（5）遗传因素。遗传对有氧耐力影响甚大。VO2max（决定耐力素质的主要因素之一）的93%取决于遗传因素，后天训练只能提高7%。

（6）CNS（中枢神经系统）的功能。CNS长时间保持兴奋-抑制的节律性转换是具体维持长时间工作能力的首要条件；CNS通过交感神经对肌肉、内脏、各个神经中枢起适应与协调作用，有助于提高肌肉活动的耐力水平；CNS通过体液的调节（神经-体液调节），促使肾上腺素、肾上腺皮质激素分泌增加，心血管系统、肌肉线条工作能力提高，耐力水平提高；耐力训练促进神经系统有关功能的提高。

四、耐力训练的主要手段与基本要求

耐力素质练习的方法较多，而且各种方法都有其各自的特点。总的来说，这些特点基本上又体现在耐力素质练习过程中，如练习强度、持续时间、间歇时间与方式、重复次数等因素的组合与变化。目前，常用的耐力练习方法主要包括：持续练习法、重复练习法、间歇练习法、变换练习法、游戏比赛练习法、循环练习法、高原训练法。

（一）持续练习法

持续练习法是指在相对较长的时间里（不少于30 min），以较为恒定的强度持续地进行练习的方法。持续练习法具有持续刺激机体的作用，有利于改善大脑皮层神经过程的均衡性，提高心血管系统和呼吸系统的功能，能较经济地利用体内储备的能量，有利于发展有氧和一般耐力。

持续练习法由于持续时间较长，又没有明显的间歇，所以总的练习负荷量较大。但是练习时的强度较小，而且比较恒定，变化不大，一般在60%的强度上下波动。练习对机体产生累积性的刺激比较和缓。持续练习时，内部负荷心率一般控制在140~160次/min为宜，优秀运动员可达160~170次/min。

构成持续练习法的基本要素是重复练习的方式、时间与强度，在方式固定的情况下，练习的时间与强度可作相应调整，如练习强度大，时间可缩短；练习强度小，则适当延长练习时间。

（二）重复练习法

重复练习法是指不改变动作结构和外部负荷表面数据，在相对固定的条件下，按照既定间歇要求，在机体完全恢复的情况下反复进行练习的方法。重复练习法能使能量物质的代谢活动得到加强，并产生超量补偿与积累，既有利于发展有氧耐力，又有利于发展无氧耐力。重复练习法每次练习的负荷量与强度可大可小，根据具体任务、目的而定。由于每次练习前均需恢复到原来开始练习前的水平，即心率在100~120次/min的水平上，故每次练习可以保证强度在中等偏大或极限强度（90%~100%）范围内，从而使有机体的耐力水平得到有效提高。如长时间的重复练习，强度稍大于持续练习法，有利于有氧耐力的提高，而强度在90%以上的练习，则有利于无氧耐力的发展。

（三）间歇练习法

间歇练习法是指在一次（或一组）练习之后，按照严格规定的间歇负荷和积极性间歇方式，在机体未完全恢复的情况下从事下一次（或一组）练习的方法。间歇练习法与重复练习法较相似，主要区别在于间歇上的不同要求。重复练习法的间歇是采用完全恢复的间歇负荷和无严格规定的间歇方式（多以消极性的静息为主）进行的。而间歇练习法则是以未完全恢复的间歇负荷和积极性的间歇方式进行的。运动员总是在未完全恢复的状态下进行下一次练习，有明显的疲劳积累，对机体的刺激强度较大。间歇练习法间歇后心率一般在120次/min以上，明显高于重复练习法，但其练习强度因间歇负荷水平较高而无法达到重复练习法的水平。练习时一般心率在170~180次/min，负荷强度70%~80%，有利于提高机体的心肺功能和无氧代谢能力。

间歇练习法的持续时间与练习强度之间形成一种对应关系，强度大、时间少；强度小、时间稍长。据此间歇练习法可分为“低强度间歇练习法”和“高强度间歇练习法”。低强度间歇练习法也称非强化间歇练习法，其负荷在周期性项目中，一般为本人最大强度的60%~80%，在非周期性项目中为50%~60%，负荷持续时间为45 s至1.5 min，此方法有助于发展有氧无氧混合代谢能力和专项能力。

高强度间歇练习法也称强化间歇训练法，其负荷强度在周期性项目中一般为本人最大强度的80%~90%，在非周期性项目中为70%~80%，每次练习的时间因强度较大而相对较短，约15 s到1 min。这种方法对发展速度耐力和专项耐力均有较大作用。在周期性项目中运用时，有时也可用小段落和短间歇的方式进行安排，这有助于提高无氧非乳酸代谢能力。

（四）变换练习法

变换练习法是在变化各种因素的条件下反复进行练习的方法。由于耐力练习比较枯燥，采用变换练习法可以在一定程度上提高运动员的练习兴趣和积极性，从而提高练习的效果。变换练习法所变换的因素一般有练习的形式、练习的时间、练习的次数、练习的条件、间歇的时间、方式与负荷等。以上因素只要改变其中一个因素，就会由于这一因素的变化对运动员机体造成负荷刺激的变化。因而变换练习法的核心是变换运动负荷。变换运动负荷的形式一般有三种：

一种是不断增加负荷，一种是不断减少负荷，第三种是负荷时增时减。在实际练习中究竟采用哪一种形式，应视具体情况而定。如要加大对机体的负荷刺激，就要增加负荷。如要提高机体对负荷刺激的适应能力，就应注意负荷的变化，时增时减。“法特莱克法”是变换练习法的一种特殊形式，也可以理解为是一种由持续练习法和变换练习法综合而成的组合练习法。其特点是在各种变换的外界自然环境条件下进行持续、变速的跑步练习，时间长达1~2 h，强度自我调节，伴随有节奏的变化。如在草地、树林、小丘、小径等自然条件下，把快慢间歇跑、重复跑、加速跑和走等方法不规则地混合起来练习，跑步的距离可为5~15 km。法特莱克练习对练习的过程没有明确的限制，运动员可自由选择地形、确定速度和路线。因此，这种方法能使耐力练习变得较为生动，使得运动员在练习中能主动投入，积极进取，有利于发展一般耐力。变换练习法可以提高练习的兴趣和积极性，在运用时要注意贯彻循序渐进原则，各种因素的变换一开始不能太突然，以免机体不能迅速适应，造成损伤。

（五）游戏比赛练习法

游戏比赛练习法是指运用游戏与比赛的方式进行练习的方法。这种方法能较快地提高运动员练习的兴趣和积极性，并在练习中充分发挥主动精神，使机体能够承受较大强度的负荷，有利于提高有氧耐力和无氧耐力。游戏法与比赛法是两种有紧密联系的练习方法，比赛法是从游戏法发展而来的，但练习强度大于游戏法。故儿童少年时期发展耐力的方法不采用比赛法，一般由玩耍性的游戏练习逐步过渡到带有比赛性质的游戏练习。生长发育过程基本成熟后，就可采用比赛法来加大练习的强度，从而提高专项耐力水平。发展耐力素质的游戏法有球类游戏和田径游戏，常用的比赛法有训练课中安排的“练习赛”和“对抗性练习”等。无论是游戏法还是比赛法，都容易激发运动员的练习热情，以致难以控制自己。因此，采用游戏比赛练习法时，应控制运动员的热情，掌握好运动负荷，以免因过于兴奋和体力消耗过大而造成有机体损伤或机体工作能力下降。

（六）循环练习法

循环练习时的各站内容及编排，必须符合专项特点的要求进行选择和设计，同时应根据“渐进负荷”或“递增负荷”的原则安排练习。以上所介绍的耐力练习方法基本上是单一类型。在实际发展耐力素质的练习过程中，往往还要采用综合练习法，即组合练习法和循环练习法。通过各种方法的综合排列，使得练习过程变化更大，更具选择性，从而有效提高耐力水平。

（七）高原训练法

主要利用高原空气稀薄的条件，在缺氧情况下进行训练。这有利于刺激机体，改善呼吸及循环系统的机能，提高最大吸氧能力，刺激造血功能，增加循环血中红细胞和血红蛋白的数量，提高输氧能力，因而高原训练具有提高运动员对氧债（氧需和实际供氧量之差）的承受能力，进而提高有氧耐力和无氧耐力的水平。

第二节　耐力训练的方法

一、有氧耐力的训练

有氧耐力是指长时间进行有氧供能的工作能力，负荷强度为人体最大负荷强度的75%~85%，心率一般在140~170次/min。时间最少为5 min，一般在15 min以上决定机体有氧耐力的生理因素主要是运动中氧气的供应因素和作为能量物质的糖原含量。以下介绍几种有氧耐力的训练方法。

（一）持续负荷法

持续负荷法是发展有氧耐力的主要方法。其特点是负荷量大，没有间歇。持续负荷法根据速度是否变化又分为匀速训练和变速训练两种。采用持续负荷法训练时，每次负荷时间不少于30 min。对有一定训练水平的运动员负荷时间可达60~120 min。练习强度可以通过测定心率等方法计算，心率可控制在150~170次/min。采用变速训练时，可在练习过程中逐步提高速度，即从较低的强度提高到中等强度。例如第一个1/3的距离可用较低的速度完成，然后将速度提高到稍低于中等强度的水平，最后1/3距离则用中等强度的速度完成。此外，还可以不断变换强度。例如，在每1~10 min的最高强度负荷后，可穿插安排中等强度负荷，以保证机体在下一次提高负荷前稍有调整。采用最大负荷时，心率可达到180次/min，恢复阶段降到140次/min。有节奏的、波浪形变化的强度安排，有助于进行大负荷训练，并能有效提高心脏和中枢神经系统功能，提高机体在不同情况下的适应能力，从而大大提高有氧耐力水平。

（二）间断负荷法

间断负荷法又分为间歇训练法和重复训练法。

1. 间歇训练法

间歇训练法是一种采用各种强度的重复刺激，并在各练习之间按预定计划安排间歇时间，使机体处于不完全恢复的状态进行反复练习的训练方法。这种方法对发展耐力水平非常有效。间歇训练的主要影响因素包括强度、负荷数量、持续时间、间歇时间、休息方式等。

（1）强度：短距离或中距离间歇训练心率应达到170~180次/min。长距离间断训练心率应达到160~170次/min。只有用较大强度才能有效提高心脏功能，达到发展有氧耐力的目的。

（2）负荷数量：负荷数量一般以距离和时间来表示。其基本要求是一次练习负荷数量不要过多，若一次练习负荷数量多，持续时间长，则会导致工作强度下降，不利于心脏功能的提高。

（3）持续时间：练习持续时间可根据练习任务和运动员本身情况确定。每一次练习的持续时间可分别为15~90 s，2~8 min等。在训练中较多的是60~90 s。但整个练习持续时间应尽可能延长，应保持在半小时以上。只有这样才能提高有氧能力及心脏的泵血功能，还有利于运动员意志品质的培养。

（4）间歇时间：为实现对运动员呼吸和心血管系统不间断的刺激，主要以心率来控制间歇时间。其基本要求是在运动员机体尚未完全恢复（心率恢复到120~140次/min）时进行下一次练习。这样可使运动员在积极性休息阶段摄取大量氧气，并使整个练习过程的摄氧量保持在较高的水平上。

（5）休息方式：采用轻微活动性休息方式（如慢跑），以对肌肉中的毛细血管起到“按摩作用”，使血液尽快流回心脏，再重新分配到全身，以尽快排除机体中堆积的酸性代谢产物，以便更好地进行下一次练习。

2. 重复训练法

重复训练法在发展有氧耐力的同时，还能发展专项或比赛耐力。练习距离可长于或短于专项比赛的距离。负荷强度比间歇训练法大。每次训练应等完全恢复以后，再重复进行。较长时间的重复训练对有氧耐力要求很高。

二、无氧耐力的训练

（1）发展非乳酸性无氧耐力训练一般采用95%左右的强度，心率可达180次/min以上。这种训练方法可使运动员机体供氧和供能产生很大负担，心舒张期的缩短导致冠状动脉供血不足，从而提高运动员承受氧债的能力。此时多采用大强度的间歇，以提升运动员的ATP的有氧再合成水平和提高肌肉中肌红蛋白的含量。在训练中不宜采用100%强度，是因为这样能使运动员保持一定的训练次数与组数同时还可避免“速度障碍”的产生，也有利于运动员对技术的掌握与改进。发展非乳酸性无氧耐力一次负荷的持续时间一般为3~8 s（20~70 m的赛跑、8~20 m的游泳等）。当负荷时间超过8 s时，代谢性质就会发生改变，达不到发展非乳酸性无氧耐力的目的。进行非乳酸性无氧耐力训练，氧债的偿还速度相对快，待机体氧债基本得到偿还时，就可进行下一次的训练了。所以练习与练习之间的休息可以相对短一些，如2~3 min。但是组与组之间的间歇时间相对长一些，如7~10 min，这是因为磷酸肌酸在肌肉中的储存量有限，在第3~4次重复练习中几乎就已消耗尽了，所以需要依靠组与组之间较长时间的间歇来促进能源物质的恢复。但间歇不要太长，以免神经系统兴奋性下降。练习重复次数与组数，是以不降低运动员中枢神经系统的兴奋性和工作的强度为原则。一般情况下，重复练习次数比组数少些为宜，如重复练习次数为3~4次，重复组数可达5~6组。

（2）乳酸无氧耐力训练。运动员机体是以糖酵解方式供能，在糖酵解过程中产生乳酸。由于乳酸的产生改变了血液的酸碱度，使血液偏向酸性方向变化，这样会对机体产生很大的刺激（特别是神经系统），从而提高无氧耐力水平。因此，乳酸无氧耐力训练的负荷强度应低于非乳酸无氧耐力，高于有氧耐力训练的强度。这个界限大约处于运动员本人可以承受的最大强度的85%~95%。心率处于160~180次/min。由于人体产生乳酸的时间，大约是处于机体剧烈活动的35 s以后。所以负荷时间应多于35 s。为了使产生的乳酸达到一定值，应该有一定的保持时间，使机体以糖酵解方式供能，刺激机体能力的提高，这样负荷时间能控制在1~2 min。

（3）肌肉耐力训练的方法。发展肌肉耐力多用负重法，即让运动员承受一定的负荷物，进行多次重复练习。如手持哑铃上举的练习、引体向上、俯卧撑等。影响肌肉耐力发展的基本因素是运动员完成练习的重复次数，即使是较小的负荷强度，只要能坚持较多的重复练习次数也可以使肌肉耐力得到发展。发展肌肉耐力的原则是坚持，直到运动员再也不能完成下一次动作，达到极限次数为止。肌肉耐力的发展与负荷强度的大小关系不大，而肌肉耐力的发展与坚持练习的重复次数及时间有着密切的关系。但是，在运动训练中，应有一定的负荷强度要求，这是因为有一定的负荷强度，可以充分利用较长的训练时间，提高训练的效果。在训练实践中，往往是安排中等负荷的强度，即运动员能坚持重复13~18次练习的负荷强度。运动员承受某一负荷强度的重复次数与本人力量有关，如用较大的负荷强度训练时，力量较大的运动员一般要比力量较小的运动员能完成更多的重复次数。

三、耐力训练的方法

耐力训练的方法较多，而且各种方法都有各自的特点。目前，常用的耐力练习方法如下：

（1）1 min立卧撑。立卧撑由直立姿势开始，下蹲两手撑地，伸直腿成俯撑，然后收腿成蹲撑，再还原成直立。每次做1 min，4~6组，间歇5 min，强度为50%~55%。要求动作规范，必须站起来才算完成一次练习。也可以穿上沙背心做该练习，或做立卧撑接蹲跳起，这样会使强度增大，做30次为一组，组间歇为10 min。

（2）重复爬坡跑。在15° 的斜坡道或15~20° 的山坡上进行上坡跑，重复5次或更多，跑距250 m或更多，间歇3~5 min，强度为60%~70%。可以根据训练目的决定强度，根据心率控制运动强度，也可以通过穿沙背心来增加强度。

（3）连续半蹲跑。呈半蹲姿势（大小腿呈100° 左右），向前跑50~70 m，重复5~7次，每组间歇3~5 min，强度为60%~65%，不规定速度，走回来时尽量放松，在进行下次练习前，可做15 s贴墙手倒立。

（4）连续跑台阶。在高20 cm的楼梯或高50 cm的看台上，连续跑30~50步，如跑20 cm高的楼梯，每步跳2级，重复6次，每次间歇5 min，强度55%~65%。要求动作不能间断，但不能规定时间，向下走时尽量放松，心率恢复到100次/min时可开始下一次练习，也可穿沙背心做该练习。

（5）沙滩跑。在沙滩上做快慢交替自由跑，每组500~1 000 m，也可穿沙背心跑，速度变化和要求可因人而异，做4~6组，组间歇10 min，强度为50%~55%。

（6）逆风跑或负重耐力跑。遇大风天气（风力不超过五级）可在操场或公路上做持续长距离逆风跑，也可做1 000 m以上的重复跑，重复次数4~6次，间歇5 min，强度55%~60%。也可以穿沙背心进行负重耐力跑，训练要求与逆风跑相同。

（7）原地间歇高抬腿跑。原地或前支撑做高抬腿跑练习。每组100~150次，6~8组，每组间歇2~4 min，强度为55%~60%，要求动作规范，不要求时间，但动作要不间断地完成，也可负重做练习，但每组练习次数及组数可适当减少。

（8）原地间歇车轮跑。原地做车轮跑，每组50~70次，6~8组，组间歇2~4 min，强度为50%~60%，也可扶墙借助支撑物完成。

（9）后蹬跑。后蹬跑每次100~150 m或负重后蹬跑60~80 m，6~8组，组间歇3~5 min，强度为50%~60%。

（10）连续换腿跳平台高度30~45 cm，单脚放在平台上，另一脚在地上支撑，两脚交替跳上平台各30~50次，要求两臂协调配合，上体正直，重复3~5组，组间歇3 min，强度为55%~65%。

（11）长距离多级跳。在跑道上做多级跳，每组跳80~100 m，约30~40次，3~5组，组间歇5 min，强度为60%~70%，如果规定完成练习的时间，强度便会大大提高，就要注意组间运动员机体的恢复情况。

（12）半蹲连续跳。在草地上做连续向前双脚跳，落地成半蹲（膝关节是90~100°），落地后迅速进行第二次。每组20~30次（也可50~60 m），重复3~5组，组间歇5 min，强度为55%~60%。

（13）连续深蹲跳。连续做原地深蹲跳起或在草地上向前深蹲跳，要求落地即起。每组20~30次或30~40 m，重复3~5组，组间歇5~7 min，强度55%~65%。

（14）沙地负重走。沙滩或沙地上，肩负杠铃杆或背人做负重走。每组200 m，5~7组，组间歇3 min，强度为55%~60%，注意心率指标保持在130~160次/min。

（15）沙地竞走。沙滩或沙地上做竞走，每组500~1 000 m，做4~5组，组间歇3 min，强度为55%~60%，要求动作规范，尽可能保持较高速度。

（16）沙地后蹬跑或跨步跳。沙滩或沙地上做后蹬跑或跨步跳，每组后蹬跑80~100 m（跨步跳50~60 m），重复3~5组，组间歇5 min，强度为55%~70%。

（17）水中高抬腿跑。在40~50 cm深的浅水池中，做原地高抬腿跑，每组100次，4~6 组，组间歇10 min，强度为55%~60%，也可穿插进行行间高抬腿跑，则间歇就稍长些。

（18）水中支撑高抬腿。在40~50 cm深的浅水池中，两手扶水池壁上体前倾支撑做高抬腿练习，每组50次，4~6组，组间歇5 min，强度为55%~65%，也可在水中行进间后蹬跑穿插进行，间歇则应延长到8~10 min。

（19）负重连续原地跳。肩负杠铃杆等轻器械做连续原地轻跳或提踵练习，每组30~50次，重复6~8组，组间歇3~5 min，强度为40%~50%。

（20）连续跳推举。原地蹲立，双手握杠铃杆，提铃至胸后，连续做跳推举杠铃杆。每组20 ~30次，4~6组，间歇3 min，强度为40%~60%。

（21）连续跳实心球。面对实心球站立，双脚正面跳过球后，迅速背对球跳回。往返连续跳，每组60次，4~5组，组间歇3 min，强度为50%~55%。

（22）双摇跳绳。原地做正摇跳绳，跳一次摇两圈绳，连续进行。每组跳30~40次，做4~6组，组间歇5 min。强度为55%~60%。该练习必须熟练掌握二摇一跳的技巧，心率必须在恢复到120次/min以下时，方可进行下一组练习。

（23）连续跳深。站在60~80 cm高的台阶或跳箱上双脚向下跳，落地后迅速接着向上跳上30~50 cm高的台阶或跳箱上。连续跳20~30次为一组，3~5组，组间歇5 min。强度为60%~65%。

（24）连续纵跳摸高。在摸高器或篮球架下站立，连续纵跳双手摸高。每组30次，4~6组，组间歇2 min，强度为40%~60%。

（25）连续跳起投篮。在篮下持球站立，听口令后跳起投篮，接球后再投。每组20~30次，做4~6组，间歇2 min，强度为40%~55%。可以规定时间及必须投进篮的次数。

（26）连续跳起传接篮板球。在篮下站立，双手持球跳起将球掷向篮板，待球弹回接球后再跳起掷球。连续30次为一组，4~6组，组间歇3 min，强度为40%~60%。不要求跳起高度，但动作必须连贯、协调不间断。

（27）连续反复传接实心球。用实心球做篮球传接球练习。每组50次，3~5组，组间歇5 min，强度为50%~60%。可选用1~2 kg实心球。

（28）连续跳起扣吊球。将10~15个吊球并排悬于空中，每个间隔1 m，高度为练习者跳起能扣球为宜。听口令后连续跳起扣球，每组扣一轮，5~8组，组间歇3 min，强度为55%~60%。可以规定完成一组的时间。

（29）连续跳起网上击掌。排球场上两人隔网相对站立，同时跳起两人在网上双手击掌。每组20~30次，4~5组，组间歇2 min。可原地或移动中完成。

（30）连续跳栏架。纵向排列20个高30~40 cm的栏架，做双脚起跳连续过栏架练习。往返一次为一组，8~10组，间歇3 min，强度为55%~60%。

（31）跳连环马。10~15人，间隔2 m成纵队，每人俯背拖腿成“人马”，排尾队员开始连续跳过人马至排头后加入“人马”行列，依此类推直至完成一轮。每组一轮，6~8组，间歇3 min，强度50%~55%。

（32）划船练习。水中划小船，每次10 min，4~5次，间歇10 min，强度为55%~65%。可采用单桨和双桨交替进行。规定10 min内划出去的距离。

（33）拉胶皮带。结合专项练习或专门练习做连续拉胶皮带练习。如拉胶皮带扩胸或拉胶皮带作支撑高抬腿等。根据练习的用力程度及运动员水平决定强度和次数，一般强度为55%~60%。

（34）连续引体向上或屈臂伸。连续在单杠上做引体向上或双杠上做屈臂伸。每组20~30次，4~6 组，组间歇5 min，强度为50%~60%。

（35）双杠支撑连续摆动。双杠上直臂支撑，以肩为轴做摆动，每组40次，4~5组，组间歇3 min，强度为40%~55%。前后摆两腿要摆出杠面水平，两腿并拢、伸展。

（36）双杠支撑前进。双杠上直臂支撑，两臂交替前移，每组往返5次，3~5组，组间歇5 min，强度为50%~55%。两臂各前移5次再返回。

（37）吊环或单杠悬垂摆体。握环（或单杠）成悬垂，做向前向后的悬垂摆体。每组30次，4~5组，间歇5 min，强度为50%~55%。摆动时身体保持直立，摆动幅度越大越好。

（38）手倒立。独立完成手倒立或对墙做或在帮助下完成。每组倒立静止2~4 min，3~4组，组间歇5 min，强度控制在40%~50%。

（39）俯卧撑或俯卧撑移动。在垫上连续做俯卧撑30次为一组，4~6组，或呈屈臂俯卧撑姿势，用双臂双脚力量左右移动，每组20~30次，4~5组，组间歇4 min，强度为50%~55%。俯卧撑时身体要保持伸直，移动时始终保持屈臂俯卧撑姿势。

（40）爬绳。两手握绳，依次连续倒手向上攀爬（不能用脚）。每组两次，5~10组，间歇5 min，强度为40%~55%。下滑时可用脚协助，不限完成时间。

（41）CrossFit（混合健身）。CrossFit是一种结合了举重、体操和体能的运动，通过一系列动作的搭配，以循环训练（circuit training）的模式进行，全面地发展身体的肌力、心肺耐力、协调性、敏捷度、速度、稳定度等能力。由于CrossFit的运动强度普遍很高，而且某些动作都需要具备一定的技巧（如瞬发上膊、抓举等），一般运动员在执行上相对比较困难，需要参考CrossFit的概念，设计一套动作相对简单，更适合铁三专项性的肌力训练，称为专项肌耐力训练。专项肌耐力训练可以以循环的方式进行，即从第一个动作开始，持续到目标时间后再换下一个动作，中间不休息，直到完成最后一个动作为一组（见表5-1）。在训练时最好能够把心跳率控制在有氧区间（最大心率的75%~85%），如此才能有效提升心肺有氧耐力与肌耐力；如果需要锻炼无氧系统，可以增加动作速度来提高强度。

表5-1 专项肌耐力训练

动 作	持 续 时 间
水平拉弹力绳	1 min
弓步交替跳	30 s
伏地挺身	1 min
深蹲推举	1 min
跳绳	2 min

注意事项：总计一个循环约5 min，依个人能力重复3~6个循环，组间休息60~90 s；搭配其他体能训练的话，一周只要进行1~2次就已经足够，不需要每天进行；如果对动作不熟悉，可以请专业的肌力教练指导。

（1）水平拉弹力绳。

①把弹力绳固定好，固定点在胸部正前方，双手握好弹力绳两端（或把手）。

②利用上背肩胛骨的力量把弹力绳往后拉，手肘超过身体后再回到起始位置。

（2）弓步交替跳。

①弓步姿势准备，身体挺直，前腿与后腿膝盖弯曲呈90°。

②利用前腿的力量往上跳，并在身体腾空时将前后脚交替。

③最后同样以弓步姿势落地，但前后脚交换，落地后马上再重复跳跃的动作。

注：建议手持两个哑铃进行，但前提是必须能够维持标准姿势，如果因为重量过重而造成姿势变形，则改用轻一点的哑铃或以徒手进行。

（3）俯卧撑。

①先以四肢着地姿势开始，双手比肩膀略宽撑在地板上。从侧面看，身体从脚踝、膝盖、臀部、肩膀到头部应呈一条直线。

②手臂弯曲，身体下移，直到双手肘关节约呈90°后，双手用力向上撑起，并回到起始动作。

注：若刚开始无法完成标准的俯卧撑动作，可以将双手改撑在固定良好的木箱或椅子上，如此可以减轻动作强度，箱子的高度越高，困难度就越低。相反，如果觉得标准的动作太轻松，可以把双脚放在木箱或椅子上，增加对上肢的负荷。

（4）深蹲推举。

①双脚打开与肩同宽，双手握住两个哑铃，并将其架在肩膀前方，手肘尽量往上抬高。

②臀部往后坐，膝盖弯曲，身体放低进入深蹲姿势，躯干尽量挺直。蹲坐时大腿尽量与地面平行，关节活动度较佳的人可以让大腿后侧接触到小腿肚后侧。

③大腿和臀部发力使身体从蹲举姿势回到站立姿势，同时将手中的哑铃往上举过头部，直到双手完全伸直后再把哑铃下放回肩膀，身体同时回到前蹲举姿势。

重复步骤②和③。执行动作的速度越快，强度越大。

（5）跳绳。

①双手握好跳绳的握把，将绳子放在双脚后方，使用手腕的力量挥动绳子，跳动时躯干保持挺直。跳绳的速度越快，强度越高。

②双脚在起跳与落地时都应该使用前脚掌，如果用全掌或脚跟落地将无法使用肌腱与肌肉吸收冲击力。另外，在跳动时脚掌只要轻轻离地即可，不宜使脚掌离开地面太高，除了费力之外，也会造成更多额外的冲击力。

注：更进一步可以只用单脚起跳与落地，先从每跳五下换一次脚，再逐渐进阶到每跳四下换一次脚、每跳三下换一次脚、最后变成每跳一下换一次脚，这样将会更符合跑步的动作模式（每一步都是单脚支撑在地面上）。

第三节　耐力训练组合训练法

组合训练法不是将各种单一训练方法简单地相加，而是通过间歇或交叉组合的方式，将不同的训练内容有机地结合在一起。它能灵活地调节运动负荷，有利于科学、合理地安排运动负荷，将不同训练内容的优点和功能集中在一起，可以起到事半功倍的效果。从运动训练学角度分析，中长跑项目是介于短跑和长跑之间的体能项目，因此决定中长跑成绩的主要因素将是速度和速度耐力水平。其中，速度是核心，速度耐力是基础，力量耐力是保证。所以在训练中应将速度、耐力训练、核心力量提到同等重要的位置上。

在能量代谢安排上，一堂训练课既有有氧耐力训练，又有无氧耐力训练，由于不同训练内容对机体的生理和心理过程提出的要求不同，机体接受负荷后，生理系统和心理系统的反应也不相同，恢复的时间也就不同。这就为交替安排不同的训练内容提供了重要的理论基础。而且小周期训练计划中，交替安排不同的训练内容，也能使运动员所需要的各种竞技能力得到全面发展。

从生理学角度分析，制约中长跑竞技能力的生理因素很多，其中机体（尤其是大脑皮质）对酸性环境的耐受程度或耐受能力，往往决定了中长跑运动员运动成绩的好坏。所以，要想提高中长跑运动水平，还必须遵守以下两个基本原则进行科学训练：

（1）以提高机体乳酸缓冲能力和血清乳酸脱氢酶（LHD）活性为主要训练目标的乳酸耐受训练。

（2）以提高糖酵解供能能力和机体耐乳酸能力为主要训练目标的最大乳酸耐受训练。

对于大众马拉松跑者而言，在训练环境（运动天赋、后勤保障、训练时间不能保障）不如专业运动队的情况下，提高训练效率的最佳途径是尽可能将影响运动员专项成绩的各种训练内容组合在一起，力求达到最佳训练效果。

针对马拉松训练特点和训练内容（包括有氧训练、混氧训练、无氧训练、速度训练和核心力量训练），可参考以下“组合训练法”计划。

周一：慢跑训练12 km+30 min核心力量（腰腹、下肢、脚踝）。

周二：混氧训练15 km+速度训练200 m（×5次）。

周四：有氧训练10 km+间歇训练1 000 m（×6次）。

周五：交叉训练游泳40 min（或慢跑12 km）+核心力量（腰腹肌、下肢力量）（×4组）。

周日：有氧训练25~30 km。

设计思路：注重综合运动素质培养，提倡中等运动负荷，强调有效训练效果。

运动次数：4~5次/周（周二、四、五、日训练计划必须完成）。

运动负荷：70~85 km/周。

每周安排一次混氧训练（强度：比赛配速），在保持量的基础上，旨在提升训练强度；一次长距离有氧训练（强度达到心率150次/min），旨在提高耐力水平；一次间歇训练（强度达到心率170~175次/min），旨在提高速度耐力、耐乳酸能力。其他两次训练课是慢跑训练，主要目的是让身体快速恢复，适当增加核心训练，旨在加强核心力量水平。

总之，“组合训练法”的核心思想是提倡运动员全面素质培养，强调有氧代谢、无氧代谢、核心力量、速度能力均衡发展和提高。贯彻组合训练法不仅可以有效提高运动员综合运动能力，确保运动员身体素质和专项素质全面发展。而且，相比单一训练模式，组合训练法更容易激发大家的训练积极性，也更能够满足大众跑者的训练需求。

小　结

耐力素质是指机体在一定时间内保持特定强度负荷或动作质量的能力。“一定时间”是指不同专项对运动时间的规定性。保持特定运动强度或动作质量是耐力水平的体现。耐力水平的提高表现为更长时间保持特定强度或动作质量，或在一定时间内承受更高强度的能力。运动员要在竞赛全过程保持特定的运动强度或动作质量，就必须具备良好的耐力素质。

耐力素质一般分为有氧耐力和无氧耐力。有氧耐力是指机体在氧气供应比较充足的情况下，能坚持长时间工作的能力。无氧耐力又根据供能系统的不同，分为磷酸原代谢供能的无氧耐力和糖酵解代谢供能的无氧耐力。其中，在无氧代谢供能的肌肉活动中，CP分解供能，不产生乳酸，称为磷酸原代谢供能，机体处在这种状态下，坚持较长时间工作的能力，称为磷酸原代谢供能的无氧耐力。而在无氧代谢的肌肉活动中，糖的酵解供能，产生乳酸。机体处在这种状态下，坚持长时间工作的能力，则称为糖酵解代谢供能的无氧耐力。

在耐力素质训练中，对于有氧耐力的训练多以各种中低强度负荷且长时间的训练方法为主，以此来给予运动员心肺系统最大的刺激，提高运动员机体摄取氧气和利用氧气的能力，进而提高有氧耐力。对于无氧耐力的训练，特别是糖酵解代谢供能的无氧耐力训练，多以各种中等强度负荷且持续时间在1 min左右的各种短间歇的训练方法，以此来不断地使运动员机体中的乳酸堆积，提高机体的耐酸能力，进而提高无氧耐力。

在耐力训练中，由于此类训练方法和内容极其枯燥乏味，运动员很容易失去对训练的积极性、降低注意力，从而增大了受伤的风险，降低了训练效率。所以，在实际训练中，要对各种耐力训练方法进行变换以及在训练中增加趣味性的游戏，以此来提高运动员训练的积极性。

第六章

柔韧素质训练

学习目标

- 掌握柔韧素质的基本内容，提高运动员的身体协调性和身体重心的控制能力。
- 掌握柔韧训练的方法，达到训练的目的，更好地提高运动员的积极性和进取心。
- 柔韧训练技术动作的提升，能够提高运动员的整体运动、运动后的快速恢复、肌肉的减震、肌肉的力量等。

第一节　柔韧素质概述

一、柔韧的概念与分类

（一）概念

柔韧素质是指人体各个关节的活动幅度以及肌肉、肌腱和韧带等软组织的伸展能力。例如，舞蹈演员的肩、腰、髋、腿等部位均需要具备特殊的柔韧性，才能在舞蹈中表现出大幅度的活动范围。柔韧性差会影响掌握动作技能的发挥，还会限制力量及速度、协调能力的发挥，也会造成肌肉、韧带损伤。在舞蹈教学训练中，既要解决舞者的软度问题，又要重视舞者的韧性问题，体现出柔中有刚和刚中有柔的效果。为此，需要我们深入研究柔韧素质和训练问题。对柔韧的训练可分为主动柔韧性练习和被动柔韧性练习两种。主动柔韧性是指依靠相应关节周围肌群的积极工作，完成大幅度动作的能力。主动柔韧性训练培养柔韧能力，也起到发展力量素质的作用。例如训练正、侧、后踢腿时，要求腿能踢得高、幅度大、速度快而有力，达到既有柔性又有韧性的效果。反过来力量素质的发展又能促进“主动柔韧性”水平的拉高。被动柔韧性是指被动用力（或借助外力）时，关节所能达到的最大活动幅度，如压腿、扳腿等练习。被动柔韧性练习是发展主动柔韧性的基础。

（二）分类

人们通常把柔韧素质简称为柔韧性。但不能把柔韧性和柔软性混为一谈，虽然两者都可用身体活动幅度的大小来衡量，可是它们在实质上是有区别的：从字义上讲，柔韧是既柔又韧，即柔中有刚，刚柔相济；而柔软只是柔与不硬，或柔中无刚，刚柔不济；从性能上看，韧是在幅度中还含有速度和力量的因素，即在做大幅度动作时，肌肉仍能快速有力，像收缩钢丝一样，既能弯曲又能迅速伸直。而柔软是幅度大，却缺乏速度和力量，做动作时软绵绵的，打得开却收不拢。体育运动中需要的是柔韧性而不是柔软性。

柔韧素质从其与专项的关系看，可分为一般柔韧性与专项柔韧性。一般柔韧性是指为适应一般技能发展所需要的柔韧素质，专项柔韧性是指专项运动需要的特殊的柔韧性，由于专项柔韧性是具有较强选择性的，因此，同一身体部位具有的柔韧性由于项目的需求不同，在幅度、方向等表现上也有差异。

柔韧素质从其外部运动状态的表现看可分为动力性柔韧性和静力性柔韧性。动力性柔韧性是指肌肉、肌腱、韧带根据动力性技术动作需要，拉伸到解剖学允许的最大限度能力，随即利用强有力的弹性回缩力来完成所要完成的动作。所有爆发力前的拉伸均属于动力性柔韧性。静力性柔韧性是指肌肉、肌腱、韧带根据静力性技术动作的需要，拉伸到动作所需要的位置角度，控制其停留一定时间所表现出的能力。如体操中的控腿、俯平衡动作、“桥”、劈叉，体育舞蹈中的各种体型；跳水运动员保持体前屈的姿势等就是这种能力的体现。动力性柔韧性建立在静力性柔韧性的基础上，但必须要有力量素质的表现。静力性柔韧性好，动力性柔韧性不一定好。

二、影响柔韧提高的因素

（1）肌肉、韧带组织的弹性不仅取决于性别、年龄，而且取决于中枢神经系统的兴奋度。情绪高涨时，柔韧性会增强。因此，柔韧训练要从少儿抓起，练习时的情绪也不可忽视。

（2）关节的骨结构是柔韧性最不易改变的因素，基本上由遗传决定。如先天骨盆形态偏平，其髋关节开度就好。关节周围组织体积大小对关节活动幅度有限制作用，它受先天和后天训练的影响。如有些肌肉体积增大后，就会影响其周围关节的活动幅度。因此，对体操、跳水、舞蹈等项目来说，控制肌肉体积的增大是极其重要的。

（3）神经系统兴奋与抑制过程转换的灵活性与运动中肌肉的基本张力有关。特别是中枢神经系统调节对于肌肉之间的协调性改善以及肌肉紧张和放松的调节能力的提高是至关重要的。就是通常所说的要求舞者做动作要放得开、别紧张。研究证明，训练水平高的人，肌肉的随意放松能力很高，这与中枢神经系统支配骨骼肌的神经细胞的抑制深度有关。

三、柔韧训练的要求

（1）主动拉伸与被动拉伸练习法必须相互兼顾。

主动的动力拉伸练习是依靠自身的力量，将肌肉、肌腱、韧带等软组织拉长，提高其伸展性的方法。如踢腿练习，可采用负重和不负重的拉伸练习。

主动拉伸还可采用静力拉伸练习法。在动作最大幅度的情况下，依靠自身肌肉力量保持静止姿势的练习。如在把上做控腿、探海、冲天炮等动作时，要求在规定时间内，保持静止不动姿势是提高肌肉控制能力的有效办法。

（2）被动性拉伸练习法是依靠外力的作用，促使关节灵活性增强的方法。

被动的动力拉伸练习是依靠老师或同伴的助力拉长韧带、肌肉的练习。如依靠同伴的助力逐渐提高后踢腿或前踢腿的动作幅度。

而被动的静力拉伸练习是由外力来保持固定姿势的练习。如依靠同伴的力量来保持高举腿的最大幅度。

第二节　柔韧训练的方法

一、主动性拉伸练习法

（1）颈部后仰拉伸（见图6-1）。

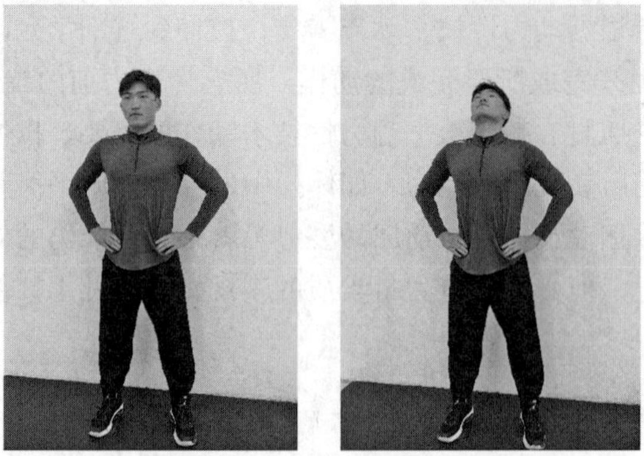

图6-1　颈部后仰拉伸

涉及肌肉：胸锁乳突肌。

动作要领：手放在髋部，挺直背部，轻轻地抬头向上伸展。

（2）颈部左右侧拉伸（见图6-2）。

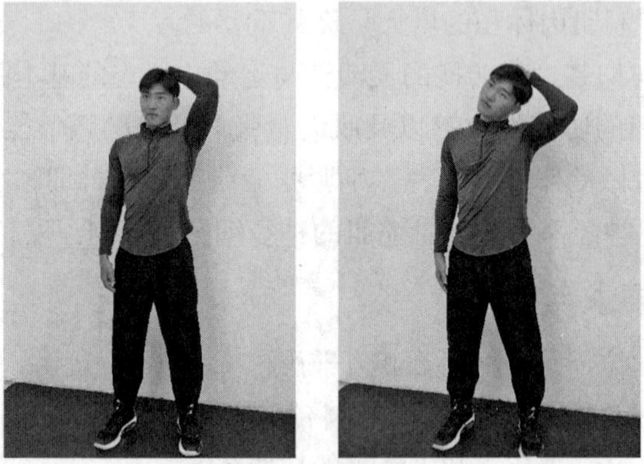

图6-2　颈部左右侧拉伸

涉及肌肉：胸锁乳突肌和斜方肌上部。

动作要领：坐立，身体立直，将头倾斜到左边，左侧练习后换右侧重复练习。

（3）婴儿式（见图6-3）。

涉及肌肉：背部肌肉。

动作要领：跪立，双腿分开，臀部坐向脚后跟，身体向前，双手前伸，尽量让用额头触地。

（4）骆驼式（见图6-4）。

图6-3　婴儿式

图6-4　骆驼式

涉及肌肉：腹直肌和腹外斜肌

动作要领：髋部缓慢向前推，稍微向上，双手握住双脚，注意不要过度挤压腰部。

（5）胸部拉伸（见图6-5）。

涉及肌肉：胸大肌。

动作要领：面对墙站立，右手推墙，身体慢慢地离开墙壁，尽量朝前，另一侧重复练习。

（6）广角式（见图6-6）。

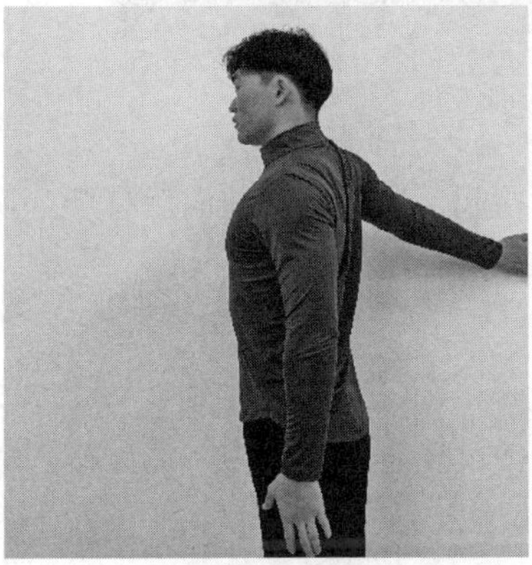

图6-5　胸部拉伸

图6-6　广角式

涉及肌肉：内收肌、腘绳肌。

动作要领：坐在平地上，双腿缓慢伸直打开，不要弯曲膝盖，身体稍向前倾斜。

（7）站立颈部伸展（见图6-7）。

图6-7　站立颈部伸展

涉及肌肉：斜方肌。

动作要领：站立，双腿并拢，微微屈膝，手轻扶头部向前倾斜，下巴往胸部贴近。

（8）三角式（见图6-8）。

图6-8 三角式

涉及肌肉：腹斜肌。

动作要领：左手放在站立腿前，腰背部挺直，右手抬起，让髋部从前向后打开。换对侧重复练习。

（9）上背拉伸（见图6-9）。

涉及肌肉：背阔肌。

动作要领：靠墙一定距离站立，身体与地面平行。尽量保持背部平坦，然后从胸部开始慢慢弯曲。

（10）仰卧脊柱扭转（见图6-10）。

图6-9 上背拉伸

图6-10 仰卧脊柱扭转

涉及肌肉：臀部和腹外斜肌。

动作要领：仰卧，屈右膝，身体向左扭转。对侧重复练习。

（11）站立侧弯（见图6-11）。

涉及肌肉：腹斜肌、腰方肌和背阔肌。

动作要领：站立，身体向右侧弯，重复左边的练习。

（12）单腿前屈式（见图6-12）。

图6-11　站立侧弯

图6-12　单腿前屈式

涉及肌肉：腘绳肌。

动作要领：站立，一只脚在前，背部挺直。双手放在髋部，前腿伸直，后腿屈膝，感受前腿股二头肌拉伸，另一条腿重复。

（13）蝴蝶式（见图6-13）。

涉及肌肉：内收肌。

动作要领：屈膝坐下来，脚底相对，背部平直，轻轻地将双手放在膝盖上，将臀部和膝盖向下靠近地面。

（14）怀抱婴儿式（见图6-14）。

图6-13　蝴蝶式

图6-14　怀抱婴儿式

涉及肌肉：臀部和内收肌群。

动作要领：坐在地板上，挺直背部，慢慢地将一条腿拉到胸前，把大腿转出来，另一条腿重复。

（15）前屈折叠式（见图6-15）。

涉及肌肉：腘绳肌和小腿肌肉。

动作要领：坐在地板上，双腿并拢伸直向前折叠。

（16）弓步式（见图6-16）。

图6-15　前屈折叠式

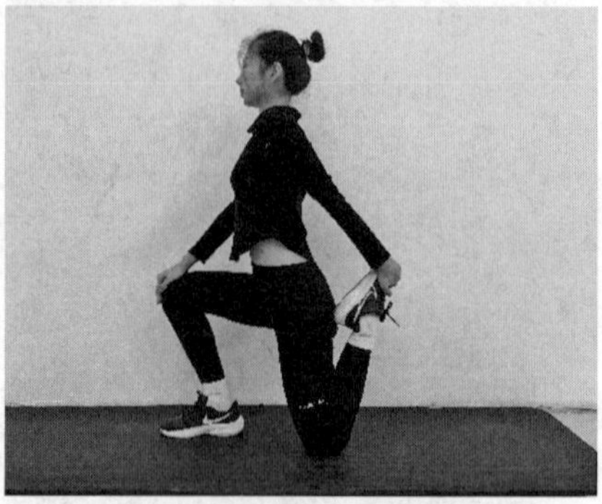

图6-16　弓步式

涉及肌肉：髂腰肌和股四头肌。

动作要领：左腿向前屈膝90º，抓住右脚拉向腰间，单边维持30 s。

二、被动性拉伸练习法

被动拉伸，就是借助外力（外物、重力、伙伴），自身肌肉不主动发力，只是被动地拉伸。其实，我们平时做的很多拉伸都是以被动拉伸为主。这里，以小腿拉伸为例，说明主动拉伸和被动拉伸。

小腿前侧肌肉主动收缩，产生勾脚尖动作（见图6-17），小腿后侧肌肉放松拉长，从而产生小腿后侧肌肉的主动拉伸。

另一动作则是依靠墙压力来勾脚尖，这个小腿拉伸就是被动拉伸（见图6-18）。

图6-17　产生勾脚尖动作

图6-18　被动拉伸

被动拉伸因受外力作用，拉伸幅度较大，对目标肌群而言拉伸效果会更好一些，但一定要在保持不受伤、拉伸不疼痛的前提下，让肌肉感到紧绷就好。如果拉伸太疼，反而引起肌肉的收缩保护反射，让拉伸效果大打折扣。拉伸动作最好每次保持15~30 s。

三、柔韧训练参数

（一）专项柔韧素质主要采用的训练方法

专项柔韧素质是保证技术动作完成的重要条件，也是运动员减少运动损伤的重要途径。通过专项柔韧素质训练，能够使得肌肉更加协调，提高本体感受能力。

我国棒垒球运动员主要采用动力和静力拉伸法来提高柔韧性，而对本体感觉神经肌肉促进法（proprioceptive neuromuscular facilitation，PNF）采用得较少。在进行柔韧素质训练时，最佳的拉伸训练时间应在30~60 s，如果持续训练的时间较长，则可能导致肌肉的轻微撕裂或者在热身前拉伸易导致神经阈值的降低，影响运动表现。因此在运动训练时，可在准备活动部分增加柔韧和伸展训练的环节，在专项柔韧素质训练中，应以中低强度的静力和动力伸展为主。

（二）各阶段专项柔韧素质的训练安排

柔韧素质训练应经常进行，我国大部分棒垒球运动员在各个阶段的训练均达到每周6次以上，并且各种形式的训练一般安排在训练的开始阶段和训练的结束阶段进行。在实际训练过程中，其主要问题为：运动员进行的柔韧训练多为专项素质训练，而专项柔韧性的训练较少，并且专项柔韧性的训练次数、时间和动作幅度等方面都有待进一步发展提高，很多运动员对于专项柔韧素质的重视程度不够。因此，运动员应高度重视专项柔韧素质训练，而不应将其仅仅作为一种运动前的热身和运动后的放松。在训练或比赛后可以采用被动拉伸来改善关节灵活度以及增加肌肉弹性。而在训练或者比赛前进行动态的主动拉伸，也可以认为是灵活性练习，这类拉伸属于专项的柔韧性拉伸，让身体为训练或比赛做好准备。

（三）专项柔韧练习的顺序

调查发现，不同项目的练习顺序是不一样的。但有些习惯性的练习顺序往往并不一定是最佳的。例如，大部分教练员认为，棒垒球运动员的专项柔韧素质训练应从上肢的柔韧性训练开始。但是，运动训练实践表明，棒垒球运动员在进行专项柔韧素质训练时，应从核心肌肉群的柔韧性训练开始，然后再进行下肢和上肢的柔韧性训练。在核心肌群柔韧性发展的基础上，能够更好地促进其他部位的柔韧性训练。

第三节　柔韧训练的技术动作

一、肩部练习的技术动作

（1）肩屈柔韧性训练：该训练是通过推墙的方法，利用身体的重心，帮助拉伸肩膀肩屈的能力，顶住墙后，双脚向后走，好像用自己的身体去推墙一样地发力，这个时候手的位置与臀部的位置基本在一条直线上（同一高度）。放松肩部，同时收缩核心，就可以感觉到压力明显集中在肩部，因此可以通过身体的重量来做一个开肩的训练。这个训练每组重复30~60 s，每天重复5~10组，一个月的时间就可以有明显的效果。

（2）肩伸柔韧性测试：首先趴在地面上，用胸口压住地板，将两只手紧紧地贴着大腿，沿着大腿向背侧抬起，如果两手能够抬起向上与地面呈50º，那么肩伸功能就不受限，从仰视的角度看一下抬起的手，必须是紧紧地贴着大腿内侧。

（3）绕肩运动：双脚分开与肩同宽正常站姿；双手前平举，两手相对，十指相扣。然后左右手相互拉住，左肩用力带动双臂左伸拉，感到右手臂及肩部肌肉明显紧张，使右肩拉开，稍作停留，还原两臂前伸动作，再向反方向做拉伸。最后保持双手扣紧在胸前，从左向右，慢慢地向后方绕圈，经头后再绕回身前，绕圈两周，再从右向左绕两圈。

肩部在人体中是一个很重要的支撑点，同时它也具有很大的活动幅度，能够很好地承受外界给身体的压力。大家一般都关心肩部的关节力量，可是肩部的力量练习固然重要，柔韧性也必不可少的。接下来学习肩部柔韧性的相关练习。

第一节：迈步后伸臂。

预备：直立，体侧对着桌边或窗台，一手握拳支撑桌面或窗台，肘关节伸直。

动作：手固定不动，两腿向前迈一步，身体随之前移，使肩关节被动牵拉后伸。

第二节：下蹲后压臂。

预备：背靠桌边或窗台边站立，两手握拳支撑在桌上或窗台上。

动作：两手和上身保持不动，屈肘、屈膝下蹲，使肩关节被动向后上方抬起。

第三节：下蹲上举臂。

预备：面对桌子或窗台约一臂的距离站立，上臂伸直，手放在桌上或窗台上。

动作：手和上身保持不动，屈膝下蹲，使肩关节被动向前上方抬举。

第四节：下蹲外展臂。

预备：距桌子或窗台约一臂的距离侧身站立，上臂伸直，手掌放在桌上或窗台上。

动作：手不动，屈膝下蹲，同时上身稍向内侧倾斜，使肩关节被动外展。

第五节：转体旋臂。

预备：站在门框旁，屈肘，将手放在门框侧。

动作：手和前臂保持不动，身体向相反方向旋转，使肩关节被动旋转。

注意事项：

①做操时，尽量通过身体其他部位的主动活动来带动肩关节活动。

②动作范围由小到大，逐渐增加。

③每节动作可做4~8次，若单侧动作，应左右两侧交替进行。

二、胸部练习的技术动作

（1）胸大肌上束伸展。

动作要领：

①站立位，选择合适高度的椅背，将手直臂向后搭在椅背上，腿部呈跪姿的弓箭步。

②吸气时，脊柱伸展，吐气时躯干往下压，让胸大肌中束感觉到拉伸，静力性保持10 s，休息2 s，循环进行10次。

（2）胸大肌中束伸展。

动作要领：

①站立位，选择合适高度的椅背，将手搭在椅背上，腿部呈跪姿的弓箭步。

②吸气时，脊柱伸展，吐气时躯干往下压，让胸大肌中束感觉到拉伸，静力性保持10 s，

休息2 s，循环进行10次。

（3）仰卧上拉。

动作要领：

①仰卧位，将弹力带固定于躯干后方，单手缠握弹力带。

②吸气时脊柱伸展，吐气时单臂抗阻侧平举，循环完成15~20次。

（4）腹部球上脚支撑。

动作要领：

①练习者跪在垫子上，俯身用腹部和胸部压住瑞士球，双腿自然伸直以脚尖支撑，双手放在脑后位置。

②从准备姿势开始，做上体挺身抬头动作到身体最大位置后保持10 s左右，慢慢放下身体到与地面平行，重复以上动作。

三、腰部练习的技术动作

（1）前俯腰，主要用来练习腰部向前运动的能力和柔韧性。具体方法：并步站立，两腿挺膝夹紧，两手十指交叉，两臂伸直，上举手心向上。然后上体向下俯身，两手心尽量向下贴紧地面，膝挺直，髋关节屈紧，腰背部充分伸展。或者用双手抱紧脚后跟，使胸部贴紧双腿，充分伸展腰背部。持续一定时间后再放松起立。还可以在双手触地时向左右侧转腰，用两手心触及两脚外侧的地面，增强腰部伸展时左右转动的柔韧性。

动作要领：两腿挺膝直立，含胸塌腰，充分伸展腰背部，胸部与双腿贴紧。

（2）后甩腰，主要用来练习腰部向后运动的柔韧性。具体方法：并步站立，练习时一腿支撑，另一腿向后上直腿摆动，同时，两臂伸直，随身体向后屈做向后的摆振动作，使腰背部被充分收缩，腰椎前面充分伸展。

动作要领：后摆腿和上体后屈振摆同时进行；支撑腿，膝伸直，头部和双臂体后屈做协调性后摆助力动作。

（3）腰旋转，主要用来练习腰部的左右旋转幅度。具体方法：两脚左右开立略宽于肩，两臂自然垂于体侧以髋关节为轴体前俯，然后以腰为轴，使上体自前向右、向上再向左，回到原位后做顺时针或逆时针旋转；同时，双臂随上体做顺时针或逆时针环绕动作，以增加腰部旋转的幅度和力度。

动作要领：尽量增大绕环幅度，速度由慢到快，使腰椎关节完全得到活动、伸展。

四、腿部练习的技术动作

（1）一字马。在平地上取站位，两腿逐渐向前后打开，做劈叉的动作。当两腿分开到最大限度后，让两手撑住地面，再尽力让上身做下压的动作，保持30 s。注意不要使用暴力来强制劈叉。

（2）压腿。找一个合适高度的横杠，横杠高度不宜太高。一条腿在平地上站直，另一条腿搭在横杠上。两腿都要绷直，然后将身体的一侧尽量向前下方压，直到两条腿的后侧肌群有轻微的拉伸感。

（3）弓步下压。在平地上取弓步站位，双手放在前腿上，后腿一定要绷直。然后随着上身的下压动作尽力压两条腿，持续30 s。然后再交换前后腿，重复上述动作。

（4）弯腰摸脚。在平地上取站位，两腿绷直，然后向前弯腰。随着上身的下压动作，尽力去触碰自己的双脚。触碰到双脚后，每次可以保持30 s左右。

（5）坐位抓脚趾。在平地上取坐位，双腿向前伸直，上身往前下方压，让胸部尽量靠近膝盖。同时双手向前伸直，尽力去抓脚趾。抓到脚趾后，每次可以保持30 s左右。

（6）坐位抬双手。在平地上取坐位，上身挺直，两腿交叉。两手在胸前交叉，掌心向下，然后慢慢抬起，直到最大限度后停止，此时两手的掌心应该在上。接下来两手尽力往上拉，保持30 s左右。

（7）俯卧挺上身。在床上取俯卧位，两手屈曲，放在身体两侧，两腿保持绷直状态。然后用双手将上身慢慢撑起，直到最大限度，保持30 s左右。

（8）平躺抱腿。在床上取仰卧位，上身保持不动，双腿绷直。然后一只脚屈膝，同时慢慢让这只脚的膝盖靠近胸腹部。直到最大限度后，用两手抱住这只脚的膝盖，尽力向下压，保持30 s左右，再换腿。

（9）平躺抱膝。在床上取仰卧位，上身保持不动，两腿一起屈膝，同时让两个膝盖尽力靠近胸腹部。两腿到最大限度后，用两手一起抱住膝盖，然后尽力向下压，保持30 s左右。

（10）平躺拉腿。在脚上系一条绳子，用同侧的手拉住这条绳子。然后在床上取平卧位，上身保持不动，双腿绷直。用手去拉绳子，让腿部以绷直的状态被抬起，直到最大限度后，保持30 s，再换另一条腿来进行上述动作。

五、踝关节和足背练习的技术动作

根据踝关节的解剖特点，加强踝关节的锻炼主要应该从三个方面着手：一是加强踝关节的力量；二是提高踝关节的柔韧性；三是提高踝关节的灵活性。

（1）提踵练习：站在台阶边缘，以脚趾部支撑，先提踵并保持垂直站立姿势，然后慢慢降低脚跟，降到台阶以下时，以最快的速度提踵，提踵的幅度越大越好，提踵到最高点时暂停一下，然后再按慢下快上的动作节奏练习，并不断增加下降的幅度。

（2）屈膝坐压：左腿前伸，右腿屈膝后折，上体直立，臀坐在右踝上，两臂在体后撑地，两臂屈肘，上体后仰坐压踝。重复多次后两腿交换。

（3）后屈体：两手抱头跪立，向后倒体至两肘两膝触地，臀压在双踝上。

（4）俯撑伸展踝：直臂俯撑。两臂屈肘，上体后移，随之挺胸向前移至直臂俯撑及两踝正面撑地伸踝。

（5）提踵走：双脚前脚掌落地，脚后跟抬起进行行走。

小　结

柔韧素质是指人体关节活动幅度的大小以及髋关节的韧带、肌腱、肌肉、皮肤及其他组织的弹性和伸展的能力。运动员柔韧素质在运动训练过程中发挥着重要的作用：有利于力量和速度的发挥；有利于技术动作的掌握；防止、减少伤害事故的发生，延长运动寿命。

影响柔韧素质的因素主要包括：

（1）年龄和性别。一般情况下，年龄小者较年龄大者柔韧性好，女性柔韧性较男性好。

（2）关节结构。关节结构决定关节的活动范围，其中球窝关节活动范围最大，滑车关节活动范围最小。

（3）结缔组织。肌腱、韧带、筋膜、关节囊以及皮肤都可能会限制关节的活动幅度。

（4）肌肉体积。肌肉体积的增加可能会限制关节活动，从而影响关节的活动幅度。

柔韧素质训练的要求主要包括：

（1）主动拉伸与被动拉伸练习法必须相互兼顾。

（2）柔韧素质应以满足专项要求为准。

（3）柔韧素质训练要经常保持。

第七章

灵敏素质训练

学习目标

- 了解灵敏素质的基本知识和概念，锻炼视觉反应能力和应变能力。
- 掌握灵敏素质训练的基本要求和方法。

第一节　灵敏素质概述

一、灵敏素质的概念与机制

（一）灵敏素质概念

在球类、滑雪、武术、散打、拳击、摔跤、击剑、体操等许多运动项目中，都要求运动员在时空急剧变化的条件下能迅速表现出对动作的准确判断、灵活应变，快速敏捷的反应速度、高度的自我操纵能力以及迅速改变身体或身体某部位运动方向的能力。这些都是灵敏素质的表现内容，因此灵敏素质的提高与发展在体育运动项目中极为重要。灵敏素质就是指人体在各种突然变换的条件下，快速、协调、敏捷、准确地完成动作的能力。它是人的运动技能、神经反应与各种身体素质的综合表现。

灵敏素质之所以是运动技能、神经反应与各种素质的综合表现，是因为各专项的每一个动作都不同程度地体现了力量、速度、耐力、柔韧等素质。通过力量来表现出的灵敏素质特别是爆发力量，控制身体的加速或减速；通过速度表现出的灵敏素质，特别是爆发速度，控制身体移动、躲闪、变换方向的快慢；通过柔韧表现出的灵敏素质可以保证力量、速度的发挥；通过耐力表现出的灵敏素质可以保证持久的工作能力。

这些素质的综合运用才能保证动作的熟练程度，而动作的熟练程度必须在中枢神经支配下才能运用自如。因为神经反应决定了反应速度的快慢、决定了判断是否准确、决定了随机应变及时做出应答动作的快慢。因此反应迅速、判断准确、及时做出应答动作就是灵敏素质的先决条件，各素质协同配合就是完成应答动作的基础。应答动作的熟练程度直接体现了灵敏素质的高低。所以说，灵敏素质就是运动技能、神经反应与各种素质的综合表现。

灵敏素质没有客观衡量标准，只有通过动作的熟练程度来显示灵敏素质的高低。它不像其他素质有客观衡量标准来测定其素质的优劣。如力量用重量的大小来衡量，单位就是 kg；速度用距离与时间的比来衡量，单位就是m/s；耐力用时间的长短或重复次数的多少来衡量；柔韧用角度、幅度的大小来衡量；而灵敏素质只有用迅速准确协调完成动作的能力来衡量。例如运动员的躲闪能力，必须通过躲闪动作来体现，而躲闪的快慢就表现了灵敏程度的高低。但完成躲闪动作就是以各素质为基础的，反应判断的快慢决定相应躲闪动作的快慢，速度力量又决定了反应动作的快慢，因此运动员在没有做出躲闪动作之前无法衡量运动员在躲闪方面的灵敏素质，诸如急跑急停、转体、平稳等动作也都如此。因此身体素质越好、完成动作越熟练，所表现出的灵敏素质就越好。离开其他素质与运动技能，灵敏素质就无法存在，而灵敏素质只有通过熟练的动作才能表现出来，单纯的灵敏素质是不存在的。

灵敏素质的发展水平主要从以下三个方面进行评价：第一，是否具有快速的反应、判断、躲闪、转身、翻转、维持平衡与随机应变的能力；第二，在完成动作时，是否能自如地控制自己的身体，在任何不同的条件下都能准确熟练地完成动作；第三，是否能把力量（爆发力）、速度（反应速度）、耐力、协调性、节奏感等素质与技能通过熟练的技术动作综合表现出来。客观实践证明，具有高度灵敏素质的人，可以随心所欲地控制自己的运动器官，熟练自如地准确完成动作。

（二）影响灵敏素质的生理机制

1. 神经系统的机能状态

神经系统是控制和调节全身各种功能活动的主要调节系统，各组肌肉的精确配合都是在神经系统的控制下进行的，因此，反射活动的整个过程都受到神经系统机能状态的影响。神经兴奋与抑制的转换越快，机体在运动情景中对刺激做出的判断和反应就越迅速。对于神经-肌肉反应过程的内部机理，运动生理学认为神经传导过程（即反射弧）由以下几部分构成：感受器-传入神经-神经中枢-传出神经-效应器。由于神经冲动在传入、传出神经上的传导速度是难以改变的，提高反应速度重点在于发展感受器的敏感性、中枢神经的兴奋性和效应器的兴奋性；对于快速反应的球类项目而言，提高感受器官对细微差异的觉察能力是关键，中枢神经系统的场景记忆数量及转换的灵活性是基础，肌肉系统良好的机能状态是表现反应快的重要环节。毫无疑问，神经系统的机能影响了反应的全过程。

2. 感觉器官的机能状况

感觉是感受器及所对应的神经系统接收刺激或信息的过程；知觉是对感觉信息进一步地选择、组织和解释的过程。感知觉是一个统一而连贯的过程，离开感觉的知觉和离开知觉的感觉几乎是不存在的。与运动有关的感觉系统有以下五类：视觉、听觉、触觉、味觉和本体感觉。因此，人体感受刺激接收信息的方式基本上以上述五种方式为主。历史唯物主义认为，人们对事物的认识是循序渐进、逐步深入的过程，在特定时期人们对事物的认识可能是感性的、表面的、肤浅的。这一论断同样适用于运动实践。在运动实践中随着运动员经验的积累和意识的提高，运动员在运动场景中对信息的把握和对规律的认知也在不断深化和提高。在特定的运动场景中，运动员对刺激进行反应必须具备良好的感觉机能，主要表现为对球的运行以及动作的时空特征做出快速而准确的判断，无论是采用哪种感觉器官，都必须要求相应的感受器具有高度的敏感性。由此不难看出，感觉器官的机能在前反应时阶段十分关键。

3. 肌肉系统的机能状态

肌肉力量大，有利于克服内外阻力做功，肌肉力量与肌纤维类型、体积、募集肌纤维的数量、肌肉收缩初长度以及单个肌纤维力量等有关。对于灵敏素质而言，肌肉相对力量对灵敏素质的影响较大，所以发展灵敏素质应提高肌纤维承载负荷的能力以及肌纤维的募集能力。

肌纤维类型中快肌纤维所占的比重越大，肌肉收缩的力量越大、速度越快，这对快速地变换动作和迅速改变方向具有重要意义。肌肉收缩时克服的阻力也影响动作速度，当肌肉力量一定时，动作速度与所克服的阻力呈负相关。肌纤维的兴奋性和动作技能的熟练程度也会影响动作变换的速度和改变方向的速度。充分的准备活动、适宜的赛前状态等都有利于肌肉兴奋性的提高；在动作变化时，掌握动作的熟练程度越高，动作的转化越协调、迅速，在改变方向时制动、起动技术的优劣也是影响改变方向能力的重要因素。良好的肌肉形态特征是增大收缩力量和提高肌肉做功效率的必备条件，较大的肌肉力量只是为克服阻力做功提供了必要条件。这里所讲的肌肉形态并不仅指长肌、短肌、扁肌、轮匝肌的分类形态。长肌多见于四肢，收缩幅度大，产生运动的幅度也大，但由于其肌束的数目相对较少，加之横截面不大，故收缩力也较小；短肌主要分布于躯干深部，收缩幅度小，能持久收缩，能产生巨大力量，同时对于完成精细运动也十分重要。本书所述肌肉形态也指机体深层肌肉的体积，特别是用力时的肌肉体积。肌肉用力收缩时力量增加，体积增大，内部肌肉的体积增加能为外侧大肌群的用力提供支点，有利于提高大肌群的做功效率。特别是在肌肉收缩的初始阶段，内部肌肉的率先收缩不但稳定了关节，为关节运动提供了动力，同时其体积的增加也为外层肌肉的收缩提供了支点，提高了外层肌肉的工作效率；另外，在肌肉收缩关节运动的后程阶段，深层肌肉的巨大收缩力在有利的杠杆作用下极易提高末端肢体的速度。显而易见，肌肉系统的机能会影响反应的动作时和运动时阶段。

4. 灵敏素质的供能特点

能量是一切肌肉活动所必需的，任何肌肉活动都离不开能量供应系统，没有能量供应，肌肉就是一个缺乏燃料的发动机，决不会产生动力作用。而一般而言，运动员根据运动场景的刺激并做出快速反应的供能系统应属于无氧供能系统，即磷酸原供能系统（ATP-CP）或磷酸原和糖酵解供能系统。灵敏素质以ATP-CP 供能系统为主，同时保持良好的灵敏性也需要糖酵解供能和一定程度的有氧能力做保障，例如拳击手需要在2 min的比赛过程中一直保持良好的状态，从而对对手做出快速反应；沙滩排球运动员需要在1 h的比赛中保持高度的灵敏性。所以提高灵敏性需要发展磷酸原供能系统，磷酸原供能大约在10 s以内，要发展该供能系统需要以大强度、短时间的无氧训练为主，适当发展糖酵解供能系统。同时，为了保证运动员持久地保持灵敏性，需要提高机体的恢复速度，所以提高有氧能力对较长时间地保持神经系统的灵活性具有重要意义。能量供应系统的作用会在运动时得到体现。

（三）影响灵敏素质的心理机制

1. 反应类型

心理学的研究指出，反应速度与任务的复杂程度有关，根据任务的复杂程度分为：简单反应、选择反应、辨别反应。

（1）简单反应是在测试情景中只包含一个单一刺激并对刺激进行单一反应的反应方式，例如，田径运动中的起跑，听到枪响刺激起跑就是这种反应模式。

（2）选择反应是指在测试场景中包含两个或两个以上的刺激，并对每个刺激都有相应的反应方式。例如，沙滩排球比赛中接发球方运动员需要根据进攻方的发球情况选择相应的动作方式，当球发向某一运动员时，这一运动员就应运用相应的动作来接发球，否则该运动员应该迅速移动并准备传球组织进攻。

（3）辨别反应是指在测试情景中具有两个或两个以上的刺激，并只对某一种刺激进行反应的反应方式。例如，在室内排球比赛中，教练员要求中间拦网队员只对对方立体进攻的第二点进行拦网反应。

影响运动员反应快慢的另外一个重要因素是辨别或选择反应的数量。一般而言，人们最快的反应是对一种刺激只做出一种反应，这种反应时就是简单反应时；当刺激数量增加时，即使只有一种反应，其反应时也会增加，即辨别反应时；当刺激数量和反应数量都增加时，反应时会更长，这种反应时是指选择反应时。

心理学试验表明：简单反应时小于辨别反应时，辨别反应时小于选择反应时。如果一个人的简单反应时一定，当选择刺激的数量增加时，选择反应时会随着刺激数量的增加成对数增加。

排球运动中多为较复杂的选择反应时和辨别反应时，其复杂性表现在优秀的运动员要能够从错综复杂的运动情境中辨别细微的区别，形成记忆，并做出选择，从而使得辨别反应时或选择反应时变短，而不仅仅是对几个不同灯光的反应模式，因为这种简单的反应模式并不能有效地测量特定运动场景中的运动表现。虽然反应时的遗传度高达75%，但是反应速度还是能够通过运动训练得以提升。有资料表明：运动可以有效地提高反应速度，普通人反应潜伏期是0.3~0.5 s，运动员是0.12~0.15 s，优秀乒乓球运动员平均只有0.1 s，较普通人快3~5倍。不言而喻的是反应类型主要影响了反应的前反应时阶段。

2. 动作准备

在体育运动中，我们需要做好准备以便于实施一个动作反应。例如，在跑步、游泳等项目的比赛开始前，都必须有一个信号来提示运动员做好准备；另外，当我们在某一次动作表现中表现较差时常说的一句话就是“我还没有准备好”，这也暗示，如果我们准备好了那么我们会做得更好。这些事实都说明了我们在实施一个动作之前必须做好准备。动作准备必须在心理上和姿势上都做好准备。心理方面良好的警戒状态在比赛中十分重要。相关研究表明，如果给予预警信号，且预警信号与刺激的时间间隔少于4 s，反应时会变慢；另有资料指出，人会有一段最适宜的时间产生并保持警戒状态，预警信号之后过早或过晚都会导致反应时的延长，并指出在简单反应时情景中，最理想的前期长度应在1~4 ms。

另外，在动作过程中应该避免心理不应期（人的感受器官对某些刺激信号做出抑制反应的时间）的出现，即应避免发生反应延误现象，即在运动情景中运动员对一个信号做出反应，随后很快地对另一信号做出反应，第二次反应的时间较第一次反应的时间要长的现象。这种现象在体育运动场景中时常发生，在对抗性比赛中，如果一名防守队员对对手的假动作进行了反应，而对手的真实动作连接比较快的情况下，那么该防守队员对对手真实动作的反应就会变慢，进而可能导致防守失败或失去进攻机会。姿势准备要求运动员相应的肌肉保持适当的初长度，如起跑时的起跑姿势和排球比赛中的准备姿势都是运动员姿势准备的实例。由此可见，心理准备主要影响了反应的前反应阶段和前动作阶段；姿势准备则主要影响了动作时和运动时阶段。

3. 注意策略

在运动决策之前，我们必须在复杂多变的运动场景中主动寻找、选择注意那些特定运动情景下对决策有重要帮助的线索，这一过程就是视觉搜索。相关视觉搜索理论认为视觉搜索存在两个平行加工过程：第一个加工过程相当于前注意阶段，无须集中性注意，此时注意到的内容包括颜色、尺寸、方向、反差、倾斜性、曲率和线段端点等，还可能包括运动和距离的远近差别；第二个加工过程是物体知觉阶段，知觉系统把彼此分开的特征正确联系起来，形成能够对某一物体的表征，此阶段要求对特征进行定位，即确定特征的边界位置在哪里。一般认为第一个加工过程比第二个加工过程更加快速有效。很多证据表明：竞技状态好的运动员并不喜欢采用传统的“双眼紧盯着球”（“系列加工”模式）的模式，而是运用这种“平行加工”模式。

视觉搜索过程具有明显的目的性，Wolfe 形象地将视觉搜索过程解释为：视觉对基本特征的初始加工会产生一个激活画面，画面中的每一个项都有其自身的激活水平，当搜索某一目标时，特征加工将激活所有与特征一致的目标（如在一个包含蓝色三角形、红色圆和红色三角形的画面中搜索蓝色圆，那么你将忽视红色三角形），然后根据激活水平将注意依次指向激活目标，而忽视了那些与目标刺激不具有任何共同特征的刺激，从而使得搜索过程更有效率。

该理论在运动实践中也有很多例证，很多需要快速反应的球类运动的相关研究都表明：专家级选手在运动情景中会忽视那些不重要的信息（他们总是能从短暂的时间间隙中找到“空闲”，他们知道何时必须关注球，什么时间可以将注意从球上转移，并且明白转移后要关注哪些信息。而这些往往是制胜的关键，这也许是初学者与高手的关键差距所在），快速地搜索那些对进行决策必不可少的信息，并迅速做出决策。当然决策过程也是十分复杂的过程，在需要快速反应的球类运动中，运动员总是在紧急情况下甚至在没有获得完整信息的情况下进行决策。

运动员对重要信息的选择在提高运动技能方面扮演了重要角色，但是对于注意的分配，会随着练习数量的增加、经验的积累和技能的提升而改变，这种信息搜索能力提高的快慢及程度跟运动员的天赋和兴趣关系重大，正如William James所说“没有选择的兴趣，经验将毫无意义”。目标刺激与干扰刺激之间的区分度是影响视觉搜索成绩的最重要因素。也就是说，如果运动员的假动作做得很像真动作，那么它的欺骗性就越大，越能骗过对手进而获得比赛先机。

4. 唤醒水平

唤醒是指有机体总的生理性激活的状态或程度，唤醒对维持与改变大脑皮层的兴奋性、保持觉醒状态起主要作用，它能为注意的保持与集中以及意识状态提供能量。良好的唤醒水平能提高周边视野的敏感性，大量研究指出，唤醒对运动表现时的视野有影响，有压力、唤醒水平不高时会降低面向周边刺激反应的能力。唤醒水平与操作成绩（包括神经过程和肌肉过程）之间的关系应用最多的理论是Yerkes与Dodson的倒U形假说，该理论指出：人处于低唤醒水平和高唤醒水平时，工作效率较低，处于中等唤醒水平时工作效率最高。

二、影响灵敏提高的因素

由于灵敏素质是人体综合能力的表现，发展灵敏素质必须从全面提高身体素质的综合能力入手，重点培养掌握动作的能力、反应能力、平衡能力等。

（1）灵敏性的全面提高有赖于多建立有严格要求的条件反射。也就是说，学会正确的、随意的动作，越多越好。因此，要重视学习和掌握各种运动技能。

（2）灵敏素质是由大脑皮层神经活动过程的可塑性和灵活性所决定的，前者表现为对动作的掌握能力，后者表现为对参加运动肌群的控制、指挥能力。灵敏素质与复杂的运动反射速度及准确性密切相关，这要求练习时要有较强烈的欲望，要有明确的目标追求，减少不动脑筋的盲目重复练习。

（3）发展灵敏素质应在体力较好时进行锻炼，练习负荷强度要大，每次负荷持续时间不宜过长，重复次数也不宜太多，间歇时间要充分，以不产生疲劳为限度。

（4）人在疲劳时灵敏性会变差。因此，不断提高自己的耐力水平，对保持灵敏性有积极的作用。

（5）灵敏素质是一种综合素质，与力量、速度、协调等素质有密切关系，尤其是反应速度、动作速度、爆发力和协调性等对灵敏素质影响最大。因此，发展灵敏素质应从这些基本因素着手，可结合所锻炼项目的运动特点组合，设计切合自己实际的锻炼内容。

（6）灵敏素质应从小抓起，少儿年龄阶段是发展灵敏素质的关键时期。同时，在发展灵敏素质时，应加强心理素质培养，避免由于紧张和恐惧心理而导致反应迟钝，动作的协调性下降，影响正常动作的发挥。

三、灵敏训练的要求

（1）不同的运动项目要求不同的灵敏性质，如一个柔道运动员，在柔道训练中能表现出良好的灵敏性，但是柔道运动员在球类中就不能充分表现出良好的灵敏性，反之，篮球运动员在柔道运动中也不一定能表现出良好的灵敏性，所以在训练中应根据运动项目的要求，采用不同手段，运用不同方法，使训练做到与专项要求一致。

（2）灵敏素质训练应安排在训练课程的前半部分，在运动员精力充沛、精神饱满时进行，收效大。

（3）在进行灵敏训练时，教练要注意采用各种有效的方法，消除运动员的恐惧心理和紧张状态。

（4）女子在进入青春期后灵敏性一度出现明显下降的趋势，这是由于体重的增加，有氧能力的下降，以及内分泌系统变化所造成，这是一种生理性下降的情形。教练应掌握这一规律，一方面加强在这之前的灵敏性训练，另一方面不要急躁，只有训练得当，以后灵敏性才会恢复和发展。

四、灵敏素质训练应注意的问题

灵敏素质的发展与各种分析器和运动器官机能的改善有密切的关系。人体能否在运动中表现出准确的定向定时能力和动作准确、迅速变换的能力，都取决于各种分析器和运动器官功能的提高。而人体一旦对某一动作技能熟练到自动化程度时，再用该动作去发展灵敏素质的意义就不大了。为此，发展灵敏素质练习的方法应是多种多样的，并且要经常改变。这样不仅可以使人掌握多种多样的运动技能，还可以提高人体内各种分析器的功能，在运动中能够表现出时空三维立体中的准确定向定时能力，还能表现出动作准确、变换迅速的能力。

（1）掌握本专项一定数量的基本动作。运动技能本质是条件反射，这种在大脑皮层中建立的条件反射暂时联系的数量越多，临场时及时变换动作的暂时联系的接通就越迅速准确，在已掌握的运动技能的基础上，可以快速形成新的应答性动作来应对突然发生的情况。因此应尽量多掌握一些基本动作、基本技术及战术等，这样做有利于提高灵敏素质。

（2）抓住发展灵敏素质的最佳时期。灵敏素质是在中枢神经系统的指挥下，各种能力的综合表现。儿童少年的神经系统是人体发育最早、最快的系统，他们具有较好的反应能力，动作速度、平衡能力、节奏感等方面具有很大的发展潜力，这些都为发展灵敏素质提供了有利的条件，因此应抓紧这一时期进行灵敏素质练习。

（3）灵敏素质练习时应注意消除练习者的紧张心理状态。在进行灵敏素质练习时，教练员应采用各种有效的方法与手段，消除练习者紧张的心理状态和恐惧心理。因为人心理紧张时，肌肉等运动器官也必然紧张，会使反应迟钝，动作的协调性下降，影响练习的效果。

（4）合理安排训练时间。灵敏素质的训练在整个训练过程中都应该适当安排，使之系统化。但训练时间不宜过长，练习重复次数不宜过多。因为肌体疲劳时运动员力量水平会下降，速度将减慢，节奏感被破坏，平衡能力会降低，这些都不利于灵敏素质的发展。有经验的教练员都是根据不同训练过程的特点来安排灵敏素质的训练。如随着比赛临近，技术训练比重增加，协调能力的训练应相应加强。准备期以一般灵敏素质训练为主，比赛期以专项灵敏性训练为主。在一次训练课中应把灵敏素质的训练安排在课的前半部分，让运动员处在体力充沛、精神饱满、运动欲望强的状态下进行练习。

（5）灵敏素质的练习应有足够的间歇时间。在进行灵敏素质的练习过程中应有足够的间歇时间，以保证氧债的偿还和肌肉中ATP能量物质的合成。但休息时间又不可过长，休息时间过长会使中枢神经系统的兴奋性大幅度下降，在下次练习中就会减弱对运动器官的指挥能力，使动作协调性下降、速度减慢、反应迟钝，这必然影响练习的效果。一般地讲，练习时间和休息时间可控制在1：3的比例。

（6）应结合专项要求进行训练。灵敏素质具有专项化的特点。经验丰富的教练员都针对本专项对灵敏素质的特殊要求安排灵敏素质训练，使训练效果与专项要求相一致。例如，篮球运动员多做发展手部的专门灵敏性训练，以提高手感和控球能力。足球运动员多做一些脚步移动和用脚控球的练习；体操、技巧等项目运动员多做一些移动身体方位的练习，等等。此外，还应注意控制练习者的体重。

第二节　灵敏训练的方法

一、发展灵敏素质的方法

发展灵敏素质须从专项特点出发，重点发展反应、平衡协调等能力。以下根据教学训练体会，提供一些发展灵敏素质的方法，供教学训练时参考。

（一）提高反应判断的练习

（1）按口令做相反的动作。

（2）按有效口令做动作。

（3）原地、行进间或跑步中听口令做动作。例如，喊数抱团成组，加、减、乘、除简单运算得数抱团组合，看谁最快等。

（4）一对一追逐模仿。

（5）一对一互看对方背后号码。

（6）听信号或看手势急跑、急停、转身、变换方向的练习。

（7）听信号的各种姿势起跑。如站立式、背向、蹲、坐、俯卧撑等姿势。

（8）跳绳。两人摇绳，从绳下跑过转身，从绳上跳过等。

（9）一对一脚跳动猜拳、手猜拳、打手心手背、摸五官等练习。

（10）各种游戏。如叫号追人、追逃游戏、抢占空位、打野鸭、抢断篮球（一方攻、一方守，攻方运球强行通过，守方积极拦截抢夺，夺到球变为攻方运动员）等。

（二）开展平衡能力练习

（1）一对一面向站立，双手直臂相触，虚实结合相互推，使对方失去平衡。

（2）一对一弓箭步牵手互换面向站立，虚实结合互推互拉，使对方失去平衡。

（3）各种站立平衡、俯平衡、扳腿平衡、侧平衡等。

（4）头手倒立，肩肘倒立、手倒立停一定时间。

（5）在垒木上横跳、上下跳练习。

（6）做动作或急跑中听信号完成突停动作。

（7）在平衡木上做一些简单动作。

（8）开展旋转的平衡能力练习。

①用手扶住体操棒，然后松手转身击掌再扶住体操棒使其不倒，向上抛球转体2周、3周再接住球。

②跳转360°后，保持直线运行。

③闭目原地连续转5~8周，然后闭目沿直线走10 m，再睁眼看自己走的方向是否准确。

④绕障碍曲线转体跑。

⑤原地跳转180°、360°、720°落地站稳。

二、灵敏素质的测试

1. 六角反应球

采用六角反应球这个工具进行灵敏素质测试。六角反应球由橡胶制成，带有六个角状凸起，从一定高度落地后反弹的方向与高度等是随机的。该球常在提高人体反应能力训练时使用。测试时需要学生在球落地后最短时间内抓到球、学生抓到球过程中涉及下肢、躯干、上肢、手眼协调等多方面的共同参与，对于测试身体综合的灵敏素质比较有效。

（1）测试方法：将六角球从2 m高度以近似自由落体的方式落下，测试对象站在距六角球投掷点正前方2 m位置，在六角球落地的瞬间，以最快的速度去抓球，每名测试对象可进行3~5次抓球，最后取各项指标的计算均值进行分析。该测试方法可以有效避免当前“标准”中灵敏素质测试内容的缺陷，不仅可以体现出环境变化的突然性、随机性，而且还可以准确反映学生身体的综合灵敏素质，而不仅仅是局部灵敏素质。此外，该方法测试工具简单，操作方法便利，适合所有年龄段学生。

（2）测试参与人员及分工。

讲解员：负责讲解实验过程和要求，简单示范动作，让学生直观学习如何顺利抓住六角球。

掷球员：负责六角球的拿放。要求每次必须把球放在同一高度的位置近似自由落体放下。

计时员：主要记录每个学生每次抓住球所用的时间。

记录员：负责整个实验过程的记录工作。主要记录学生基本信息（年级、年龄、性别和平时参加的课余运动技能项目）和每次抓住六角球所用时间。

摄影人员：负责拍摄测试过程。记录学生抓球的每个细节，便于对测试过程进行后期分析，提高测试数据结果的有效性。

所需器材：六角球、秒表、皮尺、胶带。

2. 反复横跳

对灵敏素质指标的测试也可采用反复横跳，它是反映全身灵敏性和协调性的指标。

（1）测试准备：在无正规横跳测定器的情况下，可因地制宜，在地板或平坦地面上画一条中线，在中线两侧各画一条平行线。此平行线与中线的距离：7~11岁、30~60岁受测者为100 cm，12~29岁受测者为120 cm。另外备秒表一块。

（2）测试方法：记录横跳次数时，受测者两腿跨中线站立听到“开始”的口令后，先向右侧平行线跨去，然后跨回中线，再向左侧平行线跨去，接着又跨回中线，如此反复进行20 s，记录横跳次数。一条线得一分即先跨上右侧平行线为1分，后跨回中线记为2分再跨上左侧平行线记为3分。受测者做两次取其中一次最好成绩。单位时间内反复横跳的次数越多说明身体灵敏性和协调性越好。

注意事项：受测者要横跳，不要向上跳；受测者横跳没有跨在规定线上时，不计该次成绩；两次测量之间要稍加休息，不要连续进行。

小 结

灵敏素质是指在突然变换条件情况下，运动员改变身体运动的空间位置和运动方向的能力。灵敏素质在对抗性运动的身体素质中占有重要地位，它可以被认为是“机体的智商”，与所有运动素质都有着密切的联系。

由于灵敏素质是人体综合能力的表现，发展灵敏素质必须从全面提高身体素质的综合能力入手，重点培养掌握动作的能力、反应能力、平衡能力等。其主要的训练方法是各种复杂的快速反应练习和在跑、跳中迅速改变运动的方向与位置的练习，以此来提高运动员在实际比赛中面对各种突发情况的快速应变能力。

第八章

各项群运动员体能训练

学习目标

- 了解体能主导类速度力量项群运动员体能训练、体能主导类耐力性项群运动员体能训练、技能主导类运动员体能训练、技能主导类对抗性项群运动员体能训练的方法，选择适合自己的训练方法和训练模式。
- 了解身体的体能，更好地调整自己的身体状态，增强肌肉力量，使自己成为一个更全面的运动者。
- 通过体育课程的学习，掌握2~4项运动技能，养成良好的体育锻炼习惯，有效增强体质，促进健康。

第一节　体能主导类速度力量项群运动员体能训练

一、短冲类项目

短冲类项目主要包括100 m、200 m、400 m跑；50 m游泳；赛场短距离自行车；短距离速度滑冰等。这类项目要求运动员必须具备突出的速度力量、反应速度、移动速度，以及较高要求的专项耐力和专项柔韧性。

（一）短跑运动员的体能训练——力量训练

短跑（100/200/400 m）属于快速的周期性运动，力量训练的重点是发展速度力量（特别是快速的起动力、反应力、爆发力），并且速度力量训练必须和专项技术紧密结合，使力量练习的神经系统和肌肉用力性质与专项技术相似。

对于短跑技术，从生物力学角度看，运动员最需要发展臀大肌、大收肌、股四头肌、股二头肌以及小腿三头肌，并且还需要一定的腹肌力量和上肢屈肌力量。由于短跑需要突出的速度力量，因此采用负重练习发展力量时，通常采用重量中等70%、组数较多（6~8次）、次数中等（5~8次）的快速度发展速度力量的方法。其主要采用：肩负杠铃下蹲、半蹲跳、箭步蹲跳、负重单腿交换踏蹬向上跳、负重换腿跳、快挺、拉抓等练习手段。练习时可成组地进行，抓举（高抓）、挺举（高翻挺）或者与跑交替，或者与放松练习和柔韧性练习交替进行。发展爆发力的训练手段还有各种跳跃练习，如立定跳远、立定三级跳、三级跳、跳台阶、双足或单足多级跳、蹬离起跑器的跳。这些练习用力强度大，动作结构和起跑相似，有助于发展起跑所需的爆发力。在做这些练习时，应特别强调蹬地角度，如50~100 m跨步跳、30~50 m单脚跳等练习，既有助于发展短跑运动员的爆发性力量素质，也有助于改进短跑的技术。在进行爆发性力量训练时，还要重视腰腹肌、背肌力量训练，特别是女运动员更应重视腰腹和背肌力量训练。在力量训练中，要强调每一个动作都尽量用力到脚趾关节，这样可以发展短跑运动员所需的踝关节和脚趾关节力量。

（二）短跑运动员的体能训练——速度训练

速度是对短跑成绩起主导作用的专项素质。速度训练不断建立中枢神经系统快速条件反射，发展中枢神经系统快速条件反射，发展快速能力。速度水平不仅取决于中枢神经系统的灵活性、肌肉力量因素，而且取决于运动员是否掌握了正确的技术。因此，速度训练并不是采取某一两个手段就能取得良好成果，而是首先要有全面体能训练的基础，并掌握正确的跑步技术。训练实践证明，步频与步长是影响和制约速度的主要因素。因此，提高速度要围绕发展步频和步长以及使两者之间形成适宜的比例关系来进行。首先，要把发展步频与步长有机地结合起来，使步频与步长同时增长；然后要根据不同对象的特点进行安排，对步频大而步长小的，应在保持步频的前提下去着重发展步长，对步长大而步频小的，则在保持步频大的前提下去着重发展步长；反之则应在保持步长大的前提下去着重发展步频，使步频具有个人特点。在现代训练中应正确处理步频与步长的关系，使其既相适应又具有个人特点。这是现代训练关系，是有效提高跑速的重要途径。

（三）短跑运动员的体能训练——发展频率为主的练习

动作频率受到先天遗传因素的强烈影响，但后天的训练仍可使其获得一定发展。主要练习手段包括快速小步跑、原地高抬腿跑、支撑高抬腿跑、行进间高抬腿跑中突然做快速踏脚练习以及后踢小腿跑。在做支撑高抬腿跑、行进间高抬腿跑时要求保持最快速度进行抬腿练习。由行进间小步跑、高抬腿跑过渡到加速跑，利用下坡跑的惯性和顺风跑来加快步频，双手扶垒木和小腿拉橡皮筋，缩短步长加快步频的“短格”跑，随教练员击掌或随节拍器的变化做快慢交替的抬腿与摆臂练习，通过快慢交替的抬腿与摆臂练习，提高动作协调性与节奏感来发展步频频率等。

除身高有较大的先天遗传性因素外，其他因素都可通过后天的训练来改变和发展，步长可以通过训练来改变和发展，因此步长的可塑性较大。发展步长的常用手段有发展腿部力量的负重与各种跳跃练习（如负重弓箭步换腿、跨越等）、行进间后蹬跑（由行进间后蹬跑过渡到加速步跳台阶单双腿跳上跳下等）、支撑后蹬跑、车轮跑、放松大步跑、俯撑弓箭步换腿、有弹性的前后左右压腿与摆腿练习、上坡跑与逆风跑和动力性柔韧性练习（如单腿起多级跳与计时数步跨跳及“膝触肩”等。）30~50 m行进间跑、30 m路式起跑、追逐跑、短距离接力跑及其他专门性练习，也是发展快速能力的有效手段。

（四）短跑运动员的体能训练——速度耐力训练

速度耐力是指人体维持最高速度运动状态的持久能力，反映了运动速度强度的保持能力。它对于取得优异的短跑成绩有着重要作用。加强速度耐力训练，可以提高机体的速度，改善运动员后程跑的技术。在速度耐力训练中，由于运动员承受的运动量和强度高，且是重复练习，所以能够更加适应专项竞技比赛的要求。提高速度耐力的训练方法有：①100~300 m的反复跑，重复次数和休息间隔可根据运动员具体情况确定。②越野跑和变速跑。③主项距离的检查跑，可使训练时的负荷强度等于比赛强度。

速度耐力训练应注意以下两点：

（1）训练安排应以超主项距离跑段为主，还要结合训练时的季节、温度，但也应考虑训练水平。一般来说，速度较小的运动员，重复次数应少些，在速度水平相应提高后，才能更好地发展速度耐力。

（2）全年训练中都应安排速度耐力训练。

关于短距离游泳运动员的体能训练，原中国游泳队总教练对游泳运动员进行体能训练时做过以下总结“耐力是基础，速度为核心，力量是关键，技术来表现”。

二、跳跃类项目

跳跃类项目主要包括跳高、跳远、三级跳远、撑竿跳高、高台跳雪等项目。这些项目都属于单一动作结构的非周期性项目，对运动素质（特别是力量、速度素质）有很高的要求。

（一）跳高运动员的体能训练

1. 力量训练

跳高要求有强大的肌肉力量和弹跳力量作为基础，在起跳瞬间，利用下肢肌肉瞬间的爆发式收缩，将身体跃向尽可能的最大高度。跳高起跳时下肢踝、膝、髋关节同时伸直，它们的力量通过足底作用于地面，产生支撑反作用力。使踝关节跖屈的肌群主要靠小腿三头肌、拇长屈肌、趾长屈肌和胫骨后肌；使膝关节伸直的肌肉主要靠股四头肌；使髋关节伸直的肌群主要靠臀大肌、股二头肌、半腱肌和半膜肌。为了给起跳的蹬地和摆臂动作建立支点，要求躯干上的腹直肌和腹内、外斜肌及竖脊肌有足够的力量来完成固定动作。

跳高运动员主要以发展下肢力量为主。主要练习是负重深蹲、半蹲跳、半蹲、前脚掌跳和提踵，主要发展小腿肌和足肌负荷强度可分别采用大强度和中等强度。大强度多用于半蹲或适当的下蹲，每组5~8次；深蹲多采用中等强度，每组5~8次；半蹲跳、前脚掌跳和提踵练习采用中等强度，每组5~8次。另外，为了发展躯干和臂部力量，可采用高抓、高翻挺身、负重仰卧起坐和实心球、哑铃等练习。跳跃练习对于发展腿部力量，特别是弹跳爆发力也有作用。可采用立定跳远、定三级跳远和多级跳，以及原地纵跳、蛙跳、单脚跳、跳台阶跳深（从50~90 cm高处跳下并立即跳起）、跳起摸高和专项跳高练习等。若将负重（杠铃）深蹲、立定跳远，跳起摸高等主要练习结合成组进行训练，效果更好。总之，不管采用哪一种训练方法，都要注意训练的完整度，每练习一组，都要放松做轻跳和慢跑，以保持肌肉紧张后的放松。

2. 速度训练

根据跳高特点，速度训练一般采用30~60 m距离的方法。训练手段是高抬腿跑、30 m后蹬跑、30 m加速跑、60 m反复跑。背越式跳远的运动员为提高速度水平可以行进间跑、多做弯道跑。

发展柔韧性一般采用压腿、摆腿、踢腿、劈叉、背“桥”、跨栏等专门练习。此外武术和体操的一些柔韧练习也有很好作用。灵敏和协调性可通过球类、体操的一些练习来发展。耐力训练跳高比赛一般需2~3 h，因此必须具备良好的耐力。专项耐力主要通过大运动量训练、长时间的反复练习和高质量完成训练计划等手段来实现。多参加测验和比赛也是提高专项耐力的有效手段。

（二）跳远运动员的体能训练

1. 力量训练

跳远运动员无论是通过助跑获得的水平速度，还是通过踏跳获得的垂直速度，都需要下肢肌肉的爆发力作为基础。因此快速力量是跳远运动员必备的重要素质。发展速度力量（爆发力）可以采用降低练习难度，提高动作速度的方法，如在原地做某些模仿练习和缩短助跑距离的跳远练习等。也可以采用中等重量做负重起踵、负轻杠铃原地跳、负重弓步走以及大重量和中等重量交替的深蹲、半蹲、半蹲跳、高翻、抓举、双人对抗练习等。练习中应注意动作结构要尽量与跳远动作结构相似，各关节的弯曲角度与跳远动作的发力相结合。

弹跳力是爆发性用力的一种形式，采用发展速度力量的训练和多种跳跃练习能有效地发展弹跳力。经常采用的手段有单足跳、跨步跳、换腿跳、分腿跳、蛙跳、直腿跳、跳深、跳越栏架、体操凳助跑多级跳、助跑三级跳、跳台阶和助跑跳高等。也可以徒手或负较轻重量进行练习，如穿沙腰带练习跳远和做专门的跳跃练习等。在训练中，要注意掌握好用力时机、大小与方向和控制腿的弯曲角度，以及身体各部分协调用力的配合。练习组数及次数要适当，以保证获得最佳效果。

2. 速度训练

速度水平与跳远成绩密切相关。速度（特别是快速助跑能力）是取得优异成绩的重要因素。发展速度要以提高短距离快跑能力为主并同跳远助跑技术相结合，注意步长、步频的关系和弹性跑技术。发展速度的手段有各种专门跑的练习，如短距离重复跑、行进间跑、变速跑、蹲踞式起跑。此外，跳远对柔韧性、协调性及专项耐力均有较高要求，训练中可结合有关项目练习手段，不断提高上述素质发展水平。

（三）三级跳远运动员的体能训练

三级跳远技术比较复杂，对身体训练水平要求很高。快速助跑和良好的弹跳力，以及强大的腿部力量和良好的协调性，是三级跳远运动员必须具备的条件。

1. 力量训练

三级跳远起跳时利用腓肠肌，比目鱼肌、股四头肌、臀大肌和屈足肌群力量，使微屈的髋、膝、踝节伸直。但三级跳远在着地瞬间对于身体的支撑要求极高，它既是一个向前冲的动作，又是一个起跳的准备动作，有关肌群是股四头肌和小腿三头肌。提高速度力量和弹跳力的训练手段主要有：抓挺举、高翻、负重深蹲、半蹲、蹲跳、负重起踵、壶铃蹲、前后抛掷实心球（或铅球）、单脚跳、多种方法的跳深练习、负重原地上跳以及各种腰背肌力量练习等，力量训练应注意和专项技术练习相结合。

2. 速度训练

助跑速度对三级跳远成绩有很大影响，因此速度训练极为重要。经常采用的手段有：25~40 m的起跑和加速跑、30~100 m的加速跑、50~150 m的变速跑、60~100 m的反复跑，以及其他各种发展速度的专门性练习。此外，三级跳远对柔韧性、协调性及专项耐力均有较高要求，训练中可结合有关项目练习手段，不断提高上述素质发展水平。

（四）撑竿跳高运动员的体能训练

1. 力量训练

撑竿跳高助跑和踏跳的力量同跳高时肌肉工作基本相同。向竿拉引身体的悬垂力，即引臂的用力肌群是胸大肌、背阔肌、肱二头肌、喙肱肌和前臂屈肌群。引肩的肌群主要是三角肌、斜方肌和前锯肌。身体呈倒立姿势过竿，向上摆腿的肌群主要是腹直肌、腹内斜肌、腹外斜肌、髂腰肌和股四头肌。上推身体的肌群主要是肱三头肌、肘肌和前臂伸肌群。总之，撑竿跳高的水平速度和垂直速度都与腿的爆发力（速度力量、弹跳力）有密切关系，并且需要较好的腹肌、髂腰肌以及腰背力量，而上肢的悬垂拉引力和推撑力量更是完成动作的必要条件。

撑竿跳高运动员以发展相对力量为主。一般以中等重量的快速练习发展力量和动作速度、协调性等，以大重量结合中等重量发展腿部和腰背力量。具体练习手段有：

（1）发展臂部力量：采用负重和不负重的快速引体向上、爬绳、倒立推起、手倒立行走等。

（2）发展腰腹肌力量：多种负重或不负重的快速收腹举腿、仰卧起坐、弓身等。

（3）发展腿部和腰背力量：负重半蹲、深蹲、坐蹲、起踵。

（4）发展弹跳力：立定跳远、立定三级跳远、多级跳、跨跳、蛙跳、单脚跳、跳深、跳台阶、负重蹲跳、连续跳越障碍、跳起用手触高物、宽上拉、箭步抓、负重起踵、腿蹬出。

（5）发展力量并改进技术：在吊绳上做连续后仰举腿、倒爬绳，以及将腿放在高处手握吊绳做拉引推起练习。撑竿跳高特别强调快速、有力和准确地起跳，为此还应多做短、中程助跑的跳远，提高快速起跳能力。

2. 速度训练

快速持杆助跑是创造优异成绩的必要条件。另外撑竿跳运动成绩的提高还与撑杆改进等因素有关。

发展跑速的练习手段有：多种短距离跑，如加速跑、行进间跑、小步跑、后蹬跑、高抬腿跑、车轮跑等。

发展持竿助跑速度的方法有：30 m、50 m的持竿起加速跑、30 m负重持竿跑、持竿高抬腿跑、持竿车轮跑等。

这些练习可以发展肩带和臂部力量，以及改进持竿跑技术和发展持竿跑速度。练习时要求技术准确、节奏明显、动作协调。要把持竿助跑与插穴起跳相结合。由于插穴起跳技术复杂而重要，训练中要经常进行短程、中程和全程助跑插穴起跳练习，以提高助跑结合插穴起跳的能力。

三、投掷类项目

投掷类项目主要是指体能类速度力量性非周期性动作结构的标枪、铁饼、铅球等项目。这些项目对运动员的最大力量、速度力量（特别是爆发力）有很高要求。例如，前男子标枪世界纪录创造者卢西斯，抓举成绩120 kg，高翻150 kg，深蹲300 kg。男子铁饼和链球运动员的力量更是大得惊人。此外，投掷类项目对运动员肌肉用力的协调性以及动作速度、柔韧性和其他运动素质要求也很高。

（一）标枪运动员的体能训练

掷标枪需要运动员具备突出的全身爆发力、快速反应和大幅度的协调用力。因此，必须具备强有力的躯干、腰、髋及上下肢肌肉的力量和速度。由于掷标枪动作是在幅度大、协调性高的情况下完成的，所以对肩、胸、腰、髋等部位柔韧性和协调性要求也很高。此外，弹跳力、速度和专项耐力的发展和培养，对促进专项成绩提高也很重要。

1. 力量训练

根据掷标枪运动的特点，力量训练除应大力发展和提高一般力量水平外，还要重点抓专项力量及专项速度训练。只有在发展一般力量（特别是最大力量、速度力量）的基础上紧密结合专项力量的训练，才能使最大力量和速度力量更为有效地转化为专项力量。

一般力量训练主要采用各种抓举、挺举、快速跳举、负重蹲跳、负重转体和屈体、颈后臂屈伸、深蹲、半蹲实力推、各种负重跳跃、山羊挺身、卧推，杠铃的交叉步向、沙坑推掷、手提壶铃蹬伸和做“满弓”、持铃直臂外旋练习以及其他专门发展力量的专哑铃绕环练习等。

发展大肌群力量和全身力量的练习一般采用大（中）强度、多组数、少或中次数、快速度。

专项力量训练主要采用大量投掷各种重量铅球、实心球练习，如投掷铅球、实心球、抛掷铁棒、杠铃片、投掷超重标枪等。练习方法可采用原地投、上步投或助跑投掷。

为了使一般力量训练和专项力量训练相结合，通常在大力量练习后安排轻器械练习，在中小重量练习后安排重器械练习。同时使用时，先轻器械后重器械或速度快、强度大的器械练习。据专门研究指出，标枪运动员投掷轻器械效果较好，力量训练每周可安排3~5次，特别是准备期更应重视力量训练。

2. 专项速度训练

可采用200 g、400 g多种重量的小石块投掷练习或投垒球练习。练习方法可以原地对网或墙投掷，上步或短距离助跑投掷。此外，短距离速度训练也应适当安排。

3. 柔韧素质训练

柔韧素质对于保证投掷技术的正确协调，加大动作幅度，提高关节灵活性以及爆发力的充分发展均具有重要作用。其主要练习手段有：背“桥”、向后弯腰、吊环上的连续翻转、肩关节动作、垫子上向前手翻、蹬伸送髋、橡皮带拉“满弓”、侧面满弓、体侧屈、单杠上悬垂摆体振胸等。

（二）铁饼运动员的体能训练

掷铁饼是在高速旋转中，使躯干、胸大肌、手臂做最大限度的扭转拉紧并超越器械，然后转髋、挺髋、挥臂、手指拨饼。掷铁饼由旋转到最后用力出手，要在最短时间爆发出最大力量。决定铁饼投掷成绩的是铁饼出手的初速度，这就要求运动员要具有良好的最大力量和爆发力。其主要练习手段有：负重挺身、弓身、弯举、抓举、半蹲、半蹲跳、弓箭步跳、高翻、仰卧飞鸟、宽握卧推、中小重量的连续快举、负重伸屈髋练习、负重转体、俯卧持杠铃片或哑铃做各种绕环结合最后用力的转蹬挥臂练习等。

总之，力量训练强度要大，速度要快，尽量高速完成。此外，各种发展专项力量的专门练习，如掷铅球（重物、超重铁饼、杠铃片）、拉力器、橡胶带和滑车装置器械等的专门练习和模仿性练习，对发展一般力量和专项力量也极为重要。为了发展爆发力，还可采用一些不负重的跳跃练习，如立定跳远、多级跳、蛙跳、跨跳、急行跳远、纵跳等。在训练中应充分发展有助于旋转投掷铁饼的那些肌肉力量。铁饼运动员速度训练主要以各速度训练中短跑为主，特别是短距离的快频率跑、反应跑、短距离加速度跑、站立式和蹲踞式起跑等。柔韧训练发展柔韧性的主要手段有：各种肩绕环、压肩、转肩、摆腿、压腿、踢腿、腰绕环、体侧屈、转髋走等。

（三）铅球运动员的体能训练

推铅球是在高速蹬地滑步中制动，身体左侧肌肉充分拉长（以右臂为投掷臂），右侧肌肉更好地收缩使身体像个压紧的弹簧，紧接着完成挺髋、伸膝、伸肘、拨球等一系列动作，将铅球推出。股四头肌、小腿三头肌、股二头肌、背阔肌、竖脊肌、胸大肌、三角肌、肱三头肌、肘肌、手和手指伸肌、手指屈肌等主要肌肉参与用力。优秀运动员从滑步到球离手所用时间大约为0.6 s，滑步（至左脚落地）约占0.3 s，最后用力0.3 s。由此可见，铅球运动员要在最短时间内爆发最大的力量，因而要求有强大的力量和爆发力。据统计，男子铅球掷21 m的运动员其深蹲、卧推成绩均在200 kg以上，硬拉达300 kg，平推在100 kg以上。

铅球运动员的力量训练应重点发展全身爆发力，以及上肢（包括手腕、手指肌力）、肩带、躯干和下肢力量，并重点采用结合专项需要的多种推、抓、挺、蹲、拉、卷腕练习，旋腕练习，指撑俯卧撑，俯卧撑击掌，抓下落铅球，抓平放杠铃片（内缘）等练习（发展铅球运动员一般力量的练习动作可参见标枪、铁饼运动员力量训练部分）。发展综合肌群、大肌群力量采用重量大、速度快、次数少次的组数多练习。发展局部肌肉则采用重量小、组数中等、次数较多的训练方法。铅球运动员力量训练应全年安排，准备期一般每周3~5次。比赛期2~3次。训练中多做挺举、平推、借力推、负重蹲跳等爆发力练习，卧推、硬拉、深蹲也要适当安排，练习后可做快跑、轻跳练习。

动作速度的发展主要采用专门动作速度训练和变换重量的掷铅球（特别是轻铅球）练习来实现。专门技术练习的重点是提高滑步和最后用力的结合及其动作速度。练习手段有：徒手连续滑步，每次滑步后结合右脚蹬地动作；持轻、重铅球连续滑步并结合右脚踏地动作；成原地投掷姿势，左脚稍向上抬起，待身体平稳后，左脚着地，右脚积极蹬地；背对投掷方向，两脚前后开立，上体稍前俯，快速拉收右腿，右脚着地立即用力蹬地。变换铅球重量发展动作速度时，总的要求是应在不降低速度的情况下增加重量，或者是在不减少重量的情况下提高速度，总之，应把提高最后用力速度放在首位。特别在准备时期，应大量采用推轻、重和标准重量铅球的练习，并采用徒手、器械的和负重的模仿练习，以发展最后用力的动作速度和爆发力。总之，最后用力的速度、用力的顺序及力量结合，应使其在整个训练过程中占一定比重。

铅球运动员的速度训练也可采用多种短距离的短跑练习，另外应采用多种手段发展肌肉用力协调性。上肢、躯干、下肢（特别是髋关节）柔韧性训练对提高大幅度的动作速度和全身爆发力也有积极作用。此外，还应适当采用各种跳跃练习发展弹跳力和爆发性用力能力。

（四）链球运动员的体能训练

链球项目要求运动员必须有强大的力量和很快的速度，以及对抗离心和维持身体平衡的能力。因此，链球运动员的体能训练以发展最大力量、速度力量、协调和灵敏素质（主要是控制身体平衡和旋转能力）为主。

最大力量和速度力量的训练主要采用负重练习，如多种抓举、提铃上拉、高翻、推举等练习。还可适当扩展全身大肌肉群力量和爆发力。另外，一些专项力量训练，如用各种姿势投链球或实心球，用较轻标准重量链球的变换练习，以及投掷轻、重和标准重量链球的变换练习等。根据不同的对象、时期加各种器械等，还可安排专项力量训练和技术训练，发展专项力量和专项技术，使力量与技术紧密结合。

四、举重等项目

举重是在极短的时间内通过抓举和挺举技术爆发出最大力量的运动项目。举重运动员体能训练包括一般体能训练和专项体能训练。

（一）一般体能训练

一般体能训练的内容有：弹跳力和爆发力练习。

纵跳、立定跳远、多级跳、跳台阶、跳深等速度练习。30~100 m的短距离冲刺跑，或其他以短跑为主要内容的游戏。灵敏和协调性练习技巧运动的翻腾练习，篮球、足球练习和其他专门练习等。

耐力练习，球类活动和比赛、连续跳绳、中距离越野跑。

柔韧性练习，举重运动对肩、肘、腕、膝、踝等关节部位的柔韧性要求较高，因此应加强这些部位的柔韧练习。其主要练习动作有压肩、转肩、吊肩、压肘、压腕、压踝、压腿、体前后屈、劈叉等。

（二）专项体能训练

举重运动员的竞技水平主要是靠专项体能训练来培养的。举重是典型的速度力量性体能项目，力量是运动员的首要素质、是基础，而爆发力是核心。所以，举重的专项体能训练可以概括地理解为以绝对力量为基础、爆发力为核心的力量训练。举重运动员除了具备强大的力量外，还需要速度、弹跳力、柔韧性、灵活性和耐力，这些素质需要通过其他项目的训练来发展，因为一个运动项目的训练总是有极限的，如举重运动基本是在原地的靠关节屈伸活动的幅度进行，机体活动范围是有限的。举重运动对发展力量、爆发力以及专项的协调性、柔韧性作用较大，对内脏器官的影响有其特点（在憋气时进行练习），但也有其极限性。因此，应在全面身体训练基础上深入专项化训练，在整个训练过程中，有所侧重地安排，以结合专项为主。专项身体训练内容主要包括完成抓举、挺举所需的各部分肌肉群力量的辅助练习。主要辅助动作练习包括以下三类：

（1）发展抓举力量的辅助练习：高抓、直腿抓、膝上（下）抓、宽拉、宽硬拉、颈后宽挺蹲、抓举支撑深蹲、颈后宽借力推、躬身、俯卧拉、提肘拉、负重挺身等。

（2）发展下蹲翻力量的辅助练习：高翻、膝上（下）高翻、窄拉、前蹲、后蹲等。

（3）发展上挺力量的辅助练习：架上挺、颈后挺、半挺、借力推、预蹲、实力推、坐推等。

第二节　体能主导类耐力性项群运动员体能训练

一、中长距离类项目

中长距离类项目主要包括800 m、1 500 m、3 000 m、5 000 m、10 000 m跑、竞走，400~3 000 m游泳，长距离速度滑雪，越野滑雪，公路自行车等。这些项目要求运动员必须具备突出的有氧耐力、力量耐力和速度耐力水平。

（一）田径中长跑运动员的体能训练

1. 耐力训练

800~10 000 m田径跑对运动员耐力水平要求很高，因此必须在身体全面发展的基础上重点发展耐力训练，所以在素质方面，它们要求一定要有良好的耐力。中长跑都要围绕专项耐力训练进行。以提高无氧代谢水平和无氧代谢能力。一般耐力（有氧耐力）是专项耐力的基础。中长跑运动员必须注重一般耐力的训练，特别是长跑运动员采取的一般耐力练习的距离更长。其练习方法可用定时跑、强度较小的越野跑。专项耐力在全年不同的训练阶段都要系统练习（包括速度感，跑的节奏）。发展专项耐力包括变速跑、越野跑、间歇跑等。在距离较长的反复跑、变速跑、越野跑中把发展一般耐力、专项耐力和速度结合起来进行训练也是一种较好的方法。

2. 力量训练

其重点是发展力量耐力。可采用较长距离的跑、各种跑跳专门练习（如后蹬跑、跨跳），多次重复轻重量和中等重量的负重练习，上坡跑，在沙滩（沙坑）上与较深雪地上的跑、跳练习，发展腿、腰、腹、背、上肢的力量练习，循环练习等。中跑运动员还应加强速度力量和腿部肌肉力量的训练。

（二）竞走运动员的体能训练

竞走运动员体能训练的重点是发展下肢力量、耐力、腿部动作频率和柔韧性。常用练习方法有徒手体操、跳跃练习、跳绳、越野跑、变速跑、爬山、滑冰、球类活动、负重力量练习；各种专门性的力量、技术和柔韧练习。

（三）中长距离游泳运动员的体能

中长距离游泳运动员的体能训练与短距离游泳运动员的体能训练相比有许多共同的特点。例如都需要良好的力量耐力、速度水平。其主要区别则在于中长距离（特别是长距离）项目对运动员耐力水平要求更高。因此，中长距离游泳运动员的陆上身体训练应在全面发展的基础上，提高全身肌肉的力量耐力水平，并重点加强专项耐力的训练，提高其心血管呼吸系统。发展耐力素质可采用各种陆上的球类运动、长跑、越野跑，以及发展力量耐力的专门练习和中长距离专项游泳训练。

（四）长距离速滑、越野滑雪运动员的体能训练

长距离速滑、越野滑雪不仅要求运动员必须具备良好的耐力素质，而且对力量（特别是腿部力量）、速度耐力、平衡性、协调性、柔韧素质有很高的要求。因此，身体训练的重点是发展有氧耐力、无氧耐力、腿部力量素质（特别是力量耐力）、速度耐力、灵敏素质、柔韧性，以及观察能力、平衡能力和动作的协调性。这些运动素质可通过多种多样的一般练习和长距离的专项练习来发展。超长距离类项目运动员体能训练的重点是发展耐力素质和提高一般体能训练水平。以马拉松选手的训练为例，在准备期可采用徒手练习、各种器械练习、跳跃练习、力量练习、球类活动、滑冰、爬山、各种跑的专门练习、长时间的走跑交替练习、强度不大的匀速越野跑和变速越野跑、组合练习、循环练习等来发展一般耐力和各项运动素质。专项耐力以及跑的节奏感、速度感等可采用反复跑、变速跑、连续跑以及各种专项练习来发展和提高。

二、超长距离类项目

在进行长跑的时候要注意呼吸节奏均匀，不要因为长跑过程中比较累就乱了节奏。有意识地把双脚步伐节奏与呼吸节奏协调起来，可以采取二步一吸、二步一呼或三步一吸、三步一呼的方法。在长跑时该注意什么呢？长跑时要量力而行，知道自己到底能够承受多大的距离，千万不要盲目地挑战自己的极限，避免身体因负荷过大而受伤；开始跑步前，最好先活动一下筋骨，尤其是长期不运动的人。如果不让自己活动开，很容易导致肌肉或韧带拉伤；跑步时要集中注意力，不要与身边的锻炼者相比较，按照自己跑步的步调训练，不可受别人影响。不然很容易影响自己的节奏，甚至会跌倒。超长跑就是马拉松。马拉松长跑是国际上非常普及的长跑比赛项目，全程42.195 km，半程马拉松（约21.097 5 km）也属于超长跑。

长跑的技巧包括以下几方面：

（1）长慢跑：每周两次，通常在周二和周四进行，跑步过程中以自己舒适的速度进行无间断的慢跑（最快速度的60%~80%），最初进行慢跑时从30 min开始，之后每次增加5 min，最长时间可达2 h。跑时不用计算距离，只须计时间，一切由身体感觉去决定，待能持续跑1 h后，可改为每周一次和进行第二种训练。每次跑步练习都要记录日期和时间。

（2）快长跑：每周一次以80%~90%速度跑10~15 km（如不能跑10 km，可由5 km开始，每次增加0.5~1 km，慢慢加至10 km），经此锻炼后，速度和肌力慢慢提高，可以量度脉搏测得CRI指数，证实体力的进步（跑后翌日早上，脉搏应降回72次以下）。

（3）间歇跑，训练有氧和无氧肌肉耐力，间歇跑的负荷强度较大，容易使机体疲劳，但进步最快，每周只宜做一次，可在周三做（因为有三天时间休息，可望周日恢复体力），方法如下：

①间歇时间相当，即跑5 min（80%以上速度），休息5 min，可慢跑或步行，重复5~10次，每次速度相同。

②如越跑越慢，表示要降低第一次跑的速度，以便能够维持跑速，完成多次跑程。

③必须在状态最佳时，才可进行间歇训练。

④下次练习时可增加跑步时间，或减少休息时间，于是速度一次比一次快，跑的路程一次比一次长，其训练组合之变化是无穷的。

第三节　技能主导类运动员体能训练

一、准确性类项目

准确性类项目主要指射击、射箭等表现高精确性命中类项目。这类项目对运动员的心理和平衡稳定能力、精细感觉能力（如味觉、触觉本体感觉和视觉）、体感能力、反应速度、动作协调性、静力性力量和专项耐力有较高要求。以射箭运动为例，射箭运动员肌肉活动的平均值和标准差小，说明射箭用力准确性高而平稳，并且每次射箭时的用力状况比较一致。只有这样，才能提高射箭的命中精度。所以重点发展运动员的臂力、握力和腿力是完成瞄准和击发（撒放）动作的需要。根据上述特点，为了长时间保持稳定的身体姿势的需要，体能训练可考虑从以下几方面进行。

（一）速度训练

主要发展反应速度和动作速度。可采用突然发出的信号，如选择性练习、转向跑练习，还可用球类活动，游戏和专项技术练习来发展。

（二）耐力训练

准确性类项目主要需要保持长时间工作能力的专项耐力。可采用专项技术训练和专项身体训练来发展。一般耐力则采用走跑相结合并且强度较小的越野跑、爬山、球类活动等来发展。

（三）柔韧和灵敏素质训练

柔韧素质的训练可采用各种徒手练习来发展，灵敏素质主要采用徒手练习、器械练习、组合练习和各种游戏来发展。

二、难美性类项目

难美性项目主要指竞技体操、跳水、艺术体操、武术、花样游泳、花样滑冰、蹦床、竞技健美操等项目。这些项目要求运动员比赛时在三维空间中交替进行难度极大的动力性和静力性的肌肉工作，同时要表现出具有强烈吸引力的人体美和运动美。因此，这些项目对速度力量、动作速度、专项耐力、柔韧性和灵敏素质都有很高的要求。

（一）竞技体操运动员的体能训练

竞技体操属于非周期性运动项目，运动员体能训练的目的是改善神经、心血管系统机能，提高肌肉力量和弹性，发展速度、耐力、柔韧性和协调能力，提高平衡能力以及对方向和时间的判断能力等。练习手段多采用与专项技术结构相似的练习或专项动作来发展所需的运动素质，以加速掌握技术动作进程，增强比赛能力。力量是体操运动员所必须具备的重要素质，加强体操运动员的力量（特别是相对力量）的训练极为重要。发展力量可采用负重练习、克服自身体重的力量练习、器械力量练习和专门的体操技术练习等。具体练习部位有上肢、躯干、下肢力量训练。上肢力量训练的重点是发展推撑悬垂拉引力量、两臂直臂内收、外展和屈伸力量。练习方法可采用俯卧撑、击掌俯卧撑、双杠支撑摆动、支撑摆动臂屈伸、各种手倒立、杠铃推举练习、引体向上、爬绳、爬竿、套环带的十字支撑、俯卧压十字等。躯干力量训练重点是发展腹肌、背部肌群力量，可采用仰卧起坐、仰卧举腿、仰卧两头起、俯卧起上体及其他专门练习。下肢力量训练的重点是发展弹跳力。练习手段有原地连续纵跳、立定跳远、跳绳、跳马、助跑三级跳、跳深练习、负重跳跃、负重起踵、原地团身负重起踵、原地团身后空翻。

1. 速度训练

除跳马所需的位移速度外，竞技体操主要需要动作速度。如跳马推手、技巧中的起跳、空翻或复合空翻动作中的翻转动作和转体动作。近年来世界体操运动发展很快，动力性与摆动类型动作越来越多，要求初速度快，腾空动作高而飘，每个动作发力快，动作之间的间歇短。动作速度的训练极为重要。

2. 耐力训练

采用越野跑、球类活动、400~1 500 m跑、循环练习、组合练习等专项耐力的训练，常常与各项技术训练结合在一起，主要采用成套练习、半套练习或一些反复多次的专门技术练习。

3. 柔韧训练

男子着重发展肩、腕、腰、髋等部位的柔韧性，女子着重发展肩、胸、髋、腰和踝等部位的柔韧性。

（1）肩胸部柔韧性主要采用压、拉、吊、转等方法。

（2）躯干柔韧性主要采用体前、后屈、甩腰、吊腰、劈腿等练习方法。

（3）腿部柔韧性主要采用压腿、扳腿、踢腿、控腿、劈腿等方式进行。

此外，还可采用一些专门练习发展踝关节和腕关节柔韧性。体操对灵敏素质和协调能力有很高要求。可采用以下方法提高灵敏素质和协调能力练习：①熟练掌握多种体操技术与技能。②经常变换各种练习和技术动作组合。③采取弹网或弹板等专门器械进行力所能及的各种翻腾和转体动作练习。④采用一些专项动作、组合练习和专门手段发展灵敏素质与协调能力。

（二）艺术体操运动员的体能训练

艺术体操项目对运动员的柔韧性、协调性、弹跳力、耐力、灵巧性、肌肉控制能力、对器械的控制能力、节奏感、平衡性、观察力、判断力、模仿和表演能力均有很高要求。体能训练除了应发展上述素质外，还要加强运动员的美感、审美能力和乐感的训练。

1. 跑跳启蒙阶段（6~8 岁）训练

此阶段主要采取游戏、舞蹈及艺术体操的徒手练习、腰腿基本功练习。还要学习绳和球的基本练习，发展弹跳力、耐力和灵敏等专项素质。

2. 基础阶段（9~11 岁）训练

此阶段主要采用舞蹈、技巧、体操的一些徒手练习来发展专项运动基本功练习。采用艺术体操的一些徒手练习来发展专项运动素质，并通过绳、球、圈、棒、带的基本动作练习，发展对器械的控制能力和节奏感。同时应适当采用田径和一些游戏项目练习，发展一般运动素质。此阶段仍应继续提高专项素质。

3. 提高阶段（12~13 岁）体能训练

此阶段仍应继续提高专项素质和一般体能训练水平，并可适当采用少量的专项技术练习来发展耐力、柔韧性、协调性对肌肉的控制能力和对器械及对自身动作的节奏感等。训练内容主要包括专项技术练习、技巧、舞蹈和腰腿基本功练习。

4. 高水平阶段（14 岁以后）体能训练

此阶段主要任务是继续保持柔韧性和提高力量、耐力及身体机能水平。训练内容以专项的舞蹈、技巧及腰腿基本功练习为主。

（三）武术运动员的体能训练

武术项目对运动员的身体素质有比较全面的要求。根据武术的特点和技术发展的需要，武术运动员必须注重快速力量、弹跳力、柔韧性、灵敏和耐力素质的训练。武术传统的基本功和基本动作的练习，是发展武术运动项目身体素质的重要手段。其中的腰、腿、臂、桩四功对身体主要部位的素质发展起着积极的重要作用。基本功和基本动作的练习，不仅能使身体各部位得到较全面的锻炼和发展，还能使各关节的柔韧性和运动素质得到较全面的发展，同时也能促进各类肌肉控制能力和弹性增强，专项素质得到较好发展，为学习和掌握高技术水平打下基础。与此同时，还要借鉴一些其他运动项目的内容来发展一般运动素质。例如，通过多级短跑和长跑来发展下肢弹跳力、速度和耐力；通过球类运动、爬山、跳台阶来发展一般耐力、灵敏和下肢力量，通过以上练习和组合练习发展专项耐力和专项协调性等。

发展专项运动素质的基本功和基本动作练习主要有以下几种：

（1）肩臂练习，目的是增强肩关节柔韧性，加大肩关节活动范围，提高上肢专项运动能力。其主要练习方法有发展腿部柔韧性、压肩、绕环、托臂等。

（2）腿部练习，增进韧性、灵活性和力量。其练习方法有正压脚、侧压腿、后压腿、仆步压腿、正扳腿、侧扳腿、后扳腿、劈腿、踢腿（如直摆性腿法、屈伸性腿法）、扫腿（前扫腿、后扫腿）等。

（3）腰部练习。在手法、眼法、身法、步法四个要素中，腰是反映身法技巧的关键，主要练腰方法有俯腰、甩腰和下腰等。

（4）手型练习有拳、掌、勾；手法练习有冲拳、架拳、推拳、亮拳等。

（5）步型、步法练习可以发展腿部力量和速度，提高两腿移动的灵活和稳固性。步型练习方法有弓步、马步、虚步、仆步、歇步、坐盘、丁步；步法练习方法有击步、垫步、弧形步。

（6）跳跃练习对增强腿部力量，提高弹跳能力有良好的作用，如腾空飞脚、旋风腿、腾空摆莲等。

（7）平衡练习对发展腰髋部力量及肌肉控制能力有积极作用，如提膝平衡、燕式平衡等。

（8）跌扑滚翻练习对培养前庭分析器官稳定性，提高协调性、灵敏素质和速度力量有良好作用，如抢背、鲤鱼打挺、乌龙绞柱、侧空翻、旋子等。

（四）竞技健美操运动员的体能训练竞技

健美操要求运动员必须具备突出的力度感、良好的动作速度、节奏感、协调性、柔韧性及耐力水平。因此，竞技健美操对运动员的力量、速度、耐力、柔韧性和灵敏素质均有较高要求。力量训练主要是加强快速力量和力度感的训练。练习时，动作速度要快，节奏分明。可采用快速俯卧撑、立卧撑、腰腹肌练习、卧推及一些专门力量练习和跳跃练习进行。

速度训练主要是动作速度和节奏感的训练。可采用分解练习、组合练习或专门动作练习。耐力训练主要通过越野跑、长跑、球类活动发展一般耐力；竞技健美操对运动员肩、腹、髋及下肢柔韧性和身体协调性有较高的要求，通过反复进行成套、半套练习活动和组合练习发展专项柔韧性和协调性。

第四节　技能主导类对抗性项群运动员体能训练

一、隔网对抗类项目

隔网对抗类项目主要指（单双人）乒乓球、羽毛球、软式网球、排球等项目。这些项目战术变化多种多样，对反应速度（特别是复杂反应速度）、动作速度、移动力、力量、耐力、灵敏和协调性要求极高。

（一）力量训练

重点是发展上肢、躯干、腰、腹、背部和下肢力量。训练手段为哑铃、实心球、其他带有一定重量的器械（如垒球掷远）和引体向上练习等。此外，各种跳跃练习、专项辅助练习和隔网对抗练习，对发展上肢、躯干、下肢力量也有良好效果。此类项目运动员的力量训练主要是发展速度力量，提高肌肉快速发力的能力，因此练习时不能只追求重量而忽视速度，应当在保证快速用力的基础上逐渐增加重量。

（二）速度训练

主要发展运动员的反应速度、起动速度、起跳速度、动作速度和短距离冲刺跑速度。经常采用的训练手段有小步跑、跨步跳、各种不同姿势的起跑、50 m的冲刺跑、变速中发展简单和复杂反应速度的练习等。进行专项速度训练很重要的一点是必须结合专项需要，以排球运动员为例，其所要求的速度不仅是单位时间内移动距离的长短，而且应具有很好的反应速度、起动速度、摆臂速度和爆发性的跳跃速度等，才能做到手快、腿快、球到人到、球变人变、灵活运用技战术。排球运动员常用专项速度练习有：看信号或看手势向前、后、左、右的快速移动、折回跑或往返移动练习；以传接球的准备姿势做滑步、交叉步、跨步等快速移动练习；快速扑接改变传球或扣球方力量的各种来球；快速摆臂做鞭打动作，用鞭打动作投掷轻器械（如棒垒球、小皮球等）练习等。此外，对墙连续起跳扣传球、根据二传球快速移动起跳扣球助跑摸高和立定跳远对发展快速弹跳力也极为有效。

（三）耐力训练

好的耐力素质，可以使运动员在激烈的隔网对抗运动中，保持良好的竞技状态和长时间比赛能力。隔网对抗的球类项目比赛时间最少的有几十分钟，多的长达几小时。隔网对抗项目因此必须加强耐力训练，提高耐力素质。需要的耐力素质一般都是强度大，每次时间短而重复次数多的专项耐力、速度耐力和力量耐力（或弹跳耐力）。其练习手段可采用各种长时间的专项练习、越野跑、跳绳、爬山、多次数的负重练习等。灵敏是隔网对抗类项目所需的重要素质。在比赛中运动员必须根据来球路线和方向而改变位置和打法，要根据对手的动作来判断球的落点、方向、力量和速度。发展灵敏素质的方法，可采用有技巧的垫上运动、活动性游戏以及各种球类活动和专项练习。

（四）柔韧训练

良好的专项柔韧性对于掌握难度大的动作起到重要作用。可采用各种压腰、劈腿、压腿、踢腿以及其他专项柔韧练习来发展柔韧素质。

二、同场对抗类项目

技能类对抗性同场对抗项目主要包括篮球、足球、手球、水球、棒球、垒球、冰球、曲棍球等。这些项目竞技能力的构成特点是继续向全攻全守的打法发展，全面发展的运动素质与良好的形态条件和娴熟的技术水平相结合。由于同场对抗项目包括了所有的在激烈的近身攻防、对抗拼抢中进行比赛的集体项目，要求运动员在时间和空间上占据优势，争取主动，并且必须具备快速的奔跑能力，运动强度大，能量消耗大（ATP-CP和乳酸供能占80%左右）。因此，对运动员的力量、速度、耐力、灵敏、柔韧等运动素质有全面的要求。

这里主要以篮球运动员的体能训练为例进行说明。

篮球是一项地面和空间争夺都非常激烈的对抗运动，运动员必须不断地快速进行移动、进攻和防守。在比赛中，运动员必须不断奔跑、摆脱、滑步、跳跃和抢断球，以及在复杂条件下灵活运用高难度技术动作，因此，必须具备全面发展的力量、弹跳力、速度、耐力、灵敏和柔韧素质。篮球运动主要要求运动员具有快速启动的能力、反应速度和移动速度。发展速度的方法有多种专项速度练习，短跑运动员的各种速度可采用各种专项速度练习，短距练习，加速跑、变速跑，各种快速起动跑等。此外，还可采用以下几种方法：急停快速往返跑、全场快速往返运球投篮、场上运球上篮等。篮球运动的攻守对抗突出表现在身体接触中力量的抗衡。

力量在对抗中的地位越来越明显，力量对身体平衡以及技术动作完成的稳定性、实效性和技术的发挥有着特殊意义。

篮球运动员的力量训练主要是发展手指、手腕力量，上肢、腰腹和下肢力量用指卧撑、俯卧撑托球，抓球（如抓铅球、篮球）、接球练习、引体向上、双臂屈伸、倒立推、推举、悬腿、仰卧起坐、抓举、挺举、弓身，半蹲、深跨跳和两腿交换跳等。力量训练的目的主要是发展全身爆发力，因此训练时必须尽量加快动作速度。

（一）弹跳力训练

弹跳力训练必须和力量、核心、速度训练相结合，专门性弹跳练习与技术训练相结合，并促使运动员在各种突然交换的条件下都能迅速起跳，并在空中变换动作。可采用发展腰腹和下肢力量的练习、跳绳、跳台阶、助跑摸高、中长跑、三级跳、多级跳、跳深等练习。主要发展速度耐力，可采用长跑、越野跑、游泳、爬山以及各种专项练习。

（二）灵敏训练

发展灵敏素质可采用专项技术练习和辅助练习，以及翻滚、手翻、闪躲和模仿练习，各种脚步动作的转换练习、抢断球游戏、绕过障碍的接力赛、传接各种难度的球、接地滚球，以及在快跑中根据信号的起动、急停、后退跑、转身跑和改变方向跑等。

（三）柔韧训练

可采用各种压指、压腕、压肩、拉肩、转肩、体前后屈、劈叉、压腿、踢腿、双手持球成弓箭步，向前、后、左、右扔球和拿球，以及一些体操和武术的柔韧性练习动作。

（四）力量训练

足球项目不仅要求运动员必须具备良好的奔跑能力，而且要熟练急跑、停和急停后转身急冲，要求高度的灵敏度。在全攻全守的战术打法情况下和激烈的比赛中，既存在规则允许情况下的合理冲撞，还要具备久跑不竭的力量。据统计，我国职业队员一场比赛跑动距离为6 196 m，全场平均活动次数为684次，因此对力量、速度和耐力素质均有较高要求。力量训练，以足球运动员的力量素质为例，是在发展全身力量的基础上发展腹、背力量。负轻重量的练习，各种深蹲俯卧撑、仰卧起坐、蛙跳以及各种结合专项的力量练习，都是发展力量的有效方法。

（五）速度训练

以足球运动员为例，其速度突出表现在反应快、起动突然转身和完成动作快等方面。通过视觉信号的各种不同姿势的起跑、冲刺练习，结合各种跑、冲刺和技术动作练习，对发展足球运动员的速度都非常重要。具体练习时可采用以下方法：各种姿势起跑的30 m快跑，顺风跑、下坡跑、全速跑、加速跑（均为短距离练习）；在快跑中看信号的急停、转身、转向跑；做顶球、颠球、传球和倒地铲跃、滚翻和改变方向跑；先做顶球、颠球、传球，然后起跑20 m；全速带球跑、变速带球跑、两人球、快速上前传接球、断球、冲刺射门和运动射门。足球运动员所需要的耐力是在一般耐力基础上，在紧张激烈的比赛中保持高速运动能力的速度耐力，它是在紧张激烈的比赛中保持变速跑、短距离反复冲刺跑等的重要条件，可采用变速跑、短距离反复冲刺的各种专项练习等来发展。此外，足球运动员还充分重视发展灵敏素质和柔韧性，可采用各种专项技术练习和结合专项的一般练习来发展。

三、格斗对抗类项目

格斗对抗项目主要有击剑、柔道、摔跤、拳击、散打、跆拳道等。这些项目竞技能力的特点是鼓励主动进攻，绝对胜利的比例减少，相持能力（技术与体力）的作用加大，重视全面发展和突出绝招。同时，在双方激烈的格斗对抗中，必须以对手的身体为攻击目标，进攻取胜，并且还要注意保持自己身体重心的动态平衡，而迫使对方身体失去平衡。比赛中运动强度大，运动员几乎无喘息之机，运动员的中枢神经系统处于极度紧张和高度兴奋的状态。可见这类项目对运动员的运动素质要求很全面，特别是对力量、速度和灵敏素质有很高要求。因此体能训练必须加强运动素质的全面发展，并在此基础上重点加强专项运动素质的培养。

以柔道运动员的体能训练为例，柔道项目不仅要求运动员必须具备头脑清晰的品质、顽强拼搏的精神和良好的心理素质，而且必须具备突出的最大力量、速度力量、反应速度、动作速度、耐力水平和良好的柔韧和灵敏性。因此，柔道运动员的体能训练必须根据专项特点，采用专项技术练习和一般练习的手段，重点加强最大力量、速度力量、反应速度、动作速度、专项耐力（柔道耐力训练的要求是以无氧耐力为主和柔韧性、灵敏素质有氧耐力为辅），以促使体能训练取得最佳成效。

小 结

体能主导类速度力量性项群主要包括短冲类运动项目、跳跃类运动项目、投掷类运动项目以及举重类运动项目；其力量素质训练的重点是发展速度力量；速度素质训练的重点是发展反应速度、动作速度和移动速度。

体能主导类耐力性项群主要包括中长距离类运动项目、超长距离类运动项目；耐力素质训练应根据专项要求进行，中长距离专项的运动员以提高有氧耐力和无氧耐力为主，超长距离专项的运动员以提高有氧耐力为主。

技能主导类准确性和表现难美性项群主要包括射击、射箭、弓弩等需要高精度命中率的运动项目；训练应着重发展平衡能力、空间定向能力、节奏能力、距离感知能力。

技能主导类对抗性项群主要包括隔网对抗类运动项目（羽毛球、排球、乒乓球等）、同场对抗类运动项目（篮球、足球、冰球等）、格斗对抗运动项目（击剑、柔道、摔跤等）。力量素质训练以发展速度力量为重点；速度素质训练以发展动作速度为重点；耐力素质训练以发展一般耐力为重点；协调素质训练以发展空间定向能力、距离感知能力为重点；灵敏素质训练以发展运动员的随机应变能力为重点。

第九章 运动素质转移与运动技能迁移

学习目标

- 了解运动素质转移的机制，掌握运动素质转移的类型。
- 学习运动技能迁移的概念与分类，了解运动素质转移与运动技能迁移的关系，从而提高运动员的相关能力。
- 掌握体育理论知识对于掌握运动技术、掌握运动技能和科学锻炼身体具有重要作用。

第一节　运动素质转移的机制及分类

一、运动素质转移的机制

人体的身体素质主要分为力量、速度、耐力、灵敏及柔韧。身体素质是人们在运动时对身体本身的基本要求。好的身体素质能够使人们在各种运动中掌握更有难度系数的运动技能。各种身体素质并不是独立的，而是相互作用的，且具有多个维度。各种身体素质都是通过肌肉表现出来的，而肌肉活动又是由中枢神经系统控制的。例如，提高机体的力量素质，是靠神经中枢发出冲动的频率和有关肌肉的中枢同步兴奋程度来实现的，而在这一过程中，又同时提高了与速度、耐力、灵敏及柔韧这些素质相关肌肉的同步兴奋，从而这些素质也得到了提高和锻炼。

从平常的训练和比赛中都可以看出，凡是擅长短跑的运动员，长跑对于这些运动员来说成绩就不一定理想了。短跑对力量素质的要求是很高的，而力量素质好的运动员，耐力水平就相对低了。可以说力量素质的发展阻碍了耐力素质的发展，所以各种身体的运动素质都是可以转移的。

运动素质的转移内容不同，效果也不同，在发展运动素质时，如果训练方法科学、手段得当，各运动素质之间，将出现相互促进的积极的一面。反之，则出现相互干扰的消极的一面。我们学习和研究运动素质的转移的主要目的就在于，在体育教学、运动实践中注意充分利用其相互促进的积极的一面，排除其相互干扰的消极的一面，以加速运动素质的发展。因此，它关系到体育教学和运动训练的内容、方法、手段的选择和安排等一系列的问题，而直接影响到教学、训练的效果。由于能量供应的来源基本相同，所以运动素质的转移比较容易发生。如有氧耐力的转移，由于有氧耐力是其他各种耐力的基础，有氧耐力水平决定了身体心血管系统和呼吸系统的机能状况，它主要依靠机体内糖原的氧化，这在各类活动中都是需要的，因此可以广泛转移。

二、运动素质转移的分类

（一）直接转移和间接转移

1. 直接转移

直接转移指由于某一运动素质的发展，直接地引起另一素质的发展。如腿部伸肌动力性力量的发展，会直接促进速度素质的发展。直接转移原理对运动训练具有重要的指导作用。强调运动员在进行专项身体训练之前，必须进行一般身体训练的目的，就在于利用这一原理为运动员专项运动素质的提高创造前提条件。在运动训练中，一般身体训练与专项身体训练的手段、负荷等安排，在很大程度上就是受直接转移规律支配的。

2. 间接转移

运动员某一素质的发展，不能直接引起另一素质的发展，但是由于这一素质的发展，却可以为今后发展另一种素质建立起必要的条件。如某一运动员腿部伸肌静力性力量水平得到发展后，虽然不能直接引起跑速的提高，但是如果在运动训练中能采用有效的方法手段去发展运动员腿部伸肌的动力性力量，那么原来所获得的静力性力量就会转化为动力性力量，从而使该运动员的速度素质得到提高。

（二）同类转移和异类转移

1. 同类转移

同类转移指同一运动素质转移到不同动作上，同类转移体现在发展一般耐力的练习中。如心血管和呼吸系统发展得好，就能在许多练习中表现出来。

2. 异类转移

异类转移指不同运动素质之间的转移，如耐力和力量之间，耐力和速度之间的转移等。一般来说，同类转移的数量比较少。

（三）良性转移和不良转移

1. 良性转移

运动员发展某一运动素质时促进了另一种素质的正常发展。如运动员发展动力性力量时，可以促进该运动员速度素质和灵敏素质的发展。因此，在田径短跑训练中，教练员通常采用发展快速力量的手段，去提高运动员的动力性力量，以促进速度素质的发展。

2. 不良转移

运动员发展某一运动素质时，干扰了另一种素质的正常发展。比如过度发展柔韧素质会影响到力量素质的提高等。各运动素质之间的不良转移，是因为各种运动素质赖以发展的物质基础有其特殊性的一面。比如速度素质要求神经系统具有较高的灵活性，而耐力素质则要求神经系统具有较好的稳定性；柔韧素质要求肌肉、肌腱、韧带具有较好的伸展性，而力量素质则要求其有较大的收缩能力。运动素质赖以发展的基质各异，因此通过训练可能使某一素质基础加强了，而对另一素质产生了干扰。

（四）可逆转移与不可逆转移

1. 可逆转移

可逆转移指可以相互影响和作用的运动素质转移，如力量素质和速度素质。

2. 不可逆转移

不可逆转移指具有单方面的影响和作用的运动素质转移，如动作速度的提高可以提高反应速度，但是反应速度的提高无论如何都不能提高动作速度。

第二节　运动素质相互转移的干扰因素

为什么有些运动素质之间能相互转移，而有些运动素质之间则相互干扰？科学研究和实践证明全面协调地提高身体素质，能使各素质相互间起积极良好的转移作用。若单一片面地发展某一素质，则会对其他素质的发展起干扰作用。这是因为人体是有机的统一整体，机能和某一运动素质的提高是建立在机体各个部位、器官系统机能和各种运动素质全面提高基础之上的。某一方面的发展或不足，势必促进或制约其他方面的发展。如力量素质的增强，同时也会有利于速度的发展；呼吸、循环系统不够强，也会影响速度和耐力的发展。身体素质的全面发展，不仅为提高专项所需要的身体机能打下了牢固的基础，而且为专项运动素质的充分发展和掌握，改进、提高专项运动技术创造了有利条件。而片面提高身体素质会干扰运动素质相互转移。片面发展主要体现在以下几个方面：

（1）各运动素质练习搭配不合理。如力量素质与速度素质在同一次训练课中可以同时出现。因它们有相似的生理学基础，而力量素质与一般耐力素质不宜安排在同一次训练课中，由于生理机制上的矛盾（例如供能特点），它们互相干扰的现象就往往表现得较突出，无论是先练力量再练耐力，还是先练长跑再做力量练习，效果都不佳。

（2）不能根据专项与对象水平特点，针对性地发展运动素质。对不同的对象，或采用不同的方法进行同一练习时，所发展的素质也可能是不同的，如 60 m快跑，对水平低的主要是发展速度耐力，而对高水平运动员进行练习时，则主要是发展速度素质；举杠铃练习，如用极限或接近极限负荷举1次或 2~3次，主要是发展绝对力量，如用较轻负荷多次数，则主要是发展力量耐力了。

（3）未能合理分析素质练习的动作结构。

在练习中，动作结构和特点基本相同的练习，对运动素质的良好转移起重要作用，如走和跑之间存在一般耐力素质的转移。而像游泳这类项目就不宜采用陆地上跑来发展耐力素质。这是因为在大脑皮层中所形成的运动性条件反射基本一致才能促进运动转移；而动作形式和动作实质不同的练习，各素质之间则容易出现相互干扰。

第三节　运动技能迁移

一、运动技能迁移概念及分类

（一）运动技能迁移的概念

运动技能迁移是指已经获得的动作技能对新动作学习的熟练掌握程度的影响。包含了正迁移、负迁移、纵迁移、横迁移、顺迁移和逆迁移。

（二）运动技能迁移的分类

1. 按效果分类

从效果上分为正迁移和负迁移，已经形成的运动技能对另一种技能的形成发展产生积极的影响，能促进新技能的形成和发展，称为正迁移；反之，已形成的运动技能对另一技能的形成产生消极不利影响，即阻碍新技能的形成的掌握，称为负迁移。

2. 按项目分类

从项目上分为纵向迁移和横向迁移。通常将所掌握的技能对学习另一种运动技能会产生一定影响，又属于同一项目的迁移方式称为纵向迁移；学习的技能不属同一项目，但所掌握或学习的技能彼此也可以迁移的迁移方式称为横向迁移。

3. 按方向分类

从方向上分为顺迁移和逆迁移。在掌握较易动作的时候，可以对学习同类较难动作产生影响，称为顺迁移。而掌握一种较难动作，对学习较易或已掌握的技能产生影响，称为逆迁移。

二、运动素质转移与运动项目迁移的关系

运动素质的转移与运动项目的迁移之间是相互促进、相互制约、相互影响的。运动素质的良性转移可以使某一运动素质的发展促进另一种素质的发展，这样可以让运动员在运动素质良好过渡的基础上，对技术概念也能正确理解，在学习技术时更好地掌握技术原理，了解动作结构和环节之间的联系，明确动作的差异所在，顺利地完成运动技能的迁移。运动素质的不良转移可以使某一运动素质的发展对另一运动素质的发展产生不良影响，进而制约运动素质的发展。在制约运动素质发展的基础上，运动技能的发展也受到了影响，使运动技能之间不能良好地完成迁移，从而影响运动成绩。而运动技能迁移又能反作用于运动素质转移。以获得2022年北京冬奥会钢架雪车铜牌的闫文港为例，曾经在天津武清区体校田径队有过7年的跳远生涯，这让他练就了出色的爆发力，而这也正是钢架雪车起跑阶段必需的运动素质。从中可以看出，运动员在训练中速度、力量等运动素质之间具有高度的相关性，两者水平的提高是相互依存、互为促进的关系。闫文港在跳远中获得的良好的速度、力量等运动素质在后来的钢架雪车中得到了充分的发挥，进而为改项钢架雪车奠定了基础，实现了运动技能之间的迁移，因此，运动素质转移为运动项目迁移提供了更大的可能性，是技能迁移的前提，同时，技能的迁移往往更有利于素质的转移。

小　结

1.运动素质多维转移是运动训练过程中客观存在的现象，这是因为运动素质中的各种基本素质（如力量、耐力、速度、柔韧素质）并不是孤立存在和独立发展的。它们之间具有不同程度的联系，并相互影响，相互促进或制约。在体育教学、运动实践中注意充分利用其相互促进的积极的一面，排除其相互干扰的消极的一面，以加速运动素质的发展。

2.运动素质转移可分为直接转移和间接转移、同类转移和异类转移、良好转移和不良转移、可逆转移和不可逆转移。不同种类的运动素质转移具有不同的特点，所以在体能训练中要合理地安排不同体能素质的训练，充分发挥运动素质转移的积极影响，以达到事半功倍的训练效果。

3.影响运动素质转移的因素：片面发展；各种运动素质练习搭配不合理；不能根据专项与对象特点，有针对性地发展运动素质；不能依据训练水平的不同合理安排各种运动素质的相互关系；未能合理分析素质练习的动作结构。

4.运动技能迁移是指已经获得的动作技能对新动作学习的熟练掌握程度的影响，包括正迁移、负迁移、纵迁移、横迁移、顺迁移和逆迁移。

5.运动素质转移是运动技能迁移的基础，良好的运动素质转移有助于促进运动技能迁移，不良的运动素质转移会限制运动技能迁移。而运动技能迁移又可以反作用于运动素质转移。

第十章 体能训练规划

学习目标

- 了解体能训练规划的内容，根据自己学校的具体情况，选择适合自己的训练方法和训练模式。
- 可以设计个人的体能训练计划方案，开始根据自己的需求，制订最适合自己的学习计划。在学习之前，要制订学习计划，设定小目标，选择实现学习目标的方法和步骤，并具备自我规划的能力。
- 学习体能训练监控与康复训练的基本知识内容，掌握学习的方法，提高自己的学习能力。

第一节 年度体能训练计划

运动训练的年度训练周期不是严格按照日历上的年度去计量的，只要整个运动训练过程的时间长短特征符合一个年度时间特征，即12个月左右，就可以称其为一个年度训练周期。由于现代竞技体育竞赛系统带有明显的年度周期性特征，因此，人们通常以年度周期作为组织系统运动训练过程的基本单位。年度训练周期以其是否包含重大比赛（如奥运会和世锦赛等）而区分为平常年度和重大比赛年度，也可依其年度主要任务而区分为恢复训练年度、基础训练年度、提高训练年度等。

年度训练计划是运动员进行全年度运动训练最重要的指导性文件。年度训练计划特别是重大比赛年度训练计划制订的主要目的是在有限的年度训练时间内，最大限度地发展运动员的整体竞技能力水平，形成良好的竞技状态，以保证运动员在年度重大比赛中取得优异的运动成绩。年度训练计划是以教练员为主，在科研人员、队医及有经验的运动员共同参与下，围绕全年比赛日程特别是重大比赛日程、运动员各种竞技能力水平及竞技状态发展所需要时间、各种训练要素间的比例等而制订的。年度训练计划的制订应在充分了解运动员训练历史及现状的基础上进行，即应根据运动员此前特别是上一年度的运动成绩、竞技能力水平发展状况和运动负荷安排情况制订。年度训练计划制订得科学、合理与否，直接反映了教练员及其团队的运动训练理论水平、实际执教经验及对运动员的了解程度。年度训练计划制订之后，不是一成不变的。在整个年度训练过程中，年度训练计划还应根据运动员对训练的不同实际反应及时进行合理的调整。在年度训练过程中，大周期是构成年度训练周期的基本单元。训练大周期是以参加重要比赛获得满意成绩为目标，以运动员竞技状态发展过程的阶段性特征为主要依据而确定和划分的。而竞技状态是指运动员在训练大周期范围内形成，在一定时间限度内保持运动成绩的最佳状态。竞技状态表现了运动员对获得成绩的最佳准备程度的各个方面，即体能、技能、心理、战术、运动智能等方面的和谐统一。运动员竞技状态发展过程具有时相性的特点，以依次变换的三个时相，即形成、保持（相对稳定）和暂时消失的顺序进行。竞技状态的形成、保持和暂时消失的规律性是安排训练大周期的基础。与运动员竞技状态的形成、保持和暂时消失三个阶段相对应，分别组织准备时期（或称训练期）、比赛时期（或称竞赛期）和恢复时期（或称过渡期）的训练，并把这一循环称为一个训练的大周期。年度训练周期中所包含的大周期数量的多少，是反映年度训练周期结构特征的主要内容。通常有单周期（包括单周期双高峰）、双周期和多周期等不同类型。不同的年度训练计划结构类型有着不同的总体规划、不同的比赛系列和不同的训练安排，分别适用于不同训练水平和不同专项的运动员。年度周期计划又包含了大周期，大周期包含了中周期，中周期包含了小周期等。

第二节　大周期体能训练计划

一、准备时期的训练计划

（一）训练任务和时间

准备时期训练的任务，是逐渐培养和发展运动员的竞技状态（竞技状态是指运动员获取本人最佳成绩的最适宜状态，它主要取决于运动员通过训练后机体内部各系统功能的和谐积聚，即运动员的运动素质、技术水平和战术水平已形成一种较高级的平衡，神经系统调节能力达到顶点）。运动员专项竞技能力的结构表现着层次性的特点，它的发展和提高必须由低到高、由一般到专项、由局部到整体逐步实现。因此，在准备时期，运动员应着重发展基础性的能力水平，以便为比赛时期创造优异成绩准备良好条件。至准备时期结束时，运动员的竞技状态应已初步形成，主要表现在准备时期前期所提高的基础竞技能力开始向专项需要的方向转化和集中。此时可参加少量比赛，以促进竞技状态的进一步发展。

为了实现上述任务，准备时期的时间不应少于1.5个月。全年单周期的准备时期可长达5~6个月。双周期安排中，每个训练大周期的准备时期又不同，在我国通常第一个大周期，即冬春大周期的准备期较长，可达4~5个月，第二个大周期，即夏秋大周期的准备期常常只有一个半月左右。准备时期的时间，在一个大周期中通常是最长的。为了更好地组织训练过程，人们一般把准备时期进一步划分为两个或更多的训练阶段，由若干中周期组合而成。在单周期训练安排中，由于准备期长达五六个月，这一划分就更有必要。而在这个过程中，训练的特点也从一般向专项、从局部向整体逐渐地转移。越接近准备时期的结束，训练的专项化程度越高，训练的整体性也就越强。

（二）训练方法、手段特点

准备时期的运动素质训练，以持续训练法和间歇训练法为主，这两种训练方法的特点是负荷的量较大，强度相对较小。这对于重点发展耐力类运动素质、重点发展有氧代谢的能力是特别有益的。最重要的力量素质以进行最大力量为主，为运动员后期专项提供力量基础。其他素质均衡发展。越靠近比赛期负荷强度逐渐减小，强度逐渐增大，训练主要从力量、耐力和其他素质转换为专项所需要的素质，例如短跑的快速力量、长跑的耐力等。

准备时期的技、战术训练，均以分解法为主，由于拥有较充裕的时间，在破坏了旧的技术动力定型之后，还有时间重新建立起新的技术动力定型，因此，允许运动员对自己的技术动作进行较大的“改造”。运动员首先着力于改进或完善技术中主要存在问题的部分，然后在这一基础上逐步向完善技术过渡。

（三）科学考证

据专家研究，竞技状态呈周期性变化，在一定程度上，它还可以人为地进行调节。每一次竞技状态从获得到保持再到消退的过程都是循环往复的。在运动训练中，不同的项目不同的运动员，其竞技状态动态变化的表现各不相同。如有的运动员的竞技状态高峰全年只出现一次，而有的运动员则会出现两次或者三次，为了使运动员能在重要比赛期间处于竞技巅峰状态，有意对运动训练过程实施控制和调节。一般来说，每一次竞技状态在保持了一定的时间后，都会消退，消退原因是构成竞技状态诸因素之间的密切联系逐渐丧失，表现为专项训练水平衰退，运动成绩下降。不过，在竞技状态消退这一阶段内并不意味着构成竞技状态的一切因素都停滞不前，事实上在这个时期，运动成绩赖以提高的诸因素仍在局部地或重点地获得发展，只是其相互之间的联系出现了不平衡和不和谐。竞技状态的消退具有暂时性，因为由于运动员工作潜力消耗和机体疲劳，以致难以把已形成的最佳状态维持下去。同时为了向更高水平发展，运动员必须要打破已经形成的体内平衡，由于旧状态被打破，新的状态不可能一下子完善和巩固，这样竞技状态就难以达到最佳点。

（四）中周期体能训练案例

耐力项目训练安排。

第一阶段：（第一周）体能训练至少隔天一次，负重拉练一次。

（1）匀速跑3 000 m，时间20 min以内，最高脉搏100~120次/min；或跑台阶70阶，每次10趟，每趟3 min左右。

（2）提踵，20~30次/组，3组。

（3）立卧撑起跳，15~20个/组，3~5组。

（4）兔子跳，25~30个/组，3~5组。

负重拉练项目：男子负重15 kg或以上慢跑3~4 h；女子负重10 kg或以上慢跑3~4 h。

第二阶段：（第二周）体能训练至少隔天一次，负重拉练一次。

（1）匀速跑5 000 m，时间30 min以内，最高脉搏150次/min。

（2）跑台阶，100阶，每次10趟，每趟3 min左右；或兔子跳25~30个/组，3~5组。

（3）立卧撑起跳，15~20个/组，3~5组。

（4）提踵，负重5~10 kg，20~30次/组，3~5组。

（5）俯卧撑，15~20个/组，3~5组：或引体向上10~15个/组，3~5组。

负重拉练项目：男子负重15 kg或以上慢跑3~4 h；女子负重10 kg或以上慢跑3~4 h。

第三阶段：（第三周）体能训练至少隔天一次，负重拉练一次。

（1）匀速跑3 000 m，时间20 min以内，最高脉搏100~120次/min；或跑台阶70阶，每次10趟，每趟3 min左右。

（2）提踵，20~30次/组，3组。

（3）立卧撑起跳，15~20个/组，3~5组。

（4）兔子跳，25~30个/组，3~5组。

负重拉练项目：负重减半慢跑3~4 h。

第四阶段：（第四周）放松与积蓄能量。

（1）匀速跑3 000 m以内，时间不限。

（2）各种类型的放松运动。

注意事项：训练前的准备活动和训练后的放松活动不可少，平时注意在实际活动中总结适合个人自身的方式。

二、比赛时期的训练计划

（一）训练任务和时间

比赛时期的训练任务包括发展运动员的专项竞技能力和使运动员在比赛中充分表现已有的竞技能力水平两个方面。

在准备时期训练的基础上，进入比赛时期后运动员应努力发展专项的竞技能力。各项目的运动员此时此刻都应把对自己竞技能力影响最大、表现最集中的方面置于训练的首位，把最主要的精力用到发展这些能力上去。如中长跑运动员的专项耐力，手球队的集体战术配合，乒乓球运动员在实战中发挥技术特长的能力，体操运动员完整套路练习的一次成功率，等等。

比赛时期训练的第二个任务，也是最重要的任务，就是做好充分准备，参加比赛，最大限度地发挥自己的已有水平，创造优异的运动成绩，达到全年预定的训练目标。

为了保证训练任务的完成，比赛时期的时间一般也不应短于一个半月。运动员要在准备时期训练的基础上进一步发展专项竞技能力，特别是要在比赛中创造优异的成绩，则必须经历一定数量的比赛，才有可能抓住主客观条件都处于适宜状态的机遇，充分发挥自己的竞技水平。而主客观条件的状态受着许许多多可控的、半可控的和不可控因素的影响，因此，即使运动员的训练状况十分理想，希望在一次比赛中就提高成绩或打破纪录，成功的概率一般也是不高的。

（二）训练方法、手段特点

比赛时期训练发展体能主要采用重复法，发展技能主要采用完整法，并较多地采用比赛法，以便综合地发展与竞赛密切相关的体能、技能、战术能力、运动智能和心理能力。当然，与此同时，仍要根据需要适当地运用间歇训练法及分解训练法。

在比赛时期，运动员在连续参加了大量比赛的情况下，要特别注意组织好赛间训练。体能主导类运动项目赛间训练的主要任务，在于对运动员的竞技状态进行积极的调节，例如可以采用一些核心训练、放松训练积极恢复，保持体能的同时使运动员从上一组比赛或上一次比赛的疲劳状态下恢复过来，重新聚集力量，以理想的体能状态投入新的比赛。同时，对上一次或上一组比赛中所发现的问题进行分析，利用短暂的赛间间歇，力求在某些短时间内能有效改善的方面，获得新的训练效应。

三、恢复时期的训练计划

（一）训练任务和时间

运动员在几个月的紧张训练和比赛中，无论心理还是生理上都长期处于高度动员状态，而这种状态是不可能无休止地持续下去的。有机体的保护性机制会提出进行休整调节的强烈要求。训练大周期的恢复时期或称过渡时期，就是为满足这一要求而组织实施的训练阶段。恢复手段可分为自然恢复和积极恢复两种。恢复时期所要求的不是单纯的休息或睡眠式的自然恢复，而是保持一定训练活动的积极恢复。通过负荷内容、量度、组织形式及训练环境的改变，达到从心理上和生理上消除疲劳的目的。恢复时期的另一项重要任务是认真总结全年训练的经验与教训，并制订下一年度的训练计划。恢复时期的时间与训练大周期的长短有着密切的联系。单周期训练安排中的恢复时期，应持续1~1.5个月。双周期训练安排的每一个周期的恢复时期，应持续2~3周。训练方法、手段特点为了达到恢复的目的，在恢复时期宜以游戏法、变换法为主进行训练。这些练习能大大提高运动员的兴趣，运动员在新的环境以新的组织形式完成新的内容和练习，中枢神经系统会得到良好的调节，同时，又能保持一定的体能水平。

（二）训练方法、手段特点

在一段辛苦训练和比赛后排定休息及复原期，是训练得以持续进步的关键。此阶段的目的在于使身心做好准备，以迎接下一个大周期的开始。至于复原阶段的持续时间，前一阶段的训练越密集，充足的复原期就越重要。换言之，全职的选手可能需要数周，但业余选手的复原期则可较短。总之，训练阶段及训练焦点的排定，须视选手固有的体能状况而定。此阶段一般采用游戏法和变换法，例如篮球运动员可以进行足球、排球等运动变换训练。并且需要降低训练量和强度，刚开始一般不适用负重，后期逐渐增加以保持体能水平。

小　结

1. 年度训练计划是运动员进行全年度运动训练最重要的指导性文件。主要目的是在有限的年度训练时间内，最大限度地发展运动员的整体竞技能力水平，形成良好的竞技状态，以保证运动员在年度重大比赛中取得优异的运动成绩。在整个年度训练过程中，年度训练计划还应根据运动员对训练的不同实际反应及时进行合理的调整。

2. 大周期训练计划分为准备期、比赛期和恢复期。准备期的时间不应少于1.5个月，主要以发展运动员基础体能，从准备期前期的低强度、高训练量过渡至准备期后期的高强度、低训练量。

3. 比赛期训练计划主要以综合地发展专项的竞技能力。各项目的运动员此时此刻都应把对自己竞技能力影响最大、表现最集中的方面置于训练的首位。特别注意组织好赛间训练。体能主导类运动项目赛间训练的主要任务，在于对运动员的竞技状态进行积极的调节，使运动员从上一组比赛或上一次比赛的疲劳状态下恢复过来，重新聚集力量。

4. 恢复期训练计划在积极休息的基础上采用变换、游戏等方法，使用低量和低强度的形式促使运动恢复，为下一周期打下基础。

第十一章 疲劳恢复和运动性疾病、损伤康复

学习目标

- 了解体能训练疲劳恢复与疾病、损伤康复内容。
- 了解恢复的原理，以及如何消除疲劳。
- 了解运动中常见的运动疾病和损伤，以及如何处理和康复。

第一节 疲劳恢复

一、疲劳恢复原理

（一）运动负荷的本质

运动负荷是以身体练习为基本手段对有机体施加的训练刺激。应激性是生物体对任何内外刺激发生应答性反应。运动负荷的本质是刺激→反应→适应，运动负荷越大，刺激强度则越大，引起的机体反应相应越大，各项生理指标的变化也越明显。

（二）训练对机体的影响（结构与机能的破坏→重建过程）

1. 破坏阶段

训练引起机能变化，肝糖原和肌糖原耗竭以及相关酶消耗及酶活性下降，身体工作能力明显下降（超量恢复）；训练引起结构变化，肌纤维的微细结构会发生程度不等的损伤，受力骨骼的微细结构发生某些变化（骨骼肌重建）；运动训练的本质是功能重建过程，即生理结构和功能的不断破坏、重建。

长期训练就是不断地、反复地刺激，不断地适应的过程。一旦机体完全适应了，必须增加负荷。通过循环过程，运动强度不断上升，运动能力不断上升。进行不适宜的刺激时，也会发生功能重建、适应。连续大强度训练，机体得不到足够恢复，能量恢复水平是逐渐下降的。

2. 耐受阶段

人体在进行运动或锻炼时，身体机能总是表现出对运动负荷的一定承受能力，称为耐受性。影响因素：①身体机能在训练后的恢复情况。恢复越充分，耐受阶段相应越长。②训练的强度与密度。运动强度越大，密度越大，耐受时间相应越短，反之亦然。③训练过程中的恢复程度。恢复越充分，耐受阶段相应越长。

3. 疲劳阶段

疲劳程度越大，恢复时间越长，补偿现象越明显。影响因素有：①身体机能的恢复情况：恢复越充分，完成同等负荷，疲劳出现得相对较晚，程度也相对较轻。反之亦然。②训练课的强度与密度：负荷强度越大，密度越大，疲劳出现得越早，疲劳程度越深。反之亦然。③训练课的负荷总量以及负荷类型等：负荷总量一般与疲劳程度呈正比，复杂活动负荷较之简单活动负荷疲劳程度一般相对较深。

4. 超量恢复

超量恢复亦称“超量补偿”，是指运动员训练与比赛后，能量恢复过程的阶段之一。在此阶段，机体在运动时消耗的能量及各器官、系统的机能不仅得以恢复甚至超过原先水平。待保持一段时间后，又回到原有水平。其程度和出现的早晚与运动量密切相关：运动量越大，消耗的物质越多，超量恢复的程度越明显，但出现的时间延迟；相反，运动量越小，消耗的物质越少，超量恢复的效果亦不显著，但出现得较早。据此规律，可合理安排大运动量训练。

5. 恢复阶段

恢复和训练同等重要。运动训练后如果得不到足够的恢复，就根本不可能产生训练效果。运动员在训练后的恢复速率，决定着整个训练计划的执行。连续训练后，恢复不足会造成过度训练与过度疲劳。

二、体能训练的疲劳与消除

体能训练中的疲劳是由于在体能训练中引起的运动能力和身体机能不能持续维持在一特定水平或不能维持预定的程度，导致机体工作能力暂时降低的一种现象。疲劳大体上可分为肌肉疲劳、神经疲劳和内脏疲劳三种。它对机体来说是一种保护性机制，同时又是机体在承受运动负荷后的标志。运动性疲劳是一种正常的生理反应，没有疲劳就没有超量恢复。但有一次疲劳没有消除而新的疲劳又紧接着产生，积累起来就会造成过度疲劳，不利于身体健康。消除运动性疲劳常用的方法：按摩、针灸、蒸气浴、桑拿浴或通过心理学恢复的方法，采用自我暗示和放松训练。另外，注意运动后做好整理活动，进行必要的休息和补充适当的营养。

（一）体能训练疲劳产生的原因

体能训练疲劳产生的原因因不同的训练内容、训练强度、训练形式而不同。目前有代表性的原因如下：

1. 能量消耗论

该理论认为疲劳产生是源自某一大强度训练中，起主要供能作用的能源物质——磷酸肌酸大量消耗，人体运动中需要的能量只能依靠无氧酵解，而该糖酵解供能速率远低于磷酸肌酸，导致人体内糖分贮备减少，引起疲劳。

2. “堵塞”论

该理论认为疲劳产生的原因是某些代谢产物（主要是乳酸）在肌体组织中堆积造成的。

3. “失调”论

该理论认为疲劳产生是由于训练中pH降低，水盐代谢紊乱和血浆渗透压改变等因素所致。

如高温下的体能训练导致的疲劳，即使给其饮水也不能缓解，但饮用含0.04%~0.14%NaCl的水溶液对疲劳就有所克服。

4. 抑制性保护论

该理论认为疲劳的产生是大脑皮质实施保护作用的结果。当人体进行训练时，各种内外感觉器接收到的大量刺激信息传至大脑皮质相应的细胞，使其长时间兴奋导致消耗过量，当到达一定程度时即产生抑制。这对大脑有保护作用。

5. 突变论

该理论认为疲劳主要产生于肌肉在收缩控制的过程中，存在不同途径的逐渐衰减突变现象。主要的环节是能量供应不足、肌肉力量下降、兴奋-收缩耦联障碍。

另外，离子代谢紊乱、自由基增多、氨的生成代谢、激素的变化等都会导致疲劳的发生和发展，但根据国际生化研讨会的研究，能量消耗论最有说服力和更为人接受。

（二）消除疲劳的方法

没有疲劳就没有训练，没有疲劳就没有超量恢复，没有超量恢复就没有超量机能的提高。通常我们更多注重体能训练前的准备活动，而忽视训练后疲劳的消除。殊不知，如不重视此环节，疲劳长期积累会导致过度疲劳，而引起器官病变。因此，了解疲劳产生的原因有助于延缓训练中疲劳的出现，研究消除疲劳的方法对训练后尽快恢复体能有重要意义。消除疲劳，恢复体能的方法主要有：

1. 心理疗法

（1）意念放松法。意念放松就是通过强有力的意念使自己的杂念和内外不良刺激排出体外，使其思想集中于内心。按自己的暗示语言去调节身体的机能。如意念放松可从头、颈、上肢、胸、腰、下肢、脚等依次放松；还可进行调节大脑皮层兴奋和抑制的平衡，提高肌肉的控制力。

（2）音乐缓解法。音乐有神奇的作用。音乐可以缓解中枢神经系统的疲劳，具有调节呼吸、镇静、镇痛、改善注意力的作用。此外，到空气新鲜、环境优美的地方散步或找朋友聊天等，都能起到消除疲劳的效果。

2. 物理疗法

（1）活动。活动是消除疲劳，促进体力恢复的一种良好方法，可使人由紧张状态过渡到安静状态，有放松肌肉、加强呼吸、促进血液循环、加速乳酸消除的作用。活动有慢跑、体操及各肌群的伸展练习。

（2）睡眠。睡眠是人24 h内发生的周期性的需要，它可以消除疲劳，恢复机体能力。睡眠时机体各器官活动下降到最低水平，而合成代谢过程则相对较高，这样有利于训练时消耗的能源物质逐渐得到恢复。在日常训练中，每天应保证8~9 h的睡眠时间。

（3）肌肉牵张。体能训练时肌肉处于痉挛状态，当采用牵拉练习肌肉时，可以放松肌肉，缓解酸痛。

（4）浴疗法。浴疗法是最简单易行的消除疲劳的方法。有温水浴、桑拿浴、蒸气浴、涡流浴、脉冲式按摩浴等。这些不同的浴疗法不仅可以促进血液循环，加强新陈代谢，还具有镇静等功效，最重要的是有利于疲劳物质的消除。

（5）中医疗法。对疲劳的消除还可进行中医疗法，主要有按摩、针灸、拔罐等。中医疗法对及时缓解疲劳有立竿见影的效果，这也是国内运动界首推的方法。

（6）药物疗法。体能训练后会使精气亏损，体液物质耗损。因此遵医嘱合理补充一些药物显得非常有必要，可增强机体抗病毒能力，改善代谢调节，促进恢复。加强膳食营养，针对训练中引起疲劳的原因，采用合理的补充营养物质，是训练后消除疲劳不可忽视的一项大内容。许多实践证明，膳食中蛋白质、脂肪、碳水化合物、维生素、矿物质的失调，对运动能力和身体恢复有极大的影响。

体能训练引起的疲劳是正常的生理现象，由于训练内容、训练方法、训练强度、训练负荷不同会产生不同程度的疲劳。疲劳导致运动能力下降是暂时的，出现一定程度的疲劳并不可怕，重要的是采取各种积极手段来促进体力恢复，人体的机能能力就是在这种“训练—疲劳—恢复—超量恢复”的过程中得以提升的。

第二节　运动性疾病、损伤康复

一、运动性疾病

（一）肌肉酸痛和肌肉痉挛

在大运动量锻炼后，或是隔了很长时间没锻炼，又开始锻炼之后，常常会出现肌肉酸痛，这种酸痛不是发生在运动中或运动结束时刻，而是发生在运动结束后1~2天。肌肉痉挛俗称抽筋，是指肌肉不自主地突然性强直收缩，并变得异常坚硬。处置方法：对酸痛部位进行热敷、按摩、口服维生素C、针灸及电疗手段都可以使酸痛减轻和消除。对痉挛部位进行牵引和拉伸，可配合按摩及点压委中、承山、涌泉穴等。

（二）动性昏厥

在运动中和运动后，由于供血量的减少和脑血管的痉挛，引起脑部突然供血不足，产生一时性的知觉丧失。出现运动性昏厥时会伴随全身无力、头昏耳鸣、眼前发黑、面色苍白等现象。处置方法：立即使患者平卧，足略高于头部，并进行由小腿向大腿、心脏方向的按摩或拍击，同时点压人中、合谷等穴位。如停止呼吸，要立即进行人工呼吸。重症患者，经临场处理后，送医院治疗。

（三）运动中腹痛

运动中腹痛是指在运动过程中或运动结束时产生的腹部疼痛，既有功能性的，也有器质性的，在中长跑、马拉松跑、竞走和自行车运动中容易发生。

处置方法：减慢速度、加深呼吸、按压疼痛部位，如疼痛仍不减轻，甚至加重，应请医生处理。

（四）运动中暑

运动中暑是指长时间在高温或热辐射环境中锻炼的人容易发生的一种急性高温疾病。处置方法：迅速使患者脱离热环境。到通风阴凉处休息，并采取降温措施，如解开衣扣、冷敷额头、喝清凉饮料、服用人丹、十滴水等。

（五）游泳性中耳炎

游泳性中耳炎是指人们游泳时，由于不清洁的水进入中耳造成细菌感染引起的。发现此种情况，患者应卧床休息，多喝开水，内服、外用消炎药，并及时请医生处理。

（六）冻伤和雪盲

冻伤是机体的某部分组织因寒冷侵袭出现局部损坏的症候群。雪盲也称光射性眼炎，是眼睛受到紫外线的侵害而发生的急性眼角膜、结膜炎。处置方法：冻伤轻者可放在38~40 ℃的温水中复温后再涂上冻疮膏。若出现水泡，可消毒后用针头刺破，涂药后进行包扎。三度以上冻伤应进行就医治疗；雪盲患者应迅速脱离受伤环境，并使用消炎药水，还可戴上墨镜保护眼睛。

二、运动损伤的预防及处置

在体育运动中发生的损伤统称运动损伤。为了贯彻预防为主的方针，必须了解运动损伤发生的原因及发病规律，并采取有效的预防和处置措施，最大限度地减少或避免运动损伤，保证身体健康和运动锻炼的正常进行。

（一）运动损伤的原因

1. 主观原因

思想麻痹大意；缺乏运动经验；技术上的缺点和错误；身体的功能状况不佳、身体的弱点和技术动作的特殊要求不适应；心理状态低下；注意力不集中，运动前准备活动不充分或缺乏针对性的准备活动；过于注重大肌肉群的力量训练，忽视相关小肌群的训练；体能训练忽视运动员个体的体形、体态和身体素质特征的个体差异。

2. 客观原因

锻炼时缺乏必要的保护帮助或保护帮助不及时、方法不正确；场地设施、器材不符合要求；动作粗野、违反规则（尤其是对抗性项目）；运动负荷安排不当；运动内容组合不科学，练习方法不合理；纪律松懈或组织不严密等。

（二）运动损伤的预防

（1）加强运动安全教育，克服麻痹思想。提高预防损伤的意识。

（2）做好充分的准备活动，对可能发生运动损伤的环节和易伤部位，要及时做好预防措施。

（3）合理安排运动负荷，在运动中应防止局部运动器官负担过重。

（4）加强保护与帮助，特别是要提高自我保护的能力

（5）选择适宜的锻炼方法，改进和提高运动技术。

（6）加强易伤部位的锻炼，增强肌肉的力量和伸展性

（7）做好医务监督和运动场地安全卫生的管理。

（三）运动损伤的急救

急救是对运动中突然发生的严重损伤进行紧急、初步和临时性处理、预防并发症，为转送医院治疗创造条件。运动损伤的急救是一项极其重要的工作，因此要抓住主要矛盾进行急救。如发生休克，应先实行抗休克，并及时进行人工呼吸。若伴有出血时，应同时实行止血。急救人员必须分工明确、判断正确，做到快救、快抢、快转运，同时要使患者保持平稳、安静。

三、康复训练

体能康复训练是以体能训练方法为手段去解决康复运动功能障碍的一门综合学科。有的人也称体能康复训练为康复性体能训练或康复体能训练。由于康复体能训练本身就是一种运动训练的特殊形式，它是一种针对性极强的恢复性运动训练，所以体能康复训练亦可以理解为一种身体运动机能的康复训练，有人亦称其为功能性训练，但这些不同的叫法不像体能康复训练的叫法更能突出体能训练和康复的理念的关系。按照国际上的专业分类，与体能康复训练相关的专业有体能教练、运动防护师和运动康复师。

（一）体能康复训练的定位

在目前中国的竞技体育体制中，“训科医”有三个重要组成部分，包括教练员、科研人员和队医。相对而言，国外的运动队一般还有运动康复师、运动防护师和体能教练。这三种专业人才在教练员和医生之间充当了十分重要的衔接作用。运动康复师主要负责运动员伤后（手术后）的伤病恢复，康复的地点在医院或康复诊所；运动防护师主要是帮助从医院归队的运动员防止运动创伤，协助医生或康复师帮助归队训练的运动员恢复其基本运动功能；体能教练则可以帮助有伤或无伤的运动员提高体能和运动素质水平，提高运动员承受运动负荷的能力，从而增加了防伤的资本。国内不少运动队尚未能配备以上三种专业人才，这对于国内的运动队来说，相比国外同行无疑给队医和教练员提出了更高的要求。例如，手术后的运动员归队后的康复过程往往由队医兼职做康复师和运动防护师，而教练员兼职做体能教练，虽然当中也不缺乏许多成功案例，然而亦有许多伤后和手术后的运动员因运动队里无法兼顾到，而体能和康复工作不到位无法及时恢复参加正常的训练和比赛，有的甚至因为伤病不得不提前结束了运动生涯，给国家和个人都带来了不小的损失。体能康复训练师就是在这种情况下应需求而产生的一种复合型人才，体能康复训练师要求具备扎实的运动训练知识和技能，同时又要掌握一定的运动康复的理念和方法，通过体能训练的方法恢复运动员的身体运动功能，提高运动素质水平，以保证运动员能够正常进行系统的运动训练。体能康复训练师的功能就像教练和医生之间的桥梁，协助教练、医生与科研人员去保障有伤病的运动员的功能恢复并防止运动损伤。

由于运动队的主旨是通过系统的运动训练提高运动竞技水平，从而最终达到提高成绩的目的，这决定了运动员的大部分时间必须集中到运动训练中去，而体能和康复训练都需要时间，所以其工作内容和所需要的场地必须设法融入运动队的日常训练和比赛中去。所以，体能康复训练的切入点有以下五个方面：

1. 准备活动

训练前的准备活动是增加针对性的防伤练习内容的有效途径，而且适当增加准备活动的强度亦可以有效地激活有伤部位的肌肉群以增加关节的稳定性，并减轻训练时的功能障碍问题：一般情况下有伤病的运动员除了参加全队的集体准备活动外，应该最少有5~11 min个性化准备活动。准备活动应达到全面热身的目的，同时应使受伤部位能正常参加训练，尽可能不加重有伤部位的疼痛程度。

2. 专项训练

体能康复训练师应比团队的其他人员更了解运动员受伤部位在运动训练过程中每天的功能状态。并在专项训练的负荷量和技术完成的要求上随时与教练和医生沟通，尽可能避免过早、过多地参加某一运动训练内容而造成伤病的反复。体能康复训练师在运动场上参加运动训练的全过程，仔细观察运动员在运动训练过程中的身体形态和技术变化，这要求训练师本人对该专项运动技术和训练方法有充分的了解，能有效地从运动训练的角度与专项教练沟通，共同为运动员做出最合理的安排。

3. 体能康复训练课

不少运动队除专项训练外，根据不同的训练周期安排每周2~4次的体能康复训练课，体能康复训练师可以承担部分甚至全部队员的体能或康复训练的内容；由于康复的主要恢复手段也就是个性化的体能训练，体能康复训练师必须能根据医生的医学诊断结果和建议，再做一个全面的功能检查。找出和分析伤病的内外因，与教练员和运动员共同做出相应的运动处方，并监控和执行计划。

4. 整理活动

专项或体能训练后的整理活动亦是体能康复训练师介入的一个好时机。运动员机体的疲劳和伤病位置的炎症控制最佳时机往往是在训练结束后，体能康复训练师可以及时指导运动员参与训练后的放松，如有氧慢跑、拉伸、冰敷、水疗与按摩等积极的放松恢复。不少运动队和运动员对训练后的整理活动不够重视。体能康复训练师可以积极参与和帮助教练和医生负担起有伤病的运动员的一对一，或者一对多人的整理活动，事实证明，注重整理活动的运动队和运动员往往大大减轻了训练后医生治疗的压力，并能有效地减少伤病的发生。

5. 协助医生的治疗和防伤

由于体能康复训练师有一定的康复知识和动手能力（例如拉伸、按摩和运动疗法），在运动员休息治疗时可以协助医生的治疗和放松，在工作内容方面应遵照医生的诊断和建议，不能超出自己的工作范围，当运动员提出体能康复训练师工作范围外的要求时，应当及时按其要求转交给相关的专业人士去处理。总而言之，体能康复训练师深入运动队一线与教练、运动员、医生和科研人员一起为运动员服务，是新时期复合型保障团队的新成员，是在教练和医生之间架起的一座桥梁，这种人才通常由运动员出身，同时具有物理治疗师和运动防护师执照的复合型人才担任。由于运动队不可能固定在同一个地方比赛和训练，这要求体能康复训练师有较强的应变能力和解决问题的能力，能够因人、因时、因地制宜去解决问题。

（二）培养体能康复训练师的问题

作为一名在中国体育系统的体能康复训练师，目前尚没有正式的职业称号和岗位，在运动队中没有正式编制，具有这种能力的人通常只能往科研教练和队医上靠拢，而在高校教育中尚未有一个单独的专业能培养出这种复合型人才。与其相关的专业有运动物理治疗专业，运动防护师专业和运动训练专业。而学位教育本身的理论和实践的比例在一定程度上受到学时数的限制，不一定能提供足够的实践操作时间让学生掌握在实际工作中的熟练技能。在教育体系中通常鼓励有工作经历、有运动员训练经历的人参加学习，并鼓励学生参加校外的体能训练职业技能培训，如参加各种体能教练资格认证、培训和考试，并参与相关的校内外体能康复类的工作，以增加实际工作经验。由于高校偏重理论教学而相对忽略了实践教学，往往不少技能性的专业，只能在其他职业培训中去补充。而高校一般把更多的注意力放在理论和知识的传授，这种现象在国内外都比较常见。

（三）运动训练中的康复措施

1. 选用避免加重伤痛的练习方法

运动员通过长期的运动训练难免会有不同程度的伤病，在体能训练中如何避免加重原有的伤痛是体能训练中的难题。一名患有髌骨软骨病的运动员要发展股四头肌的力量时，选用开放性的动作（如负重踢腿）可能会比闭合性的动作（如负重下跨）要痛。体能教练必须要根据运动员的伤痛而选用尽可能使其不痛或少痛的动作来练习。具体实例中，髌骨痛的运动员病因通常是由于股内外侧肌用力不平衡导致髌骨运动轨迹侧移，伸膝等开链练习方法往往会加重这种异常髌骨运动而增加痛楚。体能教练此时应当选择足固定位的闭链练习方式，运动员踝关节应处于微外翻位以缓解髌骨轨迹异常引起的疼痛，另外，膝关节与脚趾应保持在一条垂直线上，以避免大多数运动员常出现的膝内扣现象。

2. 首选功能性的训练

康复性体能训练很重要的一个原则是首先选用功能性强的练习方法，这是由于绝大多数运动是多关节的三维运动。如棒球的投球动作中肢肌同时参与收腹和转体两个动作，如果只采用仰卧起坐来发展腹肌则针对性不强，如改用橡皮筋拉力做伐木式转体收腹动作就比较接近，另单腿支撑则更加接近投球时的动态发力。功能性练习的特点是：动作是在三维空间中进行的。例如一名技巧运动员要发展托人能力，采用哑铃做肩上举就比用联合器械的肩上举更合适，这是因为被托起的人在空中是维持动态平衡的，举起动的物体比只能上下运动的联合器械要难得多。哑铃也会产生类似的不稳定的动态力，这就需要肩关节从各个方位加以固定以防止哑铃从头上掉落。

3. 强调身体中枢稳定性

身体中枢稳定性包括骨盆和躯干的力量和稳定性。躯干部的脊椎是靠腹背肌来维持身体的姿态或运动的，拥有强壮的腹背肌的重要性是公认的。骨盆可以认为是脊椎的“地基”，在躯干的稳定性上起了很重要的作用。铅球的推球动作发力是由脚到手，如果腰无力或有腰痛，身体中枢无法传递力量而造成上下动作脱节，从而又加重原有的伤痛。骨盆的稳定性又与髋关节前后左右的肌群能力有关。所以，全面发展身体中枢稳定性是至关重要的。竞技运动中常有起跳腾空动作，如跳水运动中，由于跳水运动员在空中的动作是围绕着身体的重心做动作，中枢力量和稳定也是至关重要的。然而，传统的中枢训练多在固定平面上进行，如常练习的仰卧起坐等，功能性不强。另外，中枢的旋转力量练习是常被忽视的，但躯干一半以上的中枢肌群是纵向或横向排列的，因此，中枢的力量练习应同时包括腹部的屈和旋转两种运动形式。

4. 重视小肌群训练

人体的肌肉分为大小肌群，小肌群一般起固定关节的作用。一般的力量练习往往注重大肌群而忽视小肌群的练习。肩袖损伤是令人烦恼的肩痛，采用大重量的上肢练习往往有害无益（如肩杠铃上举和卧推）。反而采用小重量的小哑铃或橡胶拉力带更容易练到肩袖的小肌肉，这是外部负荷下肌肉的活动顺序所致。另一方面，大多数小肌群有多种方向的运动功用，训练中也应多方位练习。小肌群动作比大肌群动作更加要求精确无误。否则，往往容易练不到位。这对体能教练的人体解剖和生物力学知识提出了更高的要求，如肩关节外旋肌群，正确的肩关节外旋练习需要固定上臂并以上臂作为外旋的转轴。然而，多数人也同时动用了三角肌帮助肩关节外旋。变得更多的是肩外展动作，或肱三头肌帮助外旋而变成伸肘的动作，两者均没有有效地练到肩关节的外旋小肌群。

5. 平衡训练和关节稳定性练习

平衡训练和关节稳定性练习是防止关节损伤的有效手段之一，由于关节稳定性主要取决于关节的本体感觉，关节的本体感觉在及时调节关节位置，防止拉伤中起了重要的作用。如一名不慎伤了踝关节韧带的运动员往往会出现习惯性的崴脚，这是因为崴脚后踝关节的本体感觉器官损伤降低了本体感觉的反应能力。平衡训练常采用一些不稳定的平面来锻炼和恢复本体感觉的能力，如健身球、平衡板、半圆球和滑雪平衡板等，以此来设计出各种难度的平衡训练方法。一名蹦床运动员的实例，其患有习惯性踝关节扭伤，没有厚重的绷带保护患肢则无法正常训练。我们首先要求该运动员用平衡板进行踝关节平衡训练，起初只能完成2~3 s。经过一个月的平衡训练后，踝关节周围肌群得到加强，并且能够完成在不稳定平面上的平衡控制，其可以站立5 min以上不掉。最后的结果是该运动员不再需要踝关节支持带，并能够归队正常训练。

6. 拉伸训练

拉伸练习本身并不是什么新的理念。然而，如何把拉伸训练有机地融入训练课中关系到对拉伸训练的作用的认识和重视程度。拉伸练习是有目的地将肌肉和软组织在运动前、中、后进行拉伸，使被拉伸的肌肉或软组织得到充分的放松。这有利于肌肉的疲劳恢复，防止肌肉的拉伤，保持肌肉的弹性，避免造成运动技术的僵硬和变形。拉伸练习主要在准备活动和整理活动时采用。准备活动的拉伸练习的主要目的，是在训练前把肌肉和软组织的内部黏性减轻，使其弹性增加，肌肉温度提高，预防运动中的肌肉拉伤。采用的拉伸方法主要是主动性的拉伸训练。而在训练后的拉伸练习的主要目的则集中在放松经过一堂训练课后的僵硬疲劳的肌肉，加速肌肉内部代谢产物的排出，减少肌肉的酸痛，让运动员更快地恢复体能，为训练课做好准备。训练后的拉伸练习方法主要采用被动拉伸，一般可以由运动员之间互相拉伸或者由训练师拉伸。另外，运动康复治疗师和训练师常常采用拉伸方法把关节两侧肌肉张力不平衡而影响关节稳定性的肌肉拉开，以达到平衡前后或左右肌群的功效。由于人体的肌肉关节交错横接，环环相扣，拉伸动作往往差一点就不到位，故这一类专业手法调整要求运动康复治疗师和训练师具有一定的运动医学知识和实践经验。

（四）其他康复措施

1. 水疗

水的特性是对浸泡其中的物体产生一定的浮力作用，浮力的大小遵循阿基米德定律。水疗的作用一方面是依靠水的浮力作用，另一方面运用水的黏滞性和不规则的水压力作用。如水疗可以促进头部血流的再分配和外周血液的向心性作用，从而增加了心脏的前负荷。在水中运动，阻力会增加：因为水的阻力是可以变化的，包括容积的不同、方向的改变均能改变运动中阻力大小。水温的改变也能对机体产生不同的作用效果。目前，主要采用冷水浴和温水浴两种方式。一般冷水浴的温度为10~15 ℃，实践和研究证明，冷水浴能够减轻疼痛和肿胀。对于连续参加比赛的运动员，冷水浸泡能够维持运动员的跑步能力和促进机体的恢复。在给定的运动强度下，冷水中训练会增加外周血管阻力，降低心率。若保持技术动作的正确性，还会提高训练的效率。而温水浴一般为26~28 ℃，主要是放松肌肉，水中拉伸和恢复关节活动度，加速血液循环，促进术后的康复等。

2. 普拉提训练

按照不同个体的需要来设计适当的普拉提训练方法，重点要提高两个方面的能力：动作学习能力和核心控制能力。在动作学习过程中，需要把错误动作分解成若干成分动作，每个成分动作利用弹力和重力作用来不断练习，直到能够顺利完成，再进行成分动作的整合。最后把错误动作变成正确动作。在评估个体目标和设计训练方案过程中，也要遵循渐进性、个性化和超量负荷的训练原则，合理地按照负荷大小，加强神经系统的控制能力，不断提高动作的自动化程度。第二方面是提高核心控制能力，与传统方法相比较，普拉提更强调核心的控制能力。无论上肢运动还是下肢运动，核心肌群收缩产生的躯干硬度非常重要，这种核心硬度不是限制脊柱的活动，而是有利于控制运动。普拉提的训练理念认为核心控制是控制人体运动的本质。普拉提训练方法的不断创新和发展就是建立在核心稳定性的基础之上的。

3. 悬吊训练

悬吊训练产生的内在不稳定性会形成接触点的肌肉自然有效的连接和整合。悬吊训练本质上能够通过身体的躯干与四肢相连。这就为所有的肢体运动创造了共同工作和协助的平台，如同日常行为一样自然而高效。悬吊训练能够提供动态的全身性的准备活动，为许多运动项目的技战术训练做好准备。悬吊训练有助于改善承受较大负荷关节的稳定性和活动度，如肩关节、髋关节、膝关节和背部等，从而预防运动性伤病的发生。运动员在双侧运动过程中，往往会通过代偿动作而掩盖机体的不对称用力，这种不对称用力如果不能及时解决；长此以往就会出现局部肌肉的疲劳积累，造成慢性损伤，甚至会产生运动中的急性撕裂和断裂。而在悬吊这样的不稳定环境下训练，能从本质上暴露出动力链中某些薄弱环节，将有助于运动员和教练员发现问题，并且通过针对性的训练来消除这些薄弱点，以及可能引起的损伤风险。悬吊训练就是一种预防运动性损伤和提高核心稳定性的方法。

小　结

1.恢复的过程主要是机体在运动训练中被破坏后，过渡到耐受阶段，产生疲劳，随后开始恢复。其疲劳可以通过心理疗法、物理疗法、中医疗法、药物疗法消除。

2.运动疾病包括肌肉酸痛、痉挛与昏厥、腹痛、中暑、中耳炎、冻伤及雪盲等。

3.运动损伤出现的主观原因是：思想麻痹大意；缺乏运动经验；技术上的缺点和错误；身体的功能状况不良、身体的弱点和技术动作的特殊要求不适应；心理状态低下；注意力不集中，运动前准备活动不充分或是缺乏针对性的准备活动。客观原因是：锻炼时缺乏必要的保护帮助或保护帮助不及时、方法不正确；场地设施、器材不符合要求；动作粗野、违反规则（尤其是对抗性项目）；运动负荷安排不当；运动内容组合不科学，练习方法不合理；纪律松懈或组织不严密等。

4.在进行康复时，一般从准备活动、专项训练、体能康复课程、整理活动和协助医生治疗防伤进行切入。运动训练中康复措施主要包括：选用避免加重伤痛的练习方法、首选功能性的训练、强调身体中枢稳定性、重视小肌肉群训练、平衡训练和关节稳定性练习、拉伸训练等。其他康复措施有水疗、普拉提、悬吊训练等。

参考文献

[1] 孙文新．现代体能训练：核心力量训练方法[M]．北京：北京体育大学出版社，2010.

[2] 张英波．现代体能训练方法[M]．北京：北京体育大学出版社，2006.

[3] 胡振浩，张溪，田翔．职业体能训练[M]．北京：高等教育出版社，2008.

[4] 水祎舟，黄竹杭，耿建华．国外足球运动体能训练前沿热点与演化分析：基于科学知识图谱的可视化研究[J]．体育科学，2016，36(1)：12.

[5] 袁守龙．现代体能训练发展趋势与对策[J]．体育成人教育学刊，2014，30(1)：4.

[6] 杨世勇．体能训练学[M]．成都：四川科学技术出版社，2002.

[7] 王卫星，黄宝宏，吴星亮．中国优秀女子跆拳道运动员体能训练中运动素质指标的构建及效果评价[J]．北京体育大学学报，2008，31(4)：4.

[8] 闫琪，任满迎，赵焕彬．论竞技体育中功能性体能训练的特点及其应用[J]．山东体育科技，2012,34(3):1-4.

[9] 黄滨，贾思敏．体能训练理论探析[J]．体育文化导刊，2012(4)：5.

[10] 王芬，侯会生，徐庆雷．借鉴国际现代体能训练理论与实践，促进我国体能训练科学化水平的提升[J]．北京体育大学学报，2011，34(1)：4.

[11] 程勇民，林建成，郑宝君．羽毛球项目体能训练原理探讨和实践研究[J]．体育科学，2000(4)：38.

[12] 闫琪．功能性体能训练在我国的发展[J]．中国体育教练员，2011(4)：3.

[13] 范凯斌．中国男篮体能训练的研究[J]．北京体育大学学报，2011，34(5)：6.

[14] 徐玄冲，张霞，许奎元，等．新规则实施后我国摔跤项目体能训练特征研究[J]．北京体育大学学报，2010(3)：4.

[15] 陈小平，褚云芳，纪晓楠．竞技体能训练理论与实践热点及启示[J]．体育科学，2014，34(2)：8.

[16] 张翼征．运动员体能训练的新思路：核心稳定性训练[J]．当代教育实践与教学研究：电子刊，2017(6)：865.

[17] 闰琪，任满迎，黄岩，等．全面认识功能性体能训练[J]．中国体育教练员，2012(1)：3.

[18] 杨时．功能性训练在康复体能训练中的应用[J]．体育科研，2012，33(4)：4.

[19] 林建棣．我军体能训练的实战化研究[J]．军事体育学报，2014，33(1)：4.

[20] 闫琪．中美两国体能训练发展现状和趋势[J]．体育科研，2011，32(5)：3.

[21] 甄新喜，李竹青．竞技网球运动项目体能训练特征研究[J]．广州体育学院学报，2010(1)：5.

[22] 郭海霞．身体功能训练对普通高校羽毛球运动员身体素质的影响研究[D]．兰州：西北师范大学，2020.

[23] 郑超．功能性动作筛查在高校羽毛球专项学生体能训练中的应用研究[D]．哈尔滨：哈尔滨师范大学，2020.

[24] 赵家琪，杨锡让，佟启良，等．实用运动生理问答[M]．北京：人民体育出版社，1993.

[25] 王卫星，韩春远．实用体能训练指南[M]．汕头：汕头大学出版社，2017.

[26] 孙有平，孙民康．中国竞技体能训练基本问题反思与对策研究[J]．成都体育学院学报，2023，49(2)：135-142.

[27] 鲁娟．论运动素质转移与运动项目迁移的关系：以健美操与体育舞蹈、体操为例[J]．广州体育学院学报，2014，34(4)：55-58.